国家社科基金重大项目"中国近代日记文献叙录、整理与研究"（项目编号：18ZDA259）阶段性成果

国家社科基金青年项目"稿本《复堂日记》整理与谭献文学研究"（项目编号：20CZW033）阶段性成果

日 记 研 究 丛 书

张剑 徐雁平
主编

谭献稿本日记研究

吴钦根 著

凤凰出版社

图书在版编目（ＣＩＰ）数据

谭献稿本日记研究 / 吴钦根著. -- 南京 ： 凤凰出
版社，2022.8
（日记研究丛书 / 张剑，徐雁平主编）
ISBN 978-7-5506-3732-0

Ⅰ．①谭… Ⅱ．①吴… Ⅲ．①谭献（1832-1901）—
日记—研究 Ⅳ．①K825.6

中国版本图书馆CIP数据核字(2022)第147385号

书　　　　名	谭献稿本日记研究
著　　　者	吴钦根
责 任 编 辑	许　勇
装 帧 设 计	陈贵子
出 版 发 行	凤凰出版社（原江苏古籍出版社）
	发行部电话 025-83223462
出版社地址	江苏省南京市中央路165号，邮编:210009
照　　排	南京凯建文化发展有限公司
印　　刷	江苏苏中印刷有限公司
	江苏省泰州市经济开发区鲍徐镇,邮编:225315
开　　本	880毫米×1230毫米　1/32
印　　张	8.625
字　　数	224千字
版　　次	2022年8月第1版
印　　次	2022年8月第1次印刷
标 准 书 号	ISBN 978-7-5506-3732-0
定　　价	98.00元

（本书凡印装错误可向承印厂调换,电话:0523-82099008）

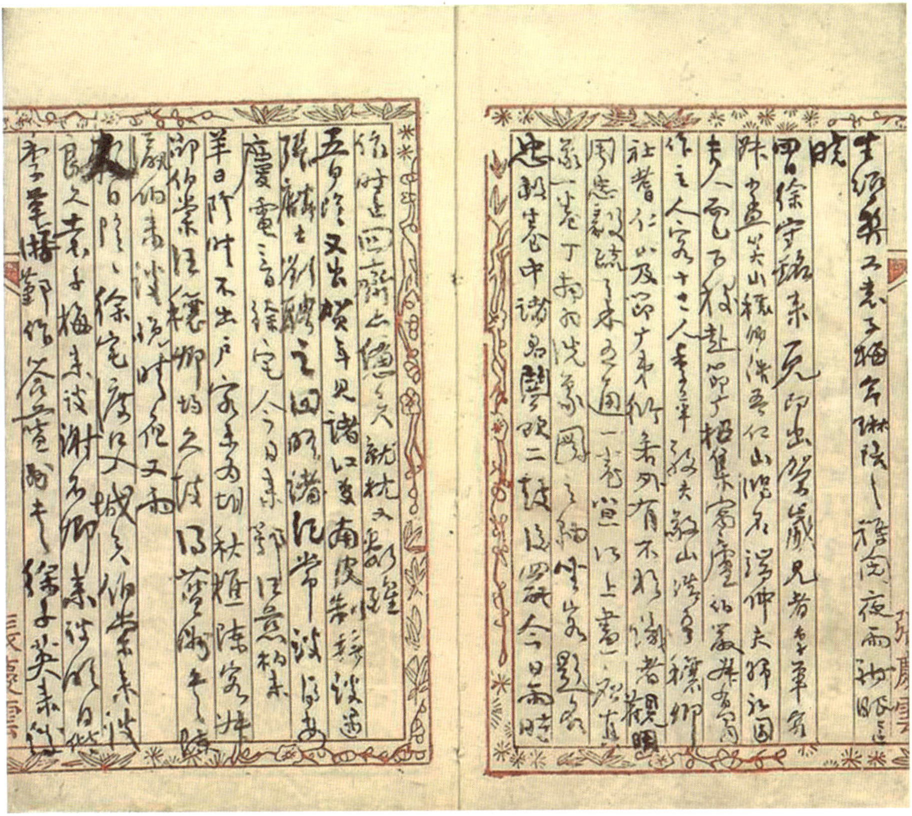

谭献日记稿本（一）

谭献日记稿本（二）

此係刻入半厂叢書中之復堂日
記一二五五卷稿本起同治癸亥
乃摘錄日記之涉於讀書者

錢基博

谭献日记清稿本（一）

復堂日記卷一

同治二年五月以前日記淪失不可記憶今自癸亥五月始删

節十之二大都循誦載籍譚藝之言為多餘事略附不能詮次

首尾矣

閱宗于庭先生過庭錄宋氏之學承陽湖莊氏經文大誼不為

餘奇未必盡守家法而精詣獨造莊氏之尚書栘生先生之論

語殆可懸之國門

閱南雷文定黎洲老人深明文事固不屑為夸藻之言也

閱全紹衣鮚埼亭集外編至王篤序蕘志慨乎有惓

閱宗鑑尚書考辨平實可傳足並撰異

谭献日记清稿本（二）

"日记研究丛书"总序

　　日记作为一种文献类型和书写方式,在中国具有悠久的传统。近几十年出土的秦汉文献中,出现了"秦始皇三十四年历谱""王奉世日记""元延二年日记"这样带有逐日记事性质的简牍。命名是考古工作者所拟,反映出学界对此类文书的类型判断还不一致,但不可否认的是,它们已初步具备了日记的基本形态。

　　降及宋代,"日记"作为一种文体之名开始正式使用。当时名公巨卿多有日记,南宋刘昌诗《芦蒲笔记》卷五即收入北宋赵抃的《赵清献御试日记》,惜宋人日记存世数量不夥。明清以来,日记蔚成大观。据我们不完全的统计,仅 1840—1911 年间有日记存世的近代人物,就超过了 1100 位。时至今日,日记更成为中小学语文课外写作指导的重要内容,其数量之多,已难以具体统计。

　　在今人观念和多数工具书的定义中,日记一般指对每天所遇到的和所做的事情的记录,有的兼记对这些事情的感受。这其实道出了日记作为一种独特而又重要的文献,内容无所不包、具有百科全书性质的特点。从古人对日记丰富多彩的别称:日历、日录、日钞、日札、日注、日笺、日纂、日谱、日识、日志、小乘、小钞、小录、游录、密记、笔记、游记、客记、征记、琐记、载笔、笔略、纪略、纪程、纪事、纪闻、路程、云烟……也不难领略日记的基本特点。可以说,无论就知人还是论世而言,日记都是难得的第一手史料。日记是一人之史,尽管存在视角受限、立场局限和日常琐碎等诸多问题,但它所呈现的私人化、细节化、现场感等构成了一种独特的历史表现方式,具有其他史料所不能及的特殊价值。日记这些方面的特点,恰好能弥补正史叙事带来的缝隙，与宏大历史叙述之间的有效互动，使历史变得更加情意流转、血肉丰满。近人籍忠寅认为，"求古人之迹，高文典册不如友朋书札，友朋书札不如日夕记录"（《桐城吴先生日记序》），也道出了日记的特别之处。

尽管中国日记有着悠久的传统，但现存的大量日记主要产生于清代。尤其是最近二百年，堪称日记的集大成时期，中国日记的典范也在此期形成群体规模。人们耳熟能详的重要日记，如《曾国藩日记》《越缦堂日记》《湘绮楼日记》《翁同龢日记》等，都出现在这一时期。从各方面来说，这一时期的日记内容最为丰富、体式最为完备、数量最为庞大，可以视作中国日记的辉煌典范。这一时期的中国"历三千年未有之大变局"，古今之变与中西之争成为时代主潮。鸦片战争、太平天国运动、洋务运动、甲午战争、戊戌变法、义和团运动、清末新政、新文化运动、抗日战争……一系列令人瞩目的事件映射出政治、经济、文化、军事、思想等各个领域的新动向。此期，中西文明在"体""用"诸层面形成有意味的冲击与反应，而内生的中国本位的文化也迎来新的征程。从1840年到1949年，古老的中华文明经受了历史的淘洗、西方的冲击、时代的检验，最终以全新的姿态迎来新的发展阶段。波澜壮阔的大时代变迁，不仅见诸煌煌正史，而且在诸多私人文献里也有真切具体的传达。日记就是其中极具价值的一种。作为"准传记"和时代备忘录，日记包涵自我叙写，承载集体记忆，对于理解当代中国的"近传统"具有特殊意义。可以说，这一时期的日记是中国日记最重要的样本，可以作为分析中国日记传统、探究中国日记文化的范本。

有鉴于此，整理和研究这一时段的日记也成为当前中国日记研究的热点。例如，张剑、徐雁平、彭国忠等人主编的以日记为主要内容的"中国近现代稀见史料丛刊"，自2014年起，每年一辑，陆续在凤凰出版社推出，目前已经出版八辑，其中整理的日记超过百种。在相关典范日记出版物的引领下，最近十年，日记的影印、整理以及阅读需求不断升温,仅以近百万字和百万字以上的近现代名人日记整理成果而论,就有《翁心存日记》(2011)、《翁同龢日记》(2012,中西书局新版)、《徐兆玮日记》(2013)、《管庭芬日记》(2013)、《钱玄同日记》(2014)、《徐世昌日记》(2015)、《荆花馆日记》(2015)、《张謇日记》(2017)、《袁昶日记》(2018)、《张枫日记》(2019)、《皮锡瑞日记》(2020)、《王伯祥日记》(2020)、《徐乃昌日记》(2020)、《赵烈文日记》(2020)、《蒋维乔日记》(2021)等。此外,据闻《何绍基日记》《李慈铭日记》《叶昌炽日记》《袁昶稿本日记》《谭献稿本日记》《萧穆日记》《杨树达日记》《潘重规日记》等整理本也即将推出,成果可谓丰硕。

如上这些成果在为学界提供丰富文献的同时,也对日记研究提出了更高要求。早在二十世纪上半叶,日记就不仅是文人案头的读物、交流的谈资,而且成为文史研究的重要资料。由此催生的日记体文学,还在新文学运动中,作为文学生力军冲锋陷阵,为新文学的开拓立下汗马功劳。胡适、鲁迅、周作人、郁达夫、丁玲、阿英、赵景深等人都为日记研究和日记文学的繁荣做出过突出贡献。他们不仅将日记作为静态文献加以研究,也将其视作呈现个人生命历程的"人的文学"大加提倡,试图以此突破"载道"传统,为文学开辟抒情和个人化的新路。但总体而言,此期人们能够利用和乐意利用的日记数量还较有限,日记研究尚处于起步阶段。进入二十一世纪,日记研究特别是近现代日记研究有了长足进步,涉及政治史、环境气候、地域文化、阅读史和书籍文化、传记学和个体意识、经济史和生活史、灾难史和疾病史、易代之际的科举和教育、日记与文学、域外游记和出使日记、日记作者和版本形态、日记研究的理论和方法等诸多方面。然而,与丰富的影印和整理成果相比,日记研究仍显薄弱,还存在诸多尚待深入和丰富的空间。比如,近现代日记"有什么",这是从前日记研究关注的重心,相关研究也多从各个学科和研究目的出发,挖掘带有倾向性的材料。这固然有助于推动各领域的研究,却不免将每一部日记肢解,使得日记成为纯粹的研究客体。今后的日记研究,应当致力于恢复日记的主体性,在重视史料发掘的基础上超越史料学,即不仅将日记视作材料库,还要更加注重日记"是什么",充分认识到日记对于中国历史人物的生命世界和文字世界的重要意义;充分认识到从琐碎的衣食住行和个人的纷杂经验中,整体展现中国文人士大夫的家国记忆与生活图景的必要性和特殊价值;进而在更高层次上揭示日记等的特质与表达方式,探讨新的研究方法,提出新的问题,总结具有中国气派的日记研究理论。这些无疑需要文学、史学、社会学等多学科学者的共同努力。

日记作为中国文化宝库中的重要文献,已经走过了两千多年的历程,今人理应充分挖掘日记的价值,使其在当前的学术研究和文化建设中发挥更为重要的作用。因此,我们特推出这套"日记研究丛书",希望丛书的出版,能为方兴未艾的日记整理与研究提供切实有用的借鉴,同时衷心期待广大读者对我们的工作予以批评、指正和帮助。

目　录

前　言

在过去的长时间里,谭献似乎并不是一个太引人注目的人物。2012 年 8 月,《谭献集》(收入《浙江文丛》)由罗仲鼎、俞浣萍点校出版;2013 年 8 月,中华书局重新推出由范旭仑、牟晓朋整理的《谭献日记》(2001 年曾由河北教育出版社以《复堂日记》之名出版);2015年 1 月,钱基博家藏《复堂师友手札菁华》由人民文学出版社影印面世;同年 11 月,人民文学出版社重版《箧中词》(1996 年曾由浙江古籍出版社以《清词一千首》之名出版);2016 年 6 月,谭献未刊词选《复堂词录》,经过罗仲鼎、俞浣萍的辛勤搜访、校点,得以重见天日。相关著述的连续性问世表明,谭献逐渐成为出版界和学术界关注的一个热点。

一　选题缘起

谭献(1832—1901),初名廷献,字涤生,后更名献,字仲修,或曰仲仪(或单署仪),号复堂,又号半厂,浙江仁和(今杭州)人。同治六年(1867)举人,署秀水教谕,历任歙县、全椒、怀宁、合肥、宿松等地知县。曾为浙江书局总校、诂经精舍监院、经心书院讲席。一生博极群书,尤致力于常州庄氏、会稽章氏之学。《清史稿·文苑三》有其传,评曰:"少负志节,通知时事,国家政制典礼,能讲求其义。治经必求西汉诸儒微言大义,不屑屑于章句。"[①]平生以诗、古文辞著称,"文导

----

① 　赵尔巽等《清史稿》卷四百八十六《文苑三》,中华书局,1977 年,第 44册,第 13441 页。

源汉魏,诗优柔善入,恻然动人"①,尤工于词,钱仲联《近百年词坛点将录》推尊之为"托塔天王晁盖"②。其著述之已刊者有《化书堂初集》三卷附《蘼芜词》一卷、《复堂类集》文四卷、诗十一卷及词三卷,《复堂日记》八卷《补录》二卷《续录》一卷、《箧中词》六卷《词续》四卷等,其他未刊而存于世者尚多。单就《复堂日记》而言,此书可谓谭献一生日常行实的总括。然世所通行者,仅为谭献生前摘选其中"循诵载籍,谭艺之言"而成的八卷本(刻入《半厂丛书》),即《清史稿》所谓"读书日有程课,凡所论著,櫽括于所为日记"③者。后来虽经徐彦宽续为补辑,成《补录》二卷、《续录》一卷,但依然称不上是"全本"。其全稿实分存于南京图书馆、浙江博物馆、浙江图书馆及浙江大学图书馆等处,日记起同治元年(1862)闰八月,止于光绪二十七年(1901)六月,四十年间,除部分年份有所缺失外,几乎无有间断。除此之外,南图还藏有《复堂日记》的另外一种版本,即刻入《半厂丛书》的清稿本(相较于刻本,亦多有涂抹删削),为钱基博旧藏④。至此,《复堂日记》现存版本方称齐备。然而在过去的长时间里,研究者仅知有刻本而不知有稿本,相关研究亦基本围绕刻本展开。殊不知,八卷本乃谭献精心编选出来的节本,其所呈现的仅仅是谭献其人其学的单一面向。而稿本《复堂日记》的发现,或能为文学史、学术史提供一个更加全面、更加真实的谭献。

在晚清,谭献是一位交游颇广的人物,这一点从新出《复堂师友手札菁华》中可见一斑。此书三大册,钱基博旧藏,收入谭献师友九十余人的489通书信,所涉有著名学者,如杨守敬、黄以周、李慈铭、俞樾、孙诒让、章炳麟等;有晚清名臣,如汪鸣銮、张荫桓、薛福成等;

---

①③　赵尔巽等《清史稿》卷四百八十六《文苑三》,第 44 册,第 13441 页。

②　钱仲联《梦苕庵论集》,中华书局,1993 年,第 387 页。

④　《复堂日记》另有批点本两种,一出袁昶之手,今存叶景葵过录本,上海图书馆藏;一出周星詧之手,钱基博旧藏,今存南京图书馆。

有藏书名家，如陆心源、周星诒等；有诗词名流，如樊增祥、陈三立、易顺鼎、冯煦等。而其中尤以谭献平生知交为多，如庄棫、戴望、陈豪、袁昶、张鸣珂、沈景修、王尚辰等。其内容不仅涵括论学衡文、书籍往来，还涉及宦海沉浮、时事评议，甚至是家庭琐事。书札作为考察人物交游的第一手文献，其价值不言而喻。其实，谭献友朋书札之存世者远不止此，就大宗而言，南京图书馆另藏有《谭复堂友朋书札》52册，足可与之媲美。谭献友朋中亦多有书信集留存，如许增《娱园老人函牍》、沈景修《蒙庐函稿》、张鸣珂《张鸣珂书札》、梁鼎芬《梁节庵遗札》、王诒寿《缦雅堂尺牍》、樊增祥《樊樊山尺牍》等①。另复旦大学图书馆藏有《复堂手札》一册、浙江大学图书馆藏有《复堂札言录存》一册。其他散见于他书者，亦所在多有，如《汪康年师友手札》（上海古籍出版社，2016 年）中收有谭氏书札 41 通，《艺风堂友朋书札》（上海古籍出版社，2018 年）中收有 36 通，《冬暄草堂师友笺存》《袁昶友朋书札》中亦分别收录 15 通和 28 通②。如何利用如此丰富的交游文献，来呈现晚清文人世界的丰富细节以及学人圈的复杂场景，亦是本书关注的重点和价值所在。

　　谭献著述的大量出版，特别是日记、书信及其稿钞本的大量发现，为更新谭献生平、学术及文学、交游等方面的研究，提供了丰赡的新见史料和广阔空间。除此之外，晚清诗文集、日记、书信、年谱等原始文献的批量面世，如《晚清四部丛刊》（十辑）、《清代诗文集珍本丛

---

　　① 他如《清代名人手札汇编》（国际文化出版公司，2003 年）、《香书轩秘藏名人书翰》（浙江古籍出版社，2005 年）、《清代名人书札》（北京师范大学出版社，2009 年）、《片玉碎金：近代名人手书诗札释笺》（中华书局，2009 年）、《可居室藏清代民国名人信札》（国家图书馆出版社，2012 年）、《小莽苍苍斋藏清代学者书札》（人民文学出版社，2013 年）、《俞樾函札辑证》（凤凰出版社，2014 年）等。

　　② 陈汉第、陈敬第辑《冬暄草堂师友笺存》，《近代中国史料丛刊》第 283 册，台湾文海出版社，1966 年；袁昶辑、谢冬荣等整理《袁昶友朋书札》，刘玉才、陈红彦主编《国家图书馆藏未刊稿丛书》，凤凰出版社，2021 年。

刊》(600 册)、《上海图书馆藏稿钞本日记丛刊》(全八十六册)、《近代史研究所藏稿钞本日记丛刊》等①。将与谭献本人的诗文集、日记、书札一道,形成一个颇为可观又互相关联的文献网络。这对于探究谭献所处时代及其影响,还原当时交游唱和、书籍往还等方面的生活图景,提供了过去研究者所无法想象的巨大便利。这也是本人选取谭献作为研究对象的基本动力。

二 研究现状

谭献相关研究,起步较晚,专题性的论文也相对较少,大多只是在词话、批评史、文学史等专著中偶有涉及。真正意义的专题论文,当以程千帆先生《〈复堂词序〉试释——清人词论小记之一》(刊载于《申报·文史周刊》1948 年第 27 期)一文为最早。此后则又归于沉寂,至二十世纪八九十年代,方逐渐有少量论文问世,但基本集中在谭献的词论上。其中较具代表性的论文有陈志明《谭献〈复堂词话〉选注、说明》(《兰州大学学报》1984 年第 1 期)、章楚藩《评谭献的词论》(《杭州师范学院学报》1986 年第 3 期)、曹保合《谈谭献的尊体论》(《甘肃广播电视大学学报》1998 年第 1 期)等。学位论文亦仅有 2 篇,且均出自台湾地区,即萧新玉《谭献词学研究》(高雄师范大学硕士学位论文,1992 年)及杨棠秋《谭复堂及其文学附年谱》(东海大学硕士学位论文,1993 年)。

至于二十一世纪,有关谭献的研究论文开始大量涌现,其中学位论文即有 9 篇,其中 6 篇与词学直接相关,但无一例外,均为硕士学位论文。专题论文更有 30 余篇。研究重点虽仍以词学为主,但已从词论扩展至于词选、词学思想以及与常州词派之关系等多个层面。

---

① 又如《天津图书馆珍藏清人别集善本丛刊》《北京师范大学图书馆藏稀见清人别集丛刊》《南开大学图书馆藏稀见清人别集丛刊》《北京图书馆藏珍本年谱丛刊》《苏州博物馆藏晚清名人日记稿本丛刊》等。

其中尤以词选的研究为突出,仅学位论文就有 4 篇,即郭燕《谭献与
〈箧中词〉研究》(中山大学硕士学位论文,2006 年)、田靖《〈箧中词〉
研究》(上海交通大学硕士学位论文,2008 年)、王娜娜《〈复堂词录〉
研究》(安徽大学硕士学位论文,2014 年)、黄彦《谭献〈复堂词话〉词
学思想研究》(广西民族大学硕士学位论文,2019 年)。《箧中词》作
为谭献总结有清一代词学,也是其用以推尊词体、建构常州词学谱系
的关键著述,其重要性当不言而喻。但自来所论,不出选词标准、数
量及宗旨等方面。关于此等问题,沙先一《选本批评与清代词史之建
构:论谭献〈箧中词〉的选词学意义》(《文学遗产》2009 年第 2 期)一
文,已阐释得较为明白。当然,以上诸文均存在一个不足,即在探讨
《箧中词》的成书及词集来源时,虽有所涉及,但由于史料的不足征,
尚留有可供挖掘的空间。至于另一选本《复堂词录》,沙氏《谭献〈复
堂词录〉的选词学价值论略》(《词学》第二十五辑),于谭献的选词理
念及词学观念亦有较为深入的探讨。关于谭献词论(评)、词学思想
方面,亦有不少具有启发意义的成果,譬如刘勇刚《谭献关于蒋春霖
"倚声家杜老"说辨析》(《河南师范大学学报》2003 年第 6 期)、杨柏
岭《忧生念乱的虚浑——谭献"折中柔厚"词说评价》(《中国文学研
究》2004 年第 4 期)、李剑亮《论丁绍仪对谭献词学阐释论的影响》
(《浙江大学学报》2005 年第 5 期)、迟宝东《谭献的词学思想》(《南开
大学学报》2005 年第 6 期)、沙先一《作者之心与读者之意——关于
常州派词学解释学的研究札记》(《徐州师范大学学报》2006 年第 1
期)、傅宇斌《论谭献词学"正变"观及其对常州词派的推进》(《中南大
学学报》2014 年第 3 期)等①。近年来,有关谭献词学研究较可称

---

① 　其他相关论文尚有:方智范《谭献〈复堂日记〉的词学文献价值》(《南京
师范大学文学院学报》2003 年第 3 期),冉耀斌、何永华《谭献词学理论的继承与
创新》(《甘肃教育学院学报[社会科学版]》2003 年第 3 期),曹保合《谈谭献的
论词倾向》(《衡水师专学报》2004 年第 3 期),谭新红、余明银《推阐（注转下页）

道的成果,仅有杜庆英《谭献〈箧中词〉点评与碑学书风》(《浙江学刊》2018 年第 4 期),文章将金石学与词学嫁接,揭示出谭献词学评点中存在碑学笔法概念的引入,但在具体论述的过程中似略有牵强之处①。另外,胡健、傅宇斌《百年来谭献词学研究述评》(《词学》第三十九辑)一文,对百年来谭献词学相关研究有一个鸟瞰式的评述;高明祥《诗学视域:谭献推尊词体的方法论建构》(《江海学刊》2019 年第 4 期)、《论谭献对常州词派"学究"之弊的拨正》(《词学》第四十二辑)二文,从不同角度探讨了谭献在常州词派理论方法上的继承与突破。值得注意的是,与谭献的词学相比,谭献本身的词作及词艺,似乎完全被忽略。至今仅有王玉兰《谭献及其复堂词研究》(暨南大学硕士学位论文,2010 年)、马洪侠《谭献及其诗词研究》(扬州大学硕士学位论文,2020 年)两篇,专题论文则几乎为零。这与谭献之词坛地位,可谓大不相称。

(续上页注)张、周说,妙不落言诠——谭献词学理论研究》(《南阳师范学院学报》2005 年第 1 期),朱惠国《谭献词学思想论略》(《中文自学指导》2005 年第 3 期),赵晓辉《从选本看谭献对常州派词统之接受推衍》(《湖北社会科学》2007 年第 4 期),刘深《谭献与浙西词派》(《古籍研究》2008 年第 2 期),傅宇斌《谭献词论与现代词学之发端》(《中国诗歌研究》2014 年第 11 辑)等。

① 如在论述谭献金石学习得时,将许梿作为"对其学术影响颇深的老师",认为"谭献濡染金石、书法,与他的这位老师应不无关系"。其根据仅在许梿有《说文》、金石方面的著述,而谭献又曾撰《许府君家传》,有"私淑艾"的言论。其实,有关谭氏的金石学历程,其《翠云草堂金石存略叙》中已有明言,其略云:"献入京师,稍稍从长者游,于问学涂术,约略求益,讨寻唐以前碑拓绪论,往往得之道州何子贞先生云。"(《谭献集·复堂文续》卷二,第 144 页)许梿的影响,大多是在"说文学"、六书学方面。此节所列吴熙载、赵之谦、吴昌硕,亦并非谭献金石交游的关键人物。第四节在论及"重""拙""大"与碑学书风时,亦未结合谭献的碑学品评,只是相关术语的牵合,同时还将况周颐阑入,而结论往往得自推测,令人不甚信服。

可喜的是,在此期间,除词学之外,另有一点小小的开拓,那就是第一部《谭献年谱》(任相梅编著,南京大学硕士学位论文,2007 年)的出现。对于谭献生平的完整记述,以往所能依靠的资料,仅有谭献自撰的《复堂日记》(节选本)、《复堂谕子书》,夏寅官所撰的《谭献传》(闵尔昌《碑传集补》卷五十一)及《清史稿·文苑三》中的简短叙述。朱德慈《近代词人行年考》(当代中国出版社,2004 年)有《谭献词学活动征考》一篇,对谭献的词作编年及词学交游,有较为具体的考察,但由于缺乏充分的文献支撑,整体看来还比较粗略,其中甚至不乏编年上的疏误。这对于一位在光宣词坛颇具影响力且交游广泛的人物而言,是远远不够且大不相当的。任相梅所编《年谱》,依靠当时所能见到的刻本文献(利用了少数的稿钞本),对谭献的行事、交游作了较为完整的呈现,但其中疏漏、舛乱之处,亦在在皆是。

关于谭献诗学,历来少有关注。至今所能见到的,仅胡健《谭献诗学研究》(云南师范大学硕士学位论文,2016 年)一篇学位论文,外加朱泽宝《论谭献的诗学思想——以〈谭献日记〉为中心》(《江苏第二师范学院学报》2015 年第 3 期)一篇专题论文。胡文从谭献的诗歌文献整理及诗学活动、诗教观、诗史观及诗词融合论等四个方面,结合其生平和交游,较为全面地评述了谭献的诗学成就。朱文则集中在《复堂日记》所见明诗批评上,论证了谭献认同明七子复古主张的诗学思想。其实,谭献在诗学上的成就及影响远不如词学。他虽曾选定《古诗录》《唐诗录》《金元诗录》及《明诗录》,又欲删选国朝诗为《后箧衍集》《国朝诗录》,惜大多已不存于世,仅《复堂文》中留存有《古诗录叙》《唐诗录叙》《金元诗录叙》《明诗录叙》等叙文数篇①。另外,在《复堂日记》中,也删取了较多的可资利用的诗论性文字。不

---

①　经笔者查访得知,谭献《复堂古诗录》《唐诗录》稿本三册今藏扬州市图书馆。除此类选本外,谭献还审定了为数较多的友朋诗集,编选过家集和唱和总集,如《合肥三家诗钞》《池上小集》等。

过,在以宋诗为风尚的光宣两朝,谭献无论在诗论还是诗作上都显得不合时宜,故汪辟疆所撰《光宣诗坛点将录》无其位置。钱仲联在《近百年诗坛点将录》中虽将其与王闿运等并列,置之于"四寨水军头领之一"(地进星出洞蛟童威)。但于其诗作,终无过高评价,其言曰:"至其自作,则慈铭不出清中叶之浙派范围,而谭则步趋七子、渔洋,亦不似王、邓之宗选体,要之皆无创新处。"[①]盖谭氏于诗,虽力主复古,推尊八代,但能入而不能出,终落明前后七子窠臼。其诗作较李慈铭、王闿运能自成一家者,终嫌弗如。

事实上,相比于诗学,谭献在文章学上的影响无疑更为特出。钱基博在《复堂日记序》中曾评价云:"谭氏论文章以有用为体、有余为诣、有我为归,不尚桐城方、姚之论,而主张胡承诺、章学诚之书,辅以容甫(汪中)、定庵(龚自珍),于绮丽丰缛之中,存简质清刚之制,取华落实,弗落唐以后窠臼,而先以不分骈散为粗迹、为回澜。……故其论文以淡雅为宗,皈依晋宋,章炳麟文之所自出也。"[②]张舜徽在其《清人文集别录》亦云:"献为文炼字宅句,深有得于晋、宋、齐、梁文辞之奥。晚清文士,大半中四六之毒颇深,俱未足称骈文高手。献独得规仿六朝,取法乎上。极其所诣,故贤于李慈铭、樊增祥。以二家之文,四六格调太多,而献犹能免于斯累耳。"[③]陈钟凡所作《中国文学批评史》亦专设"魏晋派"一章,以汪中、李兆洛、谭献、章炳麟为传承系谱[④]。凡此均可见谭献在晚清文章学史上的地位。其人虽无专门性的义论著作,其文章选本《复堂文录》亦未见传世,但其文章批评及文体观念则多散见于所为日记中。不仅如此,谭献一生曾多次批阅

---

① 钱仲联《梦苕庵论集》,第 374 页。
② 钱基博《复堂日记序》,见《谭献日记·复堂日记补录》卷首,中华书局,2013 年,第 185 页。
③ 张舜徽《清人文集别录》卷二十,华中师范大学出版社,2014 年。
④ 陈钟凡《中国文学批评史》,江苏文艺出版社,2008 年,第 145 页。

李兆洛《骈体文钞》，留下丰富批点文字，且多心得语。故民国间印本《骈体文钞》即多节录谭批，骆鸿凯《文选学·评骘第八》亦以谭批为准。然至今为止，关于谭献文章学方面的专题论文，仅有蔡长林《文章关乎经世——谭献笔下的骈散之争》（《东华汉学》2012 年第 16 期）一篇。蔡文的基本观点在于，谭献在文章上的骈散不分，在于回溯至西汉经学所谓大典礼、大制作，有与古文家争文统的意识。谭氏于经学推崇常州庄氏，蔡氏意欲将谭氏在经学与文章之间的主张打通，故有此论。事实上，谭氏之学极为驳杂，未必具有此种统一性。其学术宗主亦有多端，正如钱基博所云："就学术论，经义治事，蕲向在西京，扬常州庄氏之学；类族辨物，究心于流别，承会稽章氏之绪。"①因此，于谭氏之文章、经术实不可一概而论②。

除此之外，还有零星几篇涉及谭献的学术评论、渊源及影响。如蔡长林《文人的学术参与——〈复堂日记〉所见谭献的学术评论》（《中国文哲研究集刊》2012 年第 40 期）、王标的《谭献与章学诚》（《杭州师范学院学报》2009 年第 1 期）、《谭献与陈宧》（《船山学刊》2008 年第 4 期）、张伯存《复堂与知堂》（《鲁迅研究月刊》2015 年第 7 期）、李俊《钱基博、钱锺书父子与复堂因缘》（《读书》2015 年第 7 期）等。其中以蔡氏、王氏二文较为关键，蔡氏据现有《复堂日记》，条分缕析，对谭献的学术宗尚、对汉宋学的态度及其对常州经学的评价等方面，作了归纳性的评述，颇为周到、详悉。谭献平生于章学诚极为推崇，其《师儒表》论列有清一代学人，将章氏归入"绝学"一门，在休宁戴氏、高邮王氏等之上，可见服膺之深。王氏一文，则根据现存史料中的蛛丝马迹，考察谭献"天下无私书，天下无私师"这一学术主张与章学诚

---

① 　钱基博《复堂日记序》，《谭献日记·复堂日记补录》卷首，第 185 页。
② 　曹虹《清嘉道以来不拘骈散论的文学史意义》（《文学评论》1997 年第 3 期）、《清代文坛上的六朝风》（《安徽大学学报》2017 年第 1 期）二文亦多涉及谭献，且多见道之言。

"六经皆史""官师合一"的渊源关系。对于了解谭氏的学术取向以及章氏思想在晚清学术界的继承和发扬,颇有助益。

关于谭献著述考及集外遗文,则有谷曙光《梨园花谱〈群芳小集〉〈群英续集〉作者考略:兼谈〈谭献集〉外佚作补辑》(《文献》2015年第2期)一文,然所得仅集外佚诗八首、佚词四首而已。2012年浙江古籍出版社所出《谭献集》(收入《浙江文丛》),其实质仅为刻本《复堂类集》的整理本,于谭献遗文并未广泛搜罗。其散见于各处之单篇遗作不论,即使是成书成卷的,如《复堂文余》《金石题跋》等,亦未能搜访、编录,可见遗漏尚多①。

要之,数十年间,关于谭献的研究现状,大体可归纳为以下四点:其一,相关论述大多都是建立在八卷本或十一卷本《复堂日记》之上,在已知此本并非全本且存在大量删削改动的情况下,此种研究似乎均有重新检讨、更新的必要。其二,重心在词,其中尤以词选、词论的研究为突出,对于谭献本人的词作及词学活动,则稍显不足。其三,由于谭献并没有成系统的词学论著,所存仅有《箧中词》及卷数不多的《复堂词》,以及徐珂从《复堂日记》《箧中词》《词辨》批本中辑录而成的为数不过百余条的《复堂词话》。后来谭新红虽有所补辑,亦未有实质性的突破。因此,相关的论述也只能围绕这仅有的几部书展开。由于文献的有限和重叠,在很大程度上也就决定并造成了大多数研究在论题上的重复,以及在相关论述上的叠床架屋。其四,在缺乏新文献加持的情况下,对于谭献本身的基本性问题,如谭献的生平、交游、著述,特别是《复堂词》《复堂日记》的版本及文本差异等方面,均只能是付诸阙如,或者是采取一种粗线条的概述。事实上,谭

---

① 陈开林《浙籍作家佚文拾零——以杨大雅、章如愚、瞿佑、王思任、谭献为中心》(《绍兴文理学院学报》2018年第3期)一文亦辑有《小绿天庵遗诗序》一篇,然此文其实已收录于刊本《复堂日记》卷二(《谭献日记》,第33页)。

氏在诸如文章学、目录学①、校勘学②、金石碑帖以及学术思想等方面，均有所涉及，且自成面目。这一点从《复堂日记》所存诸多评论即可见一斑，而这些基本为其词名所淹没，反过来也就造成谭献相关著述的长时期尘封。

三　研究思路与章节设置

清代文献的丰富性，在一定程度上成就了它的体系性与相互关联性。这种体系性，一方面表现在作者自身的系列文本中，如谭献的现存著述中，不仅有保存较为完整的诗文、词集，而且有互为映照的日记、书札，且稿本、钞本、刻本，一应俱全。相对刻本，稿钞本是一种更加鲜活的文本形态。现存稿本《复堂日记》中，存在大量的诗词作品，一部分已为刻本所收（刻本《复堂日记》或刻本《复堂类集》），部分则仅作为日常性的习作而备忘。这类保存于日记中的诗词，特别是交游唱和性质的，如若收入已刻别集，单凭文本或简短序文，很难看出它后面的复杂场景。而日记则可以很好地还原回去。更重要的是，日记中载录的诗词，为刻本提供了一个可资比对的难得版本。入集后有何种删改？其动因为何？如若未入集，则完全可以作为集外佚文。在日记中，还有部分作品，原本拟入集，后来基于某种原因而未能入集者，如卷一有总论国朝学术一篇，注云："此篇写出自注入集。"③凡此之类，通过关联文本之间的互相比较，考察文本的生成过

---

① 据《复堂日记》，谭献藏书达万二百册（重者近二千册），伦明《辛亥以来藏书纪事诗》载有其人。又庄棫《蒿庵文集》卷六有《复堂书目序》，知其曾编有书目，惜已不传。然其目录学观念从此序文亦可知一二，《复堂日记》中亦有不少表露。

② 谭献批校本今存者有《墨子》《管子》《商子》《邓析子》《淮南子》《盐铁论》《说苑》《昭明文选》《意林》《艺文类聚》《北堂书钞》《酉阳杂俎》《唐文粹》《楚辞补注》《日知录》《明夷待访录》《骈体文钞》等。

③ 谭献撰，范旭仑、牟晓朋整理《谭献日记》卷一，第21页。

程,还原当时创作场景,赋予文学、文献研究以新的活力。

当然,这一特性更加体现在与外部文本的相互嵌套与印证中,谭献与友朋交游、唱和的情形,有的或许详细记录于所为日记,有的或许只是只言片语,有的则散落在各自来往的信札中,文献的片段性、破碎化,一方面难免造成时间、人物及相关言论等方面的缺漏或误记,另一方面则很难将事件有效的语境化、脉络化。如果在友朋日记、书札或相关文献中,恰好有对同一事件的记录,形成一个互为参照、连缀的文本,于此等漏记、误记及信息缺失处,应该是能形成很好的弥补与贯通。另外,大多数的日记作为一种私密性文本而存在,所记内容多少带有作者较强的主观偏好。即使是同一事件,记什么、怎么记,在各个虽说是纪实性的文本中,也不免会呈现出较大的差异性。这种差异性的存在,在赋予当时场景以不同程度的复杂性和不确定性的同时,也增添了其极大的丰富性和可塑性。谭献友朋中,有日记存世者不在少数,如许增《榆翁日记》、沈景修《蒙庐日记》、袁昶《渐西村人日记》、王诒寿《缦雅堂日记》、周星诒《窳盦日札》等。这无疑为《复堂日记》的解读提供了一个个参照系。

基于以上思路,本项研究拟在以下四个方面有所突破:其一,对《复堂日记》进行重新编校整理,改变以往仅知有刻本而不知有稿本的现状,为学术界提供一种最新、最全、最便使用的《复堂日记》版本;同时结合刻本作文本比较研究。通过比对各版本间的差异,一方面理清《复堂日记》的版本系统,考察从稿本到刻本的编选原则及其重组过程;另一方面,根据日记文本中文字的涂抹与删改,还可进一步呈现谭献在两套话语系统中的权衡,以及对某些人事的真实态度,从而借以探究文本变迁背后所隐藏的隐微心曲。其二,谭献集的精细化整理与重编。包括集外诗词、文章,以及书札、题跋等的全面辑佚,还包括对作品的系统性编年与语境化。就遗文而言,今南京图书馆藏有其未刊稿《文余》三卷(《复堂类集》之一),收文 77 篇,其中虽以寿序居多,但也不乏如《建官惟百论》《上杨中丞笺》《乐经补亡叙》《广六书通叙》《叠书龛遗诗叙》《重建杭州府署记》《杨府君(沂孙)家传》等重要篇章。另外,北京大学图书馆藏有《复堂题跋》(一册)一种,应是复堂所为金石题跋。其他序跋、题辞之附于友朋诗文集者,亦往往有失收者,如《勉憙集词叙》《清足居集叙》《藤香馆诗删存序》《紫藤花馆词跋》等。而诗词作品之散见各处者,更是所在皆有,如早年所刊《蘦芜词》及蔡寿祺编刊的《三子诗选》中,即有二十余阕为刊本所未收。更重要的还在于,稿本《复堂日记》中关于诗词、文章创作的"实时性"载录,在极大丰富其创作体量的同时,还能与现存"凝定"文本提供一种动态参照,探究异文背后的写作动因、艺术进境与风格转变。其三,重新编定谭献年谱。谭献年谱,虽有任氏《年谱》及朱氏《征考》在前,但囿于当时大量晚清稿钞文献尚尘封于各大图书馆,特别是稿本《复堂日记》的秘藏,致使行文仅能凭借节钞本及补辑本日记。相对于稿本日记,节选本的一个重要不足,在所录事实仅有年份,而缺少月、日,其中部分条目虽可以借《补录》补足,但大部分条目的时间信息只能付之阙如。这对于年谱编纂者而言无疑是一个大的缺憾。重编年谱的目的,将不再局限于人物生平、创作的简单系年,而是充分结合自身文本及友朋记录,在文献的集群效应中呈现多维的对话,以一个人串联起整个时代①。其四,在充分占有文献资料的基础上,对谭献的生平与著述、交游及创作、观念与思想等方面作全方位的整合研究,以期为学术界呈现一个更加饱满而全面的复堂形象。当然,由于所涉文献大多都处于稿本状态,日记、书信之类更多为手书,大大增加了文献释读和整理的难度。另外,除稿本《复堂日记》《复堂友朋书札》《复堂文余》等收藏于南京图书馆外,其他大部分文献则散布于全国各地,这就为史料的搜访与研究增添了许多障碍。

---

　　①　目前已完成《谭献词学活动编年》一种。即以编年的形式,重现谭献生平填词、读词、评词、选词及词学交游的完整历程;同时充分利用谭献及其友朋现存日记、书信、别集等系列文献,呈现一个以谭献为中心的同光词坛。

因此,在有限的时间内,暂以其中的四个专题作为一种尝试。

第一章"谭献《复堂日记》诸版本及其文本变迁"。本章的论述重点主要围绕《复堂日记》的版本形态及文本变迁展开。通过调查,《复堂日记》的现存版本,大致可分属刻本与稿本两大系统,其中刻本有六卷本、八卷本、《念劬庐丛刻初编》本之分,稿本亦有誊清稿本、原稿本之别。但世所通行的却仅有刻本,甚至存在以十一卷本为"全本"的错误看法。本章第一节即有意于系统呈现各版本,特别是南京图书馆等地所藏稿本的形制与内容,破除学界长期以来所形成的仅知有刻本而不知有稿本的认知。同时,通过版本间形制与内容的比勘,以及书目著录上的差异,发现从稿本到刻本的历程,并非仅仅是形态上的变迁,其中还暗含有文本性质的差异。刊本《复堂日记》已不是传统意义上的遵循"排日记事"的个人私史,而是经过谭献系统改造后用以重塑自我的一部著述。

第二章"日记作为一种文学场景——稿本《复堂日记》与谭献词学研究的新进路"。谭献作为晚清词学名家,平生所涉词学活动包括填词、读词、评词、选词及词学交游等方方面面,存世相关著述亦有《复堂词》《复堂词话》《箧中词》及《复堂词录》等多种。但遗憾的是,凡此种种,在刊本日记中似乎均未得到全面而真实的反映。而稿本《复堂日记》作为未经剪裁的原始文本,无疑为返归谭献填词、选词及日常交游的现场,赋予了一种鲜活的现实场景。第一节即试图以稿本日记所载复堂词作为中心,一方面对谭献生平填词总量进行一次重估,另一方面则有意于利用日记"排日记事"的特点,弥补前人在谭献词作编年上的失误与缺失,同时,日记中关于填词前后相关事实及作者心境的记录,也能为复堂词作的重新解读提供一点切实的语境。第二节将主要围绕《箧中词》的成书展开。《箧中词》作为谭献用以阐扬常州词学、建构有清一代词学谱系的一部重要词选,一直以来,对于此书编著的起始时间、刊印历程,及其背后所牵涉到的人情、交游以及词集的知见、词作的获取等基本问题,均未能给出具体而深入的探讨。而稿本日记中关于《箧中词》一书由初选、定本、刻印到传播的持续性记载，或可以引领我们走进历史，看到《箧中词》由一枝一叶到开花结果的完整过程，还原文学后面受现实因素影响的局部，挖掘潜藏在它背后的文学、文化意义。第三节主要集中于《复堂词话》中部分条目的检讨。《复堂词话》作为谭献唯一较为全面的词论结集，其中出自《复堂日记》者即有127条（含谭新红补辑）。问题在于，徐、谭二人所据均非稿本。在从稿本到刻本的过程中，因所评所论触及在世词人，多有删削改换，甚至完全抹除之处。因而，以稿本日记为参照，对删除部分予以增补，对入选条目进行一番考异，就显得很有必要。

第三章"稿本《复堂日记》与谭献书籍、金石活动钩沉"。刊本《复堂日记》本是谭献"为书籍的一生"的完整呈现，但其中除书籍的阅读与评述外，有关书籍购藏、借阅的内容并不多。部分在现在看来十分重要的藏书史料，如代周星诒购藏陈氏带经堂书籍一事，因牵涉到与周氏的个人恩怨，即被整体性的删除。因而也就造成了对相关问题认识的不足。在本章的第一、第二节中，笔者通过对稿本日记中有关书籍购藏事实的系统梳理，基本上理清了谭献作为一位普通士人的藏书量及其书籍来源。同时也对谭献在带经阁与书钞阁二家书籍递藏过程中所起的作用，以及周、谭二人由交好走向交恶的一段往事，作了一番推本溯源式的澄清与探究。在藏书之外，谭献还曾积极地参与到晚清金石学热潮中去，《仁和谭氏考藏碑刻墓志题名录》《非见斋审定六朝正书碑目》二种的存在，即是证明。但谭献是如何获得这批金石拓片的？与其交游的主要对象为谁？他是以何种身份参与其中的？参与程度如何？这种参与对其学术与文学有何影响？凡此，皆是第三节所要着重考查的内容。

第四章"互证：多重文献交织中的《复堂日记》"。谭献与庄棫作为同光间常州词学的代表性人物，在当时有齐名之称，这似乎已成为晚清词学书写的一般常识，成为可以一笔带过而不加论证的一个"话头"。庄、谭二人相识于咸丰初年,是已知事实,二人在当时有并称之名,是既成的结果。但相识之初,二人之间有过哪些交往细节或文学活动,这些活动又与后来的并称有无关联?凡此种种,都因为种种缘由被埋没在了"宏大叙事"的底层,未曾被细加考量。本章的第一节即试图以稿本日记及现存二人来往书信为基础,从谭献与庄棫的三次相会、书信往还与日常交游及庄、谭并称的两个层面三个方面,对二人的交往始末作一次系统的梳理,以期填补这一段空白。在谭献的已刊著述中,除诗词别集之外,尚有《怀芳记注》《群芳小集》《群芳续集》等花谱类书籍三种。这似乎证明谭献也曾参与到晚清士伶交游与品评的活动中去。但关于这三种书的成书历程及其背后所关涉的复杂场景,在刊本《复堂日记》中已找不到任何痕迹。而稿本日记的存在,正可以充分呈现当时士伶交往的真实场景,还原《怀芳记注》《群芳小集》《群芳续集》成书的具体历程。在谭献的词人身份与交游场域建构方面,《复堂填词图》当发挥了至关重要的作用。自光绪十一年(1885)至光绪二十六年(1900),谭献共绘有填词图九幅,绘图者或为谭献故交,如陈豪、秦敏树,或为当时书画名家,如吴昌硕、蒲华、汪洛年等。图成之后,为《复堂填词图》题辞、序跋者,前后更有二十四人之多,在地域上涵括浙江、江苏(含上海)、安徽、湖北等不同区域。这些图卷作为一个个穿越时空的媒介,为谭献建立起或维持住了一个个远近有别、大小不一的交游网络。

作为一种针对专人的专题文献研究,本书从始至终在寻找新的切入角度与研究方法,力求避免将新见文献作简单类分而陷入自说自话的泥潭,而是尽可能地将谭献及其日记置于一个更加丰富的文献集群中加以观照。通过细碎文本的排比、关联与精细结构、编织,将文献或文本重新语境化、脉络化,揭示这些文本产生、发展与演变的一般规则;同时串联、激活那些看似孤立、无用的文献,以及那些被历史尘封的人和事。"如此一来,在关联中彼此成就的人与事,以及表现人与事的文学,自然也被赋予'现实的品格'和'时代感'."①归结为一句话,即期望通过集群文献的发掘,来探索、实现一种"理想型"研究。在近代,谭献无疑是实现这种"理想型"研究的一个绝佳人选。

---

① 徐雁平《"文献集群"与近代文学研究的新拓展》,《文学遗产》2022 年第3 期。

第一章 谭献《复堂日记》诸版本及其文本变迁

在《清史稿·艺文志》子部杂家杂考类著录有谭献《复堂日记》（八卷）一种，其书与王应麟《困学纪闻》、顾炎武《日知录》及陈澧《东塾读书记》等札记体书籍并列。刘锦藻《续文献通考·经籍考》、丁氏《八千卷楼书目》亦将此书归于子部杂家，只是一在杂纂类，一属杂说类。谭献之友马赓良在为是书作序时亦云："仁和谭仲修先生撰《复堂类集》如干种，一种六卷曰《日记》，则札记之书也。"①也就是说，在当时人的认知里，《复堂日记》并非是一部"排日记事"的个人私史，而是一种"成一家之言"的著述。但是，徐彦宽所刊《复堂日记补录》《续录》的出现，似乎打破了这种一致性，二《录》中时间信息的重现，还原了《复堂日记》原初的形态。如此一来，也就造成了一种困境，即现今合并整理的通行本《谭献日记》，在传统目录学中已难以单纯地归属于史部或子部②。当然，分类并不是问题的关键所在，重点在于，八卷本是如何完成这种由史部到子部的跨越的。稿本《复堂日记》的存在，正可以引领我们进入到著者的"秘密工作室"中，观察一个文本由

---

① 马赓良《序》，谭献著，范旭仑、牟晓朋整理《谭献日记》卷首，中华书局，2013年，第3页。

② 在今天的图书分类体系中，因题名为日记，且列入"中国近代人物日记丛书"，自然归属于史部一类。但严格来说，其实只有《复堂日记补录》《续录》才具有日记形态，前八卷则有日记之名而无日记之实，统归于史部，有主从颠倒之嫌。

发生到成熟的丰富过程,探究文本背后所隐藏的隐微心曲①。

第一节 《复堂日记》的版本系统

《复堂日记》现存版本可分属刻本与稿本两大系统,其中刻本有六卷本、八卷本、《念劬庐丛刻初编》本之分,稿本亦有誊清稿本、原稿本之别。单就刻本而言,六卷本始编于光绪五年(1879)七月初五日,是日日记云:"选录日记始事。"②至光绪十二年(1886)七月基本录毕。所录起于同治二年(1863)五月初十日,止于光绪十二年六月十七日。以年份为先后,共选录条目 813 则。各年份间多寡不一,多者99 则,少者才 11 条。条与条之间不相连属,也没有标明具体的月日信息。内容基本为"循诵载籍,谭艺之言"③。光绪十三年(1887)六月始付刊行。同年八月十九日,罗榘(矩臣)以冷摊所得同治元年(1862)闰八月至同治二年三月日记手稿一册交还,于是又有续录之举。续录刊载同治元年闰八月至同治二年四月、光绪十二年九月至光绪十七年(1891)十二月日记中所选条目 258 则,分为两卷,光绪十八年刊刻时与前六卷合并,收入于所刊《半厂丛书初编》中,是为八卷本。此八卷为谭献亲自选录、编定。谭献去世后,日记原稿为徐彦宽所得,徐氏又从中汰芜存英,辑刻《复堂日记补录》二卷、《续录》一卷。《补录》始于同治元年闰八月十七日,止于光绪十七年十二月二十日;

---

① [法]皮埃尔-马克·德比亚齐云:"文学手稿的分析原则要求尽可能多地关注作家的写作、行为、情感及犹豫的举动,主张的是要通过一系列的草稿和编写工作来发现作品的文本。"([法]皮埃尔-马克·德比亚齐著,汪秀华译《文本发生学》,卷首《引言》,天津人民出版社,2005 年,第 3 页)此说对本章的写作多有启发,在写作过程中对文本发生学理论与方法亦多有借鉴。

② 谭献《山桑宦记一》,稿本,浙江大学图书馆藏。

③ 《谭献日记》卷一,第 5 页。

《续录》起光绪十八年正月十四日，讫于光绪二十七年（1901）六月七日①，是为《念劬庐丛刻初编》本。2000年，范旭仑、牟晓朋合八卷本、《续录》及《补录》为一编，标点整理，列入"近世学人日记丛书"，由河北教育出版社出版；2013年又修订更名为《谭献日记》，收入由中华书局出版的"中国近代人物日记丛书"中。是为今天最为通行的版本，也是学界所认为的"全本"。

事实上，在刻本之外，《复堂日记》还存有多种稿钞本，其一即南京图书馆等地所藏原稿本。南图所存为徐彦宽旧藏，各册均钤有"徐彦宽章""薇生所好长物"二印。书凡五十七册，每册几乎均有定名，如所谓《独漉小记》《金门日录》《天都宦记》《云鹤纪游》等，偶有简短题识或小引说明得名来由，如《迎阳二记》卷首云："前记题以'迎阳'，以始于发春也。出门三阅月，萧斋息影，书牖南向，浪霖得晴，节物又端阳矣。乃仍之曰《迎阳二记》。"②类此者尚有《南园日记》《三上记》《冬巢日记》等。日记用纸大都形制不一，行草书书写，且多有污损涂抹之处。关于此本的递藏源流，钱基博在致卢弼的一通手帖（1951年10月10日）中所述甚详，今摘录如下：

> 谭复堂先生日记手稿旧藏徐夫人处，徐夫人老亡子（舍弟以幼子继之，亦殇）而清贫，房从子侄多不肖，蜾蠃一子，仅十四岁。博去夏回里，过访，见复堂遗稿堆积书架，零乱尘积。家住一无知干部，方抽一本以煮饭引火，博力斥之。即与徐夫人商量捐赠

---

① 中缺光绪十九年九月至十二月、光绪二十年六月初七日至除日、光绪二十二年正月至十月日记。前两段日记原稿本亦无，疑是本人失记或悔弃；后一段日记中的六月九日至十月三十日日记名《蛇足记》，今藏浙江图书馆。其中《续录》中所录光绪廿一年日记在时间信息上有数处错讹，如"十月初二日"当为"七月初二日"，"八月念日"当为"八月廿一日"，"十一月朔，章生枚叔来谈，迫暮去"一条，当属光绪廿二年。分别参见《谭献日记》，第318、320、322页。

② 谭献《复堂日记》，第33册《迎阳二记》，稿本，南京图书馆藏。

人民政府,以保先贤遗墨。徐夫人委以整理,尽一月之力,整理得《复堂日记》五十七册,始咸丰十一年辛酉,迄光绪二十七年辛丑(中间残缺不多)。……洽商苏南文物管理委员会接管。专列一橱,标曰"清季学人谭复堂先生未刊遗著"。①

徐夫人即徐彦宽妻室。是则徐彦宽故后,《复堂日记》稿本转由徐夫人保存,其间险些被焚,幸得钱基博为之编排、斡旋,得以顺利入藏苏南文管会善本室,后转交南京图书馆收藏②。今五十七册俱在,为便于观览,现将各册名称、形制、内容起止、题识等,略加按语,为之叙次如下③:

第 1 册:《□楼日记》

  按:无格稿本,封面已破损,上题"□楼日记",下书"仲义随笔,瑟瑟察书"。记事始于同治元年(1862)闰八月初三日,止于

---

  ① 转引自范旭仑《书各有命——谭献、卢弼、钱基博三人手稿之遭际》,文中又引 1954 年钱基博致卢氏一书云:"复堂先生身后遗著搜罗不少,日记六七十册(自咸丰七年至光绪二十四年,中间小小散失)及《复堂文余》手稿两册(民国三年董理,为草一序目,明其文格出于阳湖而为章太炎文章之所自出),径赠苏南文管会善本室。"则册数与年份又有所差异,不知当时究竟所存若干。详见徐俊主编《掌故》(第四集),中华书局,2018 年,第 177—181 页。

  ② 关于此稿本日记,陈乃乾日记中亦有数处提及,如 1950 年 10 月 20 日日记云:"上午八时,参观文物管理委员会……据该会陈主任谷丞告余,尚有谭复堂稿本九十余册,匆遽竟不及观。"(陈乃乾著、虞坤林整理《陈乃乾日记》,中华书局,2018 年,第 168 页)又 1951 年 3 月 19 日日记:"往陈毅岑于文管会,本欲校阅其所藏《谭复堂日记》稿本,以畏寒不果。"(《陈乃乾日记》,第 187 页)除《复堂日记》五十七册外,南图尚藏有《复堂文余》上中下三册,《谭复堂友朋书札》五十二册。

  ③ 为便于观览,所列以所记年份早晚为序,所题册数则依南京图书馆原文件所标。

同治二年(1863)四月初十日。

第2册:《甲子日记》

按:无格稿本,扉页上题"甲子日记",下书"《城东日记》始七月廿日,仲义甫"。记事始于同治二年四月初十日,止于同治三年(1864)除日。卷末题"乙丑十一月子高览于武林旅次"。

第3册:《乙丑日记》

按:蓝格稿本,内页题"粤鸟呼,人事几,微悔吝,性呼动",又"乙丑日记草稿,中义笔"。记事起同治四年(1865)元日,止于本年三月初十日。

第4册:《鹤归日记》

按:乌丝栏稿本,半页八行。扉页题"崔归日记一卷",内页题"崔归日记一卷,复堂随笔"。记事始于同治四年五月初三日,止于九月二十九日。

第5册:《岁余记》《丙寅记》

按:无格稿本。扉页题"岁余记""丙寅记"。记事分属三年,一为同治四年十一月廿一日至除日日记,即《岁余记》;一为同治五年(1866)元日至四月初一日日记,是为《丙寅记》;最后为光绪三年(1877)六月朔至八月初十日日记。

第6册:《复堂丙寅日记》

按:乌丝栏稿本,半页十行,四周双边。扉页题"复堂丙寅日记"。此册实包含《精舍日记》《丁卯日籍》两部分。《精舍日记》始于同治五年正月廿九日,止于除日;《丁卯日籍》起同治六年(1867)元日,终于正月十五日。

第 7 册:《冬心游记》《计谐行录》

按:蓝格稿本。扉页题"冬心游记""计谐行录",可知日记分属两部分。一始于同治六年(1867)十一月(仲冬)朔,终于除日;一始于同治七年(1868)元日,止于七月十八日。卷末附有《嘉善乘风寺碑》《施母墓志铭》二文。

第 8 册:《稿簿》

按:无格稿本。扉页题"稿簿"。此册日记亦分属四段:一为同治六年(1867)正月十八日至七月十四日日记;一为《戊辰秋冬小记》,起同治七年八月朔,止于十二月二十九日;一为同治八年(1869)元日至除日日记;最后为同治九年(1870)元日至四月廿九日日记。

第 9 册:《独漉小记》

按:蓝丝栏稿本,半页十行。扉页题"独漉小记"。记事始于同治九年(1870)五月朔日,终于同治十年(1871)二月初四日。

第 11 册:《金门日录》

按:无格稿本,扉页题"金门日录"。记事起同治十年(1871)二月四日,止于六月初八日。

第 10 册:《倦游日记》

按:无格稿本,扉页题"金门日录"。记事始于同治十年(1871)七月朔日,止于十月十四日。卷首有小引云:"同治十年辛未夏五月,谭仪被放于礼部,归家。今年春,浙江郡邑数大风雹,损人高庐舍。夏不雨,金、衢、严、温、处,皆苦旱干,湖州、严州皆有流民之变。六月初十日后,太白经天,仪处雪月,畏炎暑,杜门治群籍,挥汗辄不终卷。天时人事,伊郁多感。写定所著杂文,次第为《复堂类集》。年既四十,公车再报罢,性不能治生,读书苦不副愿,慨然将赋倦游诗以见志。秋风起,坐斗室,仰不见山林,闻虫鸟声,悠然有怀。又从事官局校雠已四年,采访忠义,与编纂者且六年余,昕夕如蠹鱼,伏故纸中,宜寡欢绪,差有稽古之乐耳。日记丛杂,时有阙遗,爰始七月朔日,金秋司令,百瑞告成,昼之所成,夜以著录,题以倦游,要不敢自废也。"

第 12 册:《壬申琐志》

按:无格稿本,扉页题"壬申琐志"。记事始于同治十一年(1872)壬申正月元日,终于八月廿七日。

第 13 册:《南园日记》

按:无格稿本,扉页题"南园日记",有题识云:"王见大筑南园于皮市,兵后,园为义塾。北隅邻庑,予以壬申岁不尽十日赁居焉。记始于癸酉元辰,仲仪书。"内页又题:"南园日记卷一,仲仪自题。"记事始于同治十二年(1873)元日,止于八月廿九日。

第 14 册:《南园日记二》

按:无格稿本,扉页题"南园日记二"。记事分两段,一起于同治十二年九月朔日,终于除日;一始于同治十三年(1874)元日,止于正月廿九日。

第 15 册:《三上记》《人海密藏日记》

按:蓝丝栏稿本,半页十行。扉页题"三上记""人海密藏日记附",下有题识云:"昔人之作文有三上,谓马上、枕上、厕上也。杂撰诗文辄附日记。甲戌首春,将起礼闱,自首涂日略记踪迹,兼书人事,偶有述造,即以起草。又戊辰以后,与计吏偕,至是三踏京尘,不徒悬布再登,实已强台三上,不无慷慨系之。仪识。"

《三上记》起于同治十三年(1874)二月朔日,止于四月二十九日;《人海密藏日记》始于五月朔日,终于五月三十日。

第16册:《萧寺日记》《归棹续记》

按:蓝格稿本,上下双栏。扉页无题名,日记分属三段,前段为同治十三年六月朔日至七月十八日日记,中断题"萧寺日记",起七月十九日,终九月十日,末段题"归棹续记",始于九月十一日,止于十四日。

第17册:《皖舟行记》《乙亥冬季记》

按:无格稿本。扉页题"皖舟行纪",又云"乙亥冬季纪续入"。《皖舟行记》为同治十三年十一月廿一日至腊月廿九日(除日)日记,《乙亥冬季记》则为光绪元年(1875)十二月朔日至廿九日所记。中间另有光绪元年正月初一日至七月十四日一段日记。

第41册:《秋泛日录》

按:此册为朱丝栏稿本,半页九行。扉页题"秋泛日录",记事始于光绪元年七月十五日,止于十一月三十日。

第18册:《丙子新书》

按:朱丝栏稿本,半页九行。扉页题"丙子新书",所记为光绪二年(1876)正月初一日至八月廿九日间事。

第35册:《丙子后纪》《丁丑春录》

按:朱丝栏稿本,半页九行。扉页题"丙子后纪""丁丑春录"。《丙子后纪》始于光绪二年九月朔日,止于十二月三十日(除日);《丁丑春录》则为光绪三年(1877)正月初一日至五月三十日日记。

第 36 册:《天都宦记》(《天都宦游记事》)

按:乌丝栏稿本,半页十行,书口题"撅史楼随录",扉页题"天都宦记"。日记前半实为《天都宦游记事》,所记起于光绪三年八月十一日,止于十二月三十日(除日);后半乃是《天都宦记》,起于光绪四年(1878)正月初一日,止于五月廿九日。末附《与歙诸大夫书》。

第 37 册:《天都宦记》《岁寒记》

按:无格稿本,扉页题"天都宦记",又云"附辛巳十二月岁寒记",卷首署"天都宦记之二"。所记为光绪四年六月朔日至十二月二十九日、光绪七年(1881)十二月朔日至二十九日之事。末附张穆《月斋文集》摘要。

第 38 册:《己卯日记》

按:朱丝栏稿本,半页八行,扉页题"己卯日记"。所记起于光绪五年(1879)正月初一日,止于六月二十一日。

第 39 册:《山桑宦记三》①

按:朱丝栏稿本,半页八行,扉页题"山桑宦记三"。所记始于光绪六年(1880)八月二十六日,止于十二月二十九日。

第 40 册:《山桑宦记四》

按:朱丝栏稿本,半页八行,扉页题"山桑宦记四"。所记为光绪七年(1881)正月初一日至六月三十日之事。

---

① 《山桑宦记一》《山桑宦记二》稿本二册,今藏浙江大学图书馆。

第 42 册:《山桑宦记五》《回车记》

按:朱丝栏稿本,半页八行,扉页题"山桑宦记五",又云"回车记附,岁寒记附天都宦记后"。《山桑宦记》起光绪七年七月朔日,止于十一月二十九日;所谓《回车记》附,则未见相关内容。

第 43 册:《知非日记》

按:朱丝栏稿本,半页八行,扉页题"知非日记",又云"壬午岁,予年五十一"。所记为光绪八年(1882)正月初一至五月二十九日之事。

第 44 册:《知非日记》

按:朱丝栏稿本,半页八行,扉页题"知非日记二,壬午六月至十月终",又"吴学士遗集目录叙"。此册卷首为《吴学士遗集》卷上下目录及所撰《吴学士遗文叙》(已收入《复堂类集》)。《知非日记》起光绪八年六月朔日,终十月二十七日。

第 45 册:《盛唐治记》

按:朱丝栏稿本,半页八行,扉页题"盛唐治记",又云"权怀宁令,记始十二月三日"。所记为光绪八年十二月三日至十二月三十日、光绪九年(1883)正月初一日至三月三十日之事。

第 46 册:《盛唐治记二》

按:朱丝栏稿本,半页八行,扉页题"盛唐治记二,癸未四月"。所记起光绪九年四月朔日,止七月廿九日。

第 47 册:《盛唐治记三》(癸未八月)

按:朱丝栏稿本,半页八行,扉页题"盛唐治记二,癸未八月"。所记起于光绪九年八月朔日,止于十二月初十日。

第 48 册：《甲申日籍》

按：蓝丝栏稿本，半页十行。卷首题"甲申日籍"，日记始于光绪十年(1884)元日，止于十二月三十日。

第 49 册：《逍遥日缀》《乙酉记事》

按：朱丝栏稿本，半页九行，扉页题"逍遥日缀""乙酉记事"。《逍遥日缀》始于光绪十一年(1885)正月初一日，止于六月二十八日；《乙酉记事》则为光绪十一年十二月十一日至除日日记。

第 50 册：《恒春小记》

按：朱丝栏稿本，半页九行，扉页题"恒春小记"。所记为光绪十二年(1886)正月初一至六月廿九日之事。题识云："右丙戌春夏半载所记。吏橚更调，浮家劳顿，人事寡欢，道念消损。此六月中诗文甚少。"末附丹徒李恩绶《复堂填词图词序并词》。

第 51 册：《休景记》

按：朱丝栏稿本，半页八行，扉页题"休景记，起丁亥八月十六"。此册所记实分属两年，其中《休景记》为光绪十三年(1887)八月十六日至十二月三十日日记，附《丁亥岁暮杂诗二十首》；后半所记为光绪十四年(1888)正月初一日至五月廿九日之事。

第 52 册

按：无格稿本，扉页亦无题名。所记为光绪十四年六月朔日至十二月十五日之事。

第 53 册：《冬巢日记》

按：朱丝栏稿本，半页九行，卷首题"冬巢日记"，并有小引

云："何以言'冬巢'也。戊子嘉平既望，自菜市桥移兴忠巷，赁黄
松泉编修宅以居。去年六月入褚家西偏听事，盛夏百物躁动，宜
十七月而又作搬疆之鼠。今岁不尽十五日而卜居，寒燕方蛰，衔
土息劳，殆可小休小憩，无席不及暖之慨邪？"此册前半为《冬巢
日记》，始于光绪十四年十二月十六日，止于十二月廿九日；后半
则为光绪十五年(1889)正月初一日至六月三十日日记。

第 54 册:《云鹤纪游续录》

按：无格稿本，扉页及卷首均题"云鹤纪游续录"。所记为光
绪十六年(1890)九月朔日至十二月三十日、光绪十七年(1891)
正月初一日至三月廿九日之事。

第 55 册:《云鹤纪游三录》

按：无格稿本，扉页题"云鹤纪游三录"。所记为光绪十七年
四月朔日至九月三十日之事。

第 56 册:《余冬序录》

按：无格稿本，扉页题"余冬序录"。所记为光绪十七年十月
朔日至十二月廿九日事。

第 57 册:《周甲记》

按：无格稿本，扉页题"周甲记"。所录为光绪十八年(1892)
二月朔日至闰六月十四日事。

第 19 册:《周甲记下》

按：无格稿本，扉页题"周甲记下"。所记为光绪十八年
(1892)闰六月十五日至十二月三十日事。

第 20 册：《癸巳日记》（《云鹤四录》）

按：无格稿本，扉页题"癸巳日记""云雀四录"。所录为光绪十九年（1893）正月初一日至四月廿九日日记。

第 21 册：《燕支小录》

按：无格稿本，扉页题"燕支小录"。所录为光绪十九年五月朔日至八月三十日日记。

第 22 册：《甲午日载》

按：朱丝栏稿本，半页十行，扉页题"甲午日载"。所记为光绪二十年（1894）正月初一日至二月三十日事。

第 23 册：《午纪二》

按：朱丝栏稿本，半页十行，扉页题"午纪二"。所记为光绪二十年三月朔日至六月初十日之事。

第 24 册：《驯复记》

按：红格稿本，扉页及卷首均题"驯复记"。所录为光绪二十一年（1895）正月初一日至八月廿九日之事。

第 25 册：《慎来记》《丙申余记》

按：无格稿本，扉页题"慎来记"，又云"丙申余记附"，内有浮签云："《慎来记》《丙申余记》两个十二月十七日均称六十五生辰，但细阅内容，《慎来》应与《训复记》衔接，当为光绪二十一年，《丙申余记》为二十二年。光绪二十一年九月至十二月，二十二年十一、十二月。"所云确当。

第 32 册:《迎阳记》

按:乌丝栏稿本,半页十行,书口题"质学杂著",扉页题"迎阳记"。所录为光绪二十三年(1897)正月初一日至四月二十九日事。

第 33 册:《迎阳二记》

按:乌丝栏稿本,半页十行,书口题"质学杂著",扉页题"迎阳二记"。卷首小引云:"前记题以'迎阳',以始于发春也。出门三阅月,萧斋息影,书牖南向,浪霖得晴,节物又端阳矣。乃仍之曰《迎阳二记》。"所记始于光绪二十三年五月朔日,止于九月三十日。

第 34 册:《迎阳三记》

按:乌丝栏稿本,半页十行,书口题"质学杂著",扉页题"迎阳三记"。所记为光绪二十三年十月朔日至十二月廿九日、光绪二十四年(1898)正月初一日至二月廿九日之事。

第 26 册:《戊戌三月以后记》

按:无格稿本,扉页题"戊戌三月以后记"。日记始于光绪二十四年三月朔日,止于八月廿九日。

第 27 册:《后履霜记》

按:无格稿本,扉页题"后履霜记,戊戌九月朔重阳霜降"。此册前半为《后履霜记》,始于光绪二十四年九月朔日,止于十二月二十九日;后半所记乃光绪二十五年(1899)正月初一日至六月二十九日之事。

第 28 册:《望秋记》

按:无格稿本,扉页题"望秋记",所记为光绪二十五年七月朔日至十二月三十日事。

第 30 册:《庚子春华》(《春华记》)

按:蓝丝栏稿本,半页十行,扉页题"庚子春华",卷首题"春华记"。日记始于光绪二十六年(1900)正月初一日,终于六月二十九日。

第 29 册:《庚子秋闰》

按:蓝丝栏稿本,半页十行,扉页题"庚子秋闰",卷首题记云:"庚子秋历八月逢闰,遂有秋闰记。"所记为光绪二十六年七月朔日至十二月三十日事。

第 31 册:《辛丑初桄》

按:蓝丝栏稿本,半页十行,扉页题"辛丑初桄"。所记始于光绪二十七年(1901)正月初一日,终于六月七日。

日记始于同治元年(1862)闰八月初三日,止于光绪二十七年六月七日,除同治十一年八月二十八日至除日、光绪五年六月二十一日至光绪六年八月二十五日、光绪十一年七月朔日至十二月初十日、光绪十二年七月朔日至光绪十三年八月十五日、光绪十五年七月朔至光绪十六年八月三十日、光绪十九年九月朔日至除日、光绪二十年六月十一日至除日、光绪二十二年正月初一日至十月三十日等数段日记缺失外[1],四十年间,几乎无有间断。而南图所缺光绪五年六月二

---

① 据《浙江文献展览会专号》,光绪二十二年日记两册,为高时敷旧藏,一册起光绪廿二年正月元日至六月初八日,名《击壶记》;一册起六月九日,讫十月卅日,名《蛇足记》。参见《文澜学报》1936 年第 2 卷第 34 期,第 42 页。《蛇足记》今藏浙江图书馆,《击壶记》尚存与否,则不得而知。

十一日至光绪六年八月三十日日记可据浙江大学图书馆藏本补足，光绪二十二年六月九日至十月三十日日记则存于浙江图书馆。至此，《复堂日记》原稿可知者已有六十册[①]。

除此原稿本外，南图还藏有《复堂日记》的誊清稿本一种。此本两册，凡十卷，为钱基博旧藏。扉页有其题识云："此系刻入《半厂丛书》中之《复堂日记》一之五（六之十）五卷稿本，起同治癸亥（讫光绪乙酉），乃摘录日记中之涉于读书者。"[②]与刻本相比勘，除了在分卷上有所不同外，更值得注意的是，其中有较多钩乙涂抹的痕迹。凡钩乙涂抹处，在刻本日记中均予以删削。如光绪十年（1884）"行县道中，桐城戴名世田有《南山集》写本八卷，少时知邵位西丈有此集，不暇过读。今年桐城人以此求售，始展卷，波澜意度，亦云雅健。叙事繁简有矩度，不必在方侍郎下。检点不敢放言，似狷者也，而以狂获罪。往在闽，见《李寒支集》，矫健奇恣胜戴氏，而不免伪体，世亦止写本流传"[③]一条，刻本无。类此者凡二十四处。这一系列版本的存在，为考察日记由稿本到刻本的生成提供了坚实的版本基础。

第二节　从稿本到刻本：《复堂日记》的 编选与文本重塑

八卷本《复堂日记》是经过谭献删节而成的另一部书，有日记之名而无口记之实，这一点在日记的一并始就有明确说明，同时也在后

---

① 承蒙浙江古籍出版社路伟老师查访，知浙江博物馆亦藏有谭献稿本日记一册，题名为"戴园小记"。

② 谭献《复堂日记》，清稿本上册，南京图书馆藏。

③ 谭献《复堂日记》，清稿本下册，南京图书馆藏。日记中有关戴名世的阅读记录多未选录，其中缘由或许是避忌，或许是隐藏某种事实，也或许是单纯的文学主张不同。

世的书籍著录中得到了很好的印证。事实上，对于《复堂日记》的体式，谭献在日记的早期记录过程中似乎就有了鲜明的自觉，其同治七年九月初二日日记云："前日借施均父《居易录》来，舟中阅竟。名言文句、国故朝章，随手编录，要自有义法。予欲仿此体为日记。"①可见，谭献最初选定的典范是王士禛的《居易录》。《居易录》三十四卷，《四库全书总目》著录于子部杂家类杂说之属，其书以论诗、读书之语为主，又杂记时事，兼及差遣迁除②。这与今天所见通行本《复堂日记》颇为相似。也就是说，八卷本完全是谭献有意识编定的一部"著述"③。关于这一"著述"的成书过程及删削策略，在稿本隐退、刻本生成的那一刻开始，似乎成了永恒的秘密。而稿本的重新发现，给解码这一文本提供了充足的文献依据。

在由稿本到刻本、从史部到子部的衍变过程中，所牵涉到的最为关键的一个问题就是取材。就容量而言，现存稿本有六十一册（大约125万字）之多，而八卷刻本充其量只是其中的十分之一。面对内容如此丰富且多样化的文本，不同的编选策略，形成的或许就是完全不同的另一种书。当然，在探讨这一问题时，对于著者已选的具体条目，应当尽量避免用恰当与否去衡量，因为稿本中确实还存有大量现在看来更具价值的史料，但八卷本毕竟出于作者本人之手，他拥有对内容去取的相对权力。我们所能做的，只能是通过稿本与刻本的充分比对，勾勒出他对已经选定的文本做了哪些改动，从而探究《复堂日记》为何是我们现在所能看到的样貌。

日记最鲜明的特点即所谓的"排日记事"，其最原始的功能亦在

---

① 谭献《复堂日记》，第8册《戊辰秋冬小记》，稿本，南京图书馆藏。

② 参见永瑢等《四库全书总目》卷一二二，中华书局，2008年，第1056页。

③ 谭献对于"著述"的渴求与成名的焦虑，在日记中多有体现。日记所见谭献有意撰著的书籍即有《复堂绎闻录》《学论》《文选疏》《隋书经籍志子部考证》《读管子札记》《说文解字笺疏》《六书定论》《六书慎言》等。

于备忘,要实现这两点,都不能缺乏叙事所需要的三个要素,即时间、地点、人物。三要素一旦消失,所记内容自然就失去了最重要的参照,日常所见、所闻、所感的历时性记录,也由此转换成共时性的陈述,语境与情感由此被抹除。谭献在重塑日记文本的过程中,就有意删除了所记事实的时、地、人等信息,从而达成内容的条目化、客观化效果。如同治六年所记"读《韦庐诗》,如嚼冰雪,临江乡人之匹矣"①一条,在稿本日记中为:

> 市上冷摊买得《韦庐诗》三册,秀州三日留,所得止此。晚饭后望月,作《忆女》诗:"生汝过三岁,从无百里分。月如娇女面,人看秀洲云。索果耶频唤,敲门笑已闻。今宵依母膝,不见母欢欣。"读《韦庐诗》,真如嚼冰雪也。(十一月初六日)②

可知《韦庐诗》乃谭献同治六年十一月游嘉兴时于冷摊所得。诗集为李秉礼所著,分内集四卷、外集四卷。李氏诗宗法韦应物,多以幽静凄美之景寄托孤苦、空寂之情,风格清迥。谭献此时正宦游嘉兴,与家人异地,夜凉望月,思念小女之余,展阅此卷,故有"如嚼冰雪"之感。如果没有稿本日记的映照,很难想象它后面的具体情境。除此之外,还不难发现,稿本日记中并无"临江乡人之匹矣"一句,临江乡人即仁和吴颖芳,其诗以自然清丽著称,与李诗存在风格上的类似,故谭献以为二人可相匹敌。问题是,这一总结评述性的话语是事后所添?还是另有缘由?

事实上,谭献在去除语境化的同时,还有将不同日期所记整合为一条的倾向。"临江乡人之匹矣"一句,乃初七日读《韦庐诗》时所记,原文为:"辰起诵《韦庐诗》,天宝以后诗,读之辄厌其多,读《韦庐诗》,

---

① 《谭献日记》卷二,第 36 页。

② 谭献《复堂日记》,第 7 册《冬心游记》,稿本,南京图书馆藏。

惟惜其少,足敌临江乡人矣。"①谭献仅取最后一句加以改换,并与前一天所记合并,最终完成了此一条目的重塑。将多日所记合并为一个完整的条目,是《复堂日记》最为常见的重塑方式之一。如:

> 自杭州借高白叔藏《历代诗余》来,排日阅之,将以补《词综》所未备。如袁去华、韩淲,竹垞所未见者具在。予欲订《箧中词》全本,今年当首定之。选言尤雅,以比兴为本,庶几大廓门庭,高其墙宇。②

此条因关系到谭献两部重要词选的成书历程及选词宗旨,重要性当不言而喻。徐珂辑录《复堂词话》时已将其纳入,俨然已成定本。但是,如果细绎文本,不难发现,语义间存在明显的断裂。末句所谓"大廓门庭,高其墙宇","其"字的指称对象为何人何书? 朱彝尊《词综》吗? 答案显然有违谭献的选词宗旨。所选《箧中词》吗? 然《箧中词》今集部分此时已有定本,且《箧中词》所选仅局限于有清一代,与《历代诗余》《词综》等选本选域不合③。其实,出现此种情况的缘由,在于谭献在合并文本的过程中没有做到严丝合缝。据稿本日记,此条至少可分为三截:

> 雨孙、鄂士、荔塘杭函至,借得高白叔《历代诗余》一部。(光绪七年十二月十八日)④

---

① 谭献《复堂日记》,第 7 册《冬心游记》,稿本,南京图书馆藏。

② 《谭献日记》卷六,第 115 页。

③ 朱德慈因未见稿本日记,不知《复堂词录》起初亦名《箧中词》,在《谭献词学活动征考》中即误将此条作为谭献"自我总结《箧中词》之拣选旨归"的证据。详见朱德慈《近代词人行年考》,当代中国出版社,2004 年,第 181 页。

④ 谭献《复堂日记》,第 37 册《天都宦记》附,稿本,南京图书馆藏。

　　阅《诗余》百卷一过。固多可补《词综》，而《词综》所录未入选者亦不少。……将以五月写《箧中词》始事，或仍曰《复堂词录》。（光绪八年四月二十六日）①

　　检周止庵《宋四家词选》。皆取之竹垞《词综》，出其外仅二三篇。仆所由欲删定《箧中词》，广朱氏所未备。选言尤雅，以比兴为本，庶几大厥门庭。（光绪八年四月十七日）②

　　两相对照，删节整合的痕迹也就暴露无遗，而"其"字所指代的对象为《复堂词录》，而非我们所熟知的《箧中词》，也因此焕然冰释。值得注意的是，整合有时还伴随有增添、删节、调换等系列行为。此条涵括的内容在时间跨度上几近半年，通过删节整合之后却产生了同时发生的错觉。时间的消失，给内容的条理化带来了极大的便利，但也给后来的文学研究者及年谱编定者带来极大的障碍。这样的例子不胜枚举。又如：

　　写定《复堂词录》。以唐五代为前集一卷，宋集七卷、金元一卷、明一卷为后集。从《历代诗余》甄采补朱、王二家《词综》所无，盖十之二。又从丁绍仪《听秋声馆词话》中抄得明季钱忠介、张忠烈二词，如获珠船。予选词之志亦二十余年，始有定本。去取之旨，有叙入集。③

　　此条亦移并不同时日所记而成，首句及末一句乃总括事实之语，非一时实录。此条所涉内容，在稿本日记中基本散落在不同日期之下：

　　录词，卷一始毕，盖唐五代十国词为前集也。词人次第字句

---

①② 谭献《复堂日记》，第 43 册《知非日记》，稿本，南京图书馆藏。
③ 《谭献日记》卷六，第 116 页。

异同，大抵从《历代诗余》本。（光绪八年五月十四日）①

审定《词录》，宋词目排定，可缮写，出《词综》外者又十之二。（六月廿八日）②

从丁氏《词话》中录得明末钱忠介、张忠烈二词，补明人词后，喜如获珠船也。（九月廿二日）③

由此可见，刻本所述如果还原到稿本中，在时间的绵延上几乎跨越了小半年。据稿本日记，《复堂词录》的编选始于光绪八年（1882）五月初七日，在此后的数月中，"独坐钞词""钞词遣日""力疾钞词"的语句频见于记载，故至七月十四日，已钞完第六卷，八月十二日钞至第八卷，九月十八日，第十卷毕，十月十二日基本完成全书的钞纂。至于撰叙的时间，则是在九月廿三日，当天日记云："检束群书，无可观览，乃复续写《词录》目录，忽有所触，叙篇亦成。人或曰老生常谈，岂知予固称心而言邪？"④如果单纯依据刻本，对于《复堂词录》的编选过程及其成书时间，所能确定的只能是一个大致的年代断限。而稿本日记的存在，却能带领后世读者重回谭氏选词的现场，还原《复堂词录》由一枝一叶到开花结果的完整过程。其他如卷五"阅《易堂九子文》"一条（《谭献日记》，第 111—112 页），卷六"方大镇鲁岳"一条（《谭献日记》，第 133—134 页），均是缀合长时段阅读记录的结果。

除条目的整合、重组外，拆分亦是谭献重塑日记文本的另一个重要手段。拆分是指将同一天的日常记录按内容细分为多个条目。因一天所历不止一事，所阅之书不止一种，或不同属一类，若统归一条，很可能造成前后主题不一，而拆分不仅可以达到增添条目的目的，还有利于加强文本的层次性。如同治三年（1864）所录三条：

---

① 谭献《复堂日记》，第 43 册《知非日记》，稿本，南京图书馆藏。
②③④ 谭献《复堂日记》，第 44 册《知非日记二》，稿本，南京图书馆藏。

人言李攀龙诗气断续而神脉离。断续不尽然,脉离之失似皆不免。元美博览群书,而驱遣未必尽当,所谓英雄欺人。七古数卷气盛材雄,诚大手笔。憾其树义多浮,无当诗教。<u>五七言绝句意在尽古人之才,每于妙境辄一回旋,虽不能至,能自得师。</u>

徐芝泉丈京邸来书。羁孤可念。又为予谋一官,不就。予十年蹭蹬,献赋入赀,两无成就。委心大化,得失小于鸡虫。王弇州《杂咏》云:"寂寞何人问,韶颜镜里红。亦知年未老,无意向东风。"回环诵之,殆有李峤真才子之叹。

阅《聚红榭雅集诗词》。聚红榭者,闽中社集合刻所作,长乐谢枚如持赠。凡四种,曰《雅集词》五卷、《过存诗略》二卷、《游石鼓诗录》一卷、《黄刘合刻词》二卷。枚如社中巨手,词入能品。徐云汀、李星汀亦高出辈流。[①]

三条各言一事,眉目清晰,似乎不相连属。但事实确是互有穿插,且除了第一条的前半段外(第一条又为整合前数天阅读记录而成),其余所记均发生于同一天。除去前后有关天气的记载,此数条在稿本日记中的原始状态为:

得芝泉丈十一月廿一、廿二日书。谂其近状,羁孤可念。又为予谋一官,不就。予十年蹭蹬,献赋入赀,两无成事,委心大化,此得失真小于鸡虫也。剪烛读弇州诗,《杂咏》绝句云:"寂寞何人问,韶颜镜里红。亦知年未老,无意向东风。"予回环诵之,殆如元宗之闻《水调》,有"李峤真才子"之叹。阅弇州五七言绝句殆遍,意在尽古人之长,每于妙境,辄一回旋,虽不能至,能自得师。又阅《聚红榭雅集词》。聚红榭者,闽中名士社集合刻其所作也。初二日长乐谢章铤枚如持赠。凡四种,曰《雅集词》五

---

① 《谭献日记》卷一,第13页。

卷、《过存诗略》二卷、《游石鼓诗录》一卷、《黄刘合刻词》二卷。枚如固社中巨手,填词入能品。社中诗以徐云汀、李星村、谢枚如高出流辈,词则大都伯仲也。(同治三年正月五日)①

从稿本到刻本的过程中,语义及内容虽没有太大的差异,但表达的形式与策略却有本质的不同。在一定程度上说,稿本是时间脉络上线性的记载,呈现的是著者一天中的所见所闻及所思所感。而到了刻本,时间线却被人为地打破,叙述已由时间的绵延转变为空间的序列。各条目间已丧失了内在的逻辑,它们就像是装在一个大型容器中的“模块”,可以任由著者抽取、调动。通过文本的重新组合,日记原有的语境和情感已得到完全消除,札记体所需的序列化、客观性效果也因此呈现。

第三节 被粉饰的文本:《复堂日记》的删改

日记通常被认为是最具私密性、也最忠实于原生事实的文本,但当日记变成一种著述方式,内容由隐秘而变成公开的时候,其真实性必将大打折扣。《复堂日记》起初也是遵循排日记事的日记体,其所呈现的是谭献生平的方方面面,大到吏治民情、时代因革,小到衣食住行、晴雨寒温。但经过谭献的删取、拆分、整合等一系列的重组之后,刊本《复堂日记》的性质已完全由私人化的记录转变为公共性的知识。在文本重塑的过程中,除了对所选日记内容进行序列化的整合外,还对各条目的内容做了大量事后的润饰。小到个别词句的替换,大到整段内容的删改。相比于条目的编选与重组,删改往往来得更加隐蔽,更加不着痕迹。如果没有原始文本的对勘,几乎难以发觉。而稿本《复堂日记》的发现,正可以提供一个绝好的参照。

---

① 谭献《复堂日记》,第 2 册《甲子日记》,稿本,南京图书馆藏。

在晚清四大日记中,王闿运、李慈铭均以好骂著称,于先贤、时人,多所诋诃,毫无避忌。通观八卷本《复堂日记》,谭献似乎未有此弊,故钱锺书在给《复堂日记续录》作序时,径以李慈铭作为比较的对象,并得出"李书矜心好诋,妄人俗学,横被先贤;谭书多褒少贬,微词申旨,未尝逸口"①的结论。但事实确实如此吗?今《谭献日记》卷二收录有同治十一年的札记一则,云:

> 阅钱楞仙司业《示朴斋骈文》。师法义山,纯用唐调;清典可味,固是雅才。②

若仅凭通行刻本,这不过是一条再普通不过的读书评论。但在南图所藏清稿本《复堂日记》中,紧接其后,却另有一大段内容:

> 偶阅俞编修所刻书,说经纰缪,涉小学、校雠语,间可取其慧思。小言破道,私智盗名,方当误后生,谬种流传矣。经生有俞樾,犹文士之有袁枚。至俞之诗文,则又袁枚之舆台。浙西水土浮脆,恒生此辈,直可谓之荑稗。如钱司业者,差不愧读书种子,即非师资,要是良友。③

此段牵涉到谭献对俞樾其人其书的评判,真可谓是肆口谩骂了。在徐彦宽所辑《补录》中,此条系于同治十一年三月十四日下,补足了有关俞樾的内容,但于"浙西水土"以下,又予以删除。由于八卷本日

---

① 　钱锺书《复堂日记续录序》,《谭献日记》,第 296 页。
② 　《谭献日记》卷二,第 49 页。
③ 　谭献《复堂日记》,清稿本,南京图书馆藏。在清稿本中,另有一条与俞樾相关而不见于刻本者:"阅俞巾山《群经平议》第十四卷,盖说《考工记》明堂重屋者,说经如此类,予皆目为无用之言。"

记中并无具体的月日信息，即便有《补录》可资比照，如果没有内容上的复重、接榫，很难将二者有效地合并、参照，这在一定程度上造成了文本的断裂与不完整。而原稿本的存在，正可以还原日记该有的面貌：

> 十四日，借观钱司业振伦《示朴斋骈文》六卷，师资义山，纯乎唐调，清典可味，固是雅才。偶阅俞编修樾所刻书，说经纰缪，偶及小学，间可取其慧思。小言破道，私智盗名，缪种流传。经生有俞，犹文苑之有袁枚矣。若俞之诗文，则又枚之舆台。吾浙土植浮脆，恒生此等稂莠。如钱司业者，已不可多得。①

于此可见，"借观"与"偶阅"之事乃同属一天。俞樾与钱振伦同为浙人，谭献此条日记之用意，也在于通过两者的比较，来凸显钱氏、贬抑俞樾。这种肌理与层次感，只有在稿本日记中才能得到展现。另外，稿本与清稿本相比，虽大意无差，但在细节上却做了相当的修饰，特别是将"吾浙"改为"浙西"②。谭献虽出身浙西，但平生服膺以浙东史学相标榜的章学诚，而对于出身浙西的袁枚、俞樾、陆心源等均有不同程度的贬斥。但经过从稿本、清稿本到刻本的不断删润，起初激烈、尖刻的语句已完全消失不见，留下的只是一片平和之音。

---

① 《复堂日记》，第12册《壬申琐志》，稿本，南京图书馆藏。

② 对于两浙学风，多以浙东、西分途，一般而言，浙东尚史学专家，浙西多博雅文人，二派势同水火。谭献同治元年十月廿五日日记即云："吾浙问学之事，浙东、西截分两途，东学质实而近迂，西学隐秀而入琐。吾于浙东推黄氏昆季、西河先生，不甚服万氏，尤不喜全谢山（《水经注》之功不可没）。西学旧推冯山公、卢抱经。子高言湖州杨秋室最高，惜于未得读其遗书。秀水朱氏之考证、海宁查氏之诗，吾固可折棰使之。近日得严铁桥书，亦得失参半。若当湖陆氏，吾浙不幸有此人也！陆之学直与袁枚之文等。"（第1册《□楼日记》）可见学术之分途。

俞樾于谭献为同时,二人在日常生活中亦多有来往①。同治五年(1866)诂经精舍重建,马新贻更以谭献为监院,俞樾为山长,因此二人还有一段时间的共事经历。但由于学术的分歧或某些现实的因素,俞樾在八卷本《复堂日记》中几乎成了一个缺席者。今八卷本中有涉于俞樾者,有且仅有"阅俞巾山《经义达诂》一卷。仅刻成《说周易》者,亦王伯申门庭中人"②一则。此条在内容上基本属于客观陈述,语气上也毫无褒贬倾向。然而在稿本日记中,"亦王伯申门庭中人"一句本为"精卓处不减王伯申也",完全是一副"青出于蓝"的赞叹口吻。也就是说,连这种"臧否不出口"的中立效果,也全然是事后修饰的结果。又如"读《荀子》,至《成相》篇。……'孰公长公之难'当一句读,'托于成相以喻意'上不必有脱句"③一条,在稿本中,末尾另有"俞巾山说与予合"一句。学术上的不谋而合,本应当是值得奔走相告的事,但谭献似乎并不这么认为。刻本中有涉于俞樾而遭事后删削者,远不止此,又如:

> 校《管子·侈靡篇》,讹脱多不可读。子高《校正》中采诸家校语,往往臆决专辄,不敢从。俞樾之言尤武断,谀闻亦不足误后生。(光绪六年二月初二日)④

---

① 如同治六年四月十三日日记:"作与俞巾山先生书。"(第8册《稿簿》)同治七年五月初三日日记:"过俞巾山太史谈。"(第7册《计谐行录》)九月廿九日日记:"饭后同诸子泛湖,至岳祠观道场,因诣俞荫甫太史樾于诂经精舍,略谈。"(第8册《戊辰秋冬小记》)同治九年闰十月初三日日记:"过诂经精舍,与兰艇谈,晤俞巾山编修谈。"(第9册《独漉小记》)光绪十八年三月初二日日记:"俞曲园来谈。"(第57册《周甲记》)十一日日记:"同白叔笋舆至右台仙馆,答俞曲园叟,晤谈移晷。"(第19册《周甲记》下)
② 《谭献日记》卷二,第22页。
③ 《谭献日记》卷二,第23页。
④ 谭献《山桑宧记》,稿本,浙江大学图书馆藏。

校《管子》二十四卷卒业。《管子》为道家初祖、《周礼》大宗，于九流为最尊。子高《校正》成编，戳香为劳。然全收王氏《读书杂志》，无所纠正，出己意者又不确凿，<u>用俞樾末议多曲说</u>。（光绪六年二月十五日）①

划线部分的内容在通行本中也早已不见踪影。子高，即戴望，同治初年与谭献最为交好，著有《管子正误》一书。此书成书之初，谭献还多有助益②，成书之后又得最先寓目。当时对于此书的评价颇高，对所引俞樾部分，亦是夸赞有加。如同治二年五月二十三日日记云："阅子高《管子正误》，其荦荦大者，厘然有当于予心也。"③又同治三年七月廿四日日记云："阅《管子》。……子高校本详密，中采宋于庭、俞荫甫说多入微，可喜也。"④与光绪六年所记相比，已经是截然相反的两种态度。只是这部分内容在通行本中多被抹除，以致后世无法看到谭献前后不同的两幅面孔罢了。

抹除对前代学者，特别是同时之人的批评，从而营造一种"多褒少贬"或"不褒不贬"的温和形象，是谭献重塑《复堂日记》最为常见的手法。他所批评的对象除俞樾外，尚有韩愈、朱熹、全祖望、袁枚、方东树、吴敏树、陈康祺、陆心源等，甚至部分师友如邵懿辰、戴望、魏锡曾、陶方琦等，亦在所不免。如斥朱子《论语集注》为巨谬，"垂之国胄，贻患无穷"（第 2 册《甲子日记》）；以方东树为无知妄人，陈康祺为"辽东豕"（第 45 册《盛唐治记》），以陆心源为"吾浙不幸"（第 1 册《□楼日记》），等等。除了文字内容的整体性删削外，对部分过度尖刻的

---

① 谭献《山桑宦记》，稿本，浙江大学图书馆藏。

② 同治二年五月十六日日记："游书肆，竟觅得陈先生硕父校《管子》一种，盖就黄荛圃所藏宋本点勘。子高正治《管子》，以贻之。"（第 2 册《甲子日记》）稿本与刻本微有不同。

③④ 谭献《复堂日记》，第 2 册《甲子日记》，稿本，南京图书馆藏。

语句进行修饰性的替换或改写,也是谭献在追求文本的平实化、客观化效果时所采取的重要手段。较为突出的例子如:卷一"阅抱经堂本《颜氏家训》"一则中的"陈义浅薄"改为"陈义平远"①;卷二"阅《骈体正宗》"条,"古义尽亡"替换为"古义稍失"②,又"阅定庵诗词新刻本"中,"终不成家"变为"终非当家"③;卷六评论方浚颐《二知斋文集》(《二知轩文存》)一条,末句"条鬯而未芬芳者也"已改写为"立论亦可信者多"④。这类作局部修饰的例子,在从稿本到刻本的过程中,实在不胜枚举。

　　谭献对《复堂日记》的删改,除删削、替换外,更有条目内容的添补、前后次序的调换,甚至于整个条目的改写与重编等。添补如卷一"阅《唐书》"一条,末尾"宋与欧阳皆崇信退之,乃学焉而各得其性之所近。此中消息,承学者参之。又轧茁阔庲,唐中叶自有此体,盖莫著于高彦休《阙史》矣"⑤一段,原稿本无;又卷二"阅湖北局刻桂氏《说文义证》"条,本为段、桂书优劣而发,末句忽有"以后校《旧唐书》语别录三卷,未毕,稿亦失去"⑥一句,颇为不伦,其实亦为后来所增入;又如卷三"许迈孙示我《大戴礼记》校本"条末句"予《大戴》集校本已失于汀州之乱,故不复借抄"⑦,"阅《甘泉乡人稿》"条末句"不独《曝书杂识》大有功于承学之士也"⑧,以及"偶作十六字令"一条末句"盖有去乡之志,占此为别"⑨。大抵皆以后事增补前事,以期达到条目的有事有论。至于整个条目的改编,在日记的重组过程中亦偶一用之,如:

――――――――

① 《谭献日记》卷一,第9页。稿本参见南图藏本第1册。

② 《谭献日记》卷二,第38页。稿本参见南图藏本第8册。

③ 《谭献日记》卷二,第42页。稿本参见南图藏本第8册。

④ 《谭献日记》卷六,第121页。稿本参见南图藏本第48册。

⑤ 《谭献日记》卷一,第17页。

⑥ 《谭献日记》卷二,第44页。

⑦ 《谭献日记》卷三,第54页。

⑧⑨ 《谭献日记》卷三,第57页。

访梁星海于约园。星海，岭表奇士，弱冠入翰林，以建言落职，胥疏江湖。年三十三，虬髯绕颊，如古画图。去年独居焦山兰若，经岁不与世通。予赠诗云："独弦忘律吕，集霰老婵娟。尘中同调在，贫不受人怜。"又曰："流水焦先宅，疏风郭泰巾。推排成故事，不必愧陈人。"亦称心而言矣。①

据稿本日记，此事发生在光绪十七年二月初三日，当天日记云："春晴渐暖。早起，闻梁星海在此，将往访之。作诗：……出访星海，久谈。"②也就是说，在原本中仅有过访与作诗二事，且作诗在前，过访在后。改造后的文本则不仅增添了有关梁鼎芬身份、外貌、近年行实的述说，还将赠诗摘句附后，并加以评说，将叙事、抒情、议论融合无间。一则富含意味的小品文字，亦因此达成。当然，凡此种种对于文本的事后"粉饰"，不排除有学术成熟后对于以往认识的修正，但不可否认，这种大规模的删改，确实在客观效果上营造了他"多褒少贬"学者形象，也造就了《复堂日记》作为一种著述形式的完整严密。

小　结

日记在晚清得到了极大限度的发展，这一点不仅表现在出现了一大批，如李慈铭《越缦堂日记》、王闿运《湘绮楼日记》、叶昌炽《缘督庐日记》等篇幅巨大、内容丰富的日记，更在于他们对待日记这一文

---

① 《谭献日记》卷八，第173页。此条所涉赠诗见《复堂诗》卷十，其一云："相望未相见，神交近十年。独弦忘律吕，集霰老婵娟。傥纵苏门啸，俄惊栗里眠。尘中同调在，贫不受人怜。"（谭献著，罗仲鼎、俞浣萍点校《谭献集》，浙江古籍出版社，2012年，第571页）据此则文中"予赠诗云"后当标为："'独弦忘律吕，集霰老婵娟。''尘中同调在，贫不受人怜。'"

② 谭献《复堂日记》，第54册《云鹤纪游续录》，稿本，南京图书馆藏。

体类型的态度。即日记似乎已成为他们着意经营的对象,成为他们日常著述的一种方式。日记书写开始突破记录日常琐事的简单体式和用备遗忘的单纯目的,读者也不再仅限于自身,而是成为一种公开展览的知识,甚至变为用以炫博的资本。日记俨然成为一部"百科全书",著者或后人可以从中抽取出所需的不同门类,编排出文体各异的著作。如一部李慈铭《越缦堂日记》,在后世流传中已析分出《越缦堂读书记》《越缦堂说诗全编》《越缦堂菊话》《越缦堂金石题跋录》等主题各异的书籍种类。其他如曾国藩、吴汝纶、叶昌炽等人日记亦有不同程度的摘编本①。但无一例外,这项工作基本出自后人之手。而《复堂日记》初刻八卷,作为谭献亲手编选、删订、刊行的一部摘编日记,可以说是同类型中最具自觉意识的一种②。

　　《复堂日记》刊行之前,已有在友朋间传观的迹象,如同治元年日记稿本之上,已有周星诒的眉批③。刊成之后,谭献更在同人间广泛寄赠。据稿本日记,自光绪十三年起,收到谭献赠书的即有袁昶、周星誉、吴庆坻、沈清藻、边葆枢、吴受福、王尚辰、吴昌硕、许人杰、叶

---

　　①　今南京图书馆藏有宗源瀚日记钞本数种,其中《颐情馆笔记》亦是所记《自有余斋日记》《北征日记》的摘编本,只是未经刊行。宗氏还从《自有余斋日记》中摘录部分内容编成《国朝右文掌录》,生前便已刊行。此条信息为师弟曹天晓博士提供。

　　②　事实上,刊本《复堂日记》在流传过程中,也出现了类似的按主题编次的版本。如国家图书馆即藏有一种题名为《复堂日记类钞》的清钞本,大体根据八卷刻本所收条目的内容性质,分别归属于经、史、子、集各大类之下。参见李德龙、俞冰主编《历代日记丛钞》,学苑出版社,2006年,第63册,第489—597页。

　　③　谭献同治元年十月二十四日日记云:"阅惠氏、席氏《读说文记》。阅诸史志,渐有入处。人生三十年,甫能读志。古人云史才作志尤难,岂独作者难哉?"周星诒眉批云:"诒去岁始能读志,前三岁始知读志,尝自内惭,谓如仲修者,必早致力矣。今读是则,乃知亦未先我,窃以自喜,并以见仲修不欺之学也。"(第1册《□楼日记》)是为传观的显证。

瀚、汪康年、陶浚宣、缪荃孙等。同时还出现了袁昶[①]、周星誉两种批点本，周氏批本今亦藏南京图书馆，眉批云："此等铨次近于笔谈随录一种，却好是日记新派。……誉嗣后作日注，谨当仿写以为楷模。"[②]于此可见此书在当时的流传程度与谭献有意经营的用心。阿莱达·阿斯曼曾将历史与记忆定位为回忆的两种模式。一种是功能记忆，即那些有群体关联性、有选择性、价值联系和面向未来的部分；另一种则是存储记忆，即所有记忆的记忆，是与现实失去有生命力联系的东西[③]。日记作为一种记忆的文本，本质上也是对过去的一种存储。《复堂日记》在流传过程中产生的两种形态，如果说稿本《复堂日记》是谭献平生记忆的总汇，也就是所谓的"存储记忆"的话，那么，由其亲手精心编定的八卷本无疑是从存储器中抽离出来，用以建构过去的"功能记忆"。谭献通过对稿本日记的摘选、重组、删润，《复堂日记》已然从私人性的话语变成公共性的知识，成为一部可资流传的"著述"。而在文本重塑与流传的过程中，谭献也得以重新定义自我、建构自我。

---

① 叶景葵云："故友蒋抑卮旧藏初印六卷本，桐庐袁忠节公评点。忠节与复堂深交，凡所揭橥者，撷其精要，无或遗漏；正其疵颣，不稍假借。洵不愧直谅多闻之选。……八卷本已有采用忠节评本改正处。"（叶景葵著，顾廷龙编《卷庵书跋》，上海古籍出版社，2006年，第31页）又谭献光绪十四年三月初三日日记云："得爽秋京邸书，论予《日记》甚详。"（第51册《休景记》）可见袁昶于《复堂日记》多有论议。批本今藏上海图书馆。

② 谭献《复堂日记》，周星誉批稿本，南京图书馆藏。此本亦为钱基博旧藏，扉页题"周涑人先生批谭复堂日记手定本，苏南文物管理委员会善本书室，钱基博谨赠"。卷首有钱氏题识云："此《复堂日记》手写定本，即刊入《半厂丛书》者也。眉端有周涑人先生星誉批记，颇有然疑，不尽为标榜之语。涑人先生乃祥符周氏之一，在同光间，兄弟竞爽，以文章自为师友。而举进士者三，举孝廉者一，皆官监司、刺史，至二千石。而涑人先生年辈视复堂为高，乃折节为兄弟交。甲戌六月读一过，挥汗记此。"

③ 参见［德］阿莱达·阿斯曼著，潘璐译《回忆空间：文化记忆的形式和变迁》，北京大学出版社，2016年，第142—156页。

附录

失真的编刊:对《复堂日记补录》《续录》的检讨

　　《复堂日记》作为谭献生平治学、交游、行事的总括,也是后人借以研究其学术与文学的重要依托。生前曾亲自编选、辑刊为八卷,收入所刻《半厂丛书初编》中。身后,日记原稿为徐彦宽所得,徐氏又从中汰芜存英,为辑刻《复堂日记补录》二卷、《续录》一卷,刊入所刊《念劬庐丛刻初编》中。2000年,范旭仑、牟晓朋合八卷本、《续录》及《补录》为一编,标点整理,列入"近世学人日记丛书",由河北教育出版社出版;2013年又修订更名为《谭献日记》,收入由中华书局出版的"中国近代人物日记丛书"中,是为今天最为通行的版本。由于稿本《复堂日记》的长期尘封,刊本日记自然成为最易取资、也最可信赖的文本。但事实真的如此吗? 对于八卷本的删改问题,前文已有专门探讨。今复以稿本《复堂日记》为依据,对《复堂日记补录》《续录》进行一番检讨,以期更好地认识和使用这个文本。

一、《复堂日记补录》《续录》的编选策略

　　徐彦宽所辑《复堂日记补录》起于同治元年闰八月十七日,止于光绪十七年十二月二十日;《续录》始于光绪十八年正月十四日,止于光绪二十七年六月初七日。从题名上即可看出,二《录》在内容上当有所区分。《补录》在一定程度上是补八卷本所遗,即在条目的选取上大体不突破谭献所选范围,只是补充谭献所删、所改的部分。而《续录》因时间上已超出了谭献所选,故完全是徐氏根据本人的意旨所进行的编录。二《录》在性质上已与八卷本有本质的不同,如果说八卷本是谭献根据日记精心重塑的一种"著述"的话,徐彦宽所补则恰恰打破了这一原则,时间信息的重现,使得二《录》已完全返归到日记本身该有的面貌。但问题是,徐氏所选,是对谭献稿本日记的原文照录吗?

　　通过稿本与刻本间的细致对勘发现,与八卷本类似,二《录》并非

是对日记原文的如实抄录,而是具有一定的选择性。这种选择性一方面表现在时间上的不连续,另一方面则体现在内容上的删并、改换。时间上的不连续,从形式上看即可一目了然,而内容上的删削、改动,则往往难以觉察。而稿本日记的发现,恰好为检讨这一事实提供了丰富的佐证。

事实证明,徐彦宽与谭献本人的做法如出一辙,即在编选过程中,均存在对文本进行缀合与重组的情况。其最突出的表现是,所选条目的内容本分属两日,但徐氏在标识月日时,却径直将其归属于前一日或后一日,以致造成时间信息的纷乱。而这对于年谱的编纂或某些重要时间节点的确认,是极其不利的。兹举数例:如《补录》卷一,同治五年八月二十日下云:"代中丞撰《重建天竺法喜寺碑记》。"①据稿本日记所云:"二十日以后,感风成疾,病疟十许日,不书。……代中丞撰《重建天竺法喜寺碑记》。和云南太和张庶常诗一首。"②则代撰之事未必在二十日。又如同治元年正月十六日日记:

> 阅弇州文。奇桀自喜,其言充沛,不似沧溟兀臬也。纪事文尤蔚跂,仿佛《史》《汉》。第字句剽袭,往往不能帖妥,是其病耳。于明人中不易得。侯方域虽于明季负盛名,岂能胜之?前后七子不独诗不可诋,即其杂文均有志法古,虽不无利钝,尚不至以书义为古文,如今之所谓桐城派者。③

此段中"于明人中不易得"一句,似乎与前文衔接不甚完密,甚至容易产生歧义。而造成这种情况的原因也在于文本组合过程中未能做到严丝合缝。据稿本日记,此段所记事实乃分属两日。其中"于明

---

① 《谭献日记·补录》卷一,第 206 页。
② 谭献《复堂日记》,第六册《精舍日记》,稿本,南京图书馆藏。
③ 《谭献日记·补录》卷一,第 197 页。

人中不易得"一句乃出于十七日所记,且此句之前尚有"阅弇州文,豪宕有气"八字。因两日所记存在相同的语句,故徐氏在编录时自然而然地将两段内容进行"合并同类"。又如"廿二日,上道。舆中阅乐天诗。老妪解,我不解"与"廿三日,抵望江县"二条①,仅"上道"为八月二十二日事,读诗与抵县实发生于二十三日,徐氏强为牵合,遂致与事实不符。其间更有将毫无关联的两段内容互为拼合者,如《补录》卷二"廿二日,发舟。阅望江倪氏新刻《古今钱录》。富而未精"②一条,"发舟"乃在八月二十二日全椒受代往怀宁之时,而《古今钱录》则是九月朔日抵达江宁后,于薛时雨案上得见,前后相隔达八日。

除此之外,徐氏所录更有不据原文,以意去取,甚至妄为增添、改换者。如同治七年正月八日下云:"发舟北上计偕,同行为张子虞、袁爽秋。"③所记为谭献北上应同治七年戊辰科会试之事。据稿本日记,谭献此日日记为:"谷日,侵晓发舟,申泊石门镇,观春赛扮演。舟中杂阅,欲作小诗文,竟无一字,可笑哂也。"④稿本与刻本几乎无一字相同。事实上,徐氏所录当是总括事实之语,并非谭氏原文⑤。又光绪四年七月廿八日所录"寄洲以《燕兰小谱》见示。……盖仁和余秋室先生集所撰"⑥条,关于作者的推测,谭献并未明言,仅在天头有"《燕兰小谱》,仁和余秋室撰"一语,日记原文则为:"乾隆乙巳至今百余年,江乡老辈,文采风流,已不能举其姓氏。"(第 37 册《天都宧记》)徐氏则径自将然疑之词改换为判定之语。凡此,均是徐彦宽对原始文本作任意改动的显证。

---

① 见《谭献日记·补录》卷二,第 235 页。

② 《谭献日记·补录》卷一,第 252 页。

③ 《谭献日记·补录》卷一,第 208 页。

④ 谭献《复堂日记》,第 7 册《计谐行录》,稿本,南京图书馆藏。

⑤ 初六日日记云:"晨发装,同子虞、爽秋已刻棹舟出城。"(《计谐行录》)

⑥ 《谭献日记·补录》卷二,第 239 页。

二、《复堂日记补录》《续录》辨误

徐彦宽在选录《复堂日记》时，因是直面行草书书写、且多有涂抹的原始稿本，故而在辨识时难免存在误判、误认之处。今以稿本与刻本对校，发现二《录》在文字内容上的问题至少存在以下三个方面：

一是时间信息的讹误，如《补录》卷一"为季贶购得《能改斋漫录》抄本"（《谭献日记》，第 203 页）一条，二十日误作十九日；"杨村舟次补撰《群芳小集》绝句"（《谭献日记》，第 220 页）一条，二十日误作廿一日；"阅《文征》中三魏及邵青门文"（《谭献日记》，第 203 页）一条，八月朔日误作八月三日；《补录》卷二，"之官，登程"（《谭献日记》，第 237 页）一条，本为八月十一日之事，误作八月一日；"阅宣鼎瘦梅《夜雨秋灯录》八卷"（《谭献日记》，第 242 页）一条，当属二月十三日；"奉檄权怀宁令"（《谭献日记》，第 254 页）条，"十一月廿五日"当作"十一月廿三日"。《续录》中"易实甫来，谈台南战守事"（《谭献日记》，第 319 页）一条，稿本为七月初二日事，刻本误作十月；又"蒲作英画《复堂填词图》见贻"（《谭献日记》，第 340 页）一条，当为八月初五日事，刻本误作七月五日①。

二是月日信息的缺失或不完整。如《补录》卷一"《阅微草堂笔记》读毕""阅《元遗山文选》"（《谭献日记》，第 223 页）相连两条，根据同治十二年稿本日记，知分别为五月庚寅、丁酉所记，庚寅为十二日，

---

① 类此者尚有：《补录》卷一，"阅《篆学琐著》"条"二月初一日"当为"初二日"；"过沈恒农谈，稍见司成公遗书"条，"端午日"当作"五月初四日"；"禾郡书肆得王文诰《韵山堂集》七卷"条，"廿七日"当为"廿六日"；"雪渔述王观察改甯予撰《忠义祠》碑文"一条，"五月六日"当为"五月七日"；《补录》卷二，"出院意行拨闷"条，"初六日"当为"初五日"；"撰《陈润甫梦辞序》成"条，"七月初三日"当作"初四日"；"鲍子禾书来"一条，实为廿八日事，误作"廿七日"；"阅《绎史》，校《夏小正》，用毕本、范本"条，"五月朔"乃"六月朔"；"有字于北东间"条，"初八日"当为"初三日"；"子珍寄《淮南许注异同诂》至"条，"十四日"当为"望日"；"移居黄醋园黄氏宅"条，"三月初三日"稿本作"二月初七日"；"廿三日，抵汉口，渡江入城"，"廿三日"当为"廿五日"。

丁酉为二十日；《续录》光绪十九年正月"□日，翻阅《秋梦庵词》"（《谭献日记》，第 310 页）条，所缺为"麦"字，麦日即初十日；光绪廿一年正月"□日，彤伯札来，以明拓《史晨祠孔庙奏铭》索考证"（《谭献日记》，第 315 页）一条，刻本所缺为"蚕"字，蚕日即初九日；光绪二十四年正月"□□日，阅邵先生《尚书通义》遗稿残本卷六卷七"（《谭献日记》，第 329 页）条，所缺为"立春"二字；光绪二十七年正月□日"两日温《艺概》"（《谭献日记》，第 342 页）一条，所缺为"鼠"字，根据稿本，鼠日当为初四日。

三是文字内容的缺失与误认。此类在《补录》《续录》中最为常见，如同治二年"阅杂书数种。……嘉定之学最无足观，宜为笪氏所诃"（《谭献日记》，第 195 页）一条，"笪氏"不知所谓，稿本中作"后来"。又"（光绪六年）十二月廿八日，阅《史记》，至《苏秦列传》。《史记》前为《战国策》，别具炉锤，当是平生得力处也"（《谭献日记》，第 247 页）一条，"《史记》前为《战国策》"一句，联系前后语义，颇为不词。检稿本日记，知"前为"乃"剪裁"之误。

此类错误在二《录》中可谓不胜枚举，今以中华本前后页数为序，为之罗列于次：

1.（同治二年）九月十八日　赋《戴生行》一篇……子高适来，诵之，评曰："得太白之神，不遗其貌，此长句正宗也。"（第 194 页）
按：据稿本日记，"不"当作"而"。（第 2 册《甲子日记》）

2. 十一月朔　阅《空同集》。……究而论之，七律之高者亦仅到杜境耳。五绝如《狱中》《咏将》诸篇奇特可喜，是亦逸品。绝唱如《睨晥》等篇予所选者，虽□□李白何以尚兹。（第 195 页）
按：空格处稿本中作"龙标"，想是当时未能辨识，故有阙疑。龙标即王昌龄，所为七绝在当时与李白有齐名之称。（第 2 册《城东日记》）

3.（同治三年三月）十八日 购得秦《泰山残石》廿九字。……稼孙来，索赠《竹叶碑》去。（第 198 页）

按："去"字之前，稿本中另有"并借《曹全碑》"五字。（第 2 册《城东日记》）

4.（同治五年二月）初二日 蒋方伯来。方伯买四部书存诂经精舍，欲予禀设工役典守，又徘徊三祠下，欲予详请补记阮文达公以下。皆盛举也。（第 206 页）

按：据稿本日记，"禀"当作"掌"，"记"当作"祀"。（第 5 册《丙寅日记》）

5.（同治十年四月）廿四日 由□□□□□上山西轮船南旋。（第 220 页）

按：此处稿本不缺，原文为"上山西轮船，相度定行计"。（第 11 册《金门日录》）

6.（光绪五年）正月人日 检《怀芳记》。（第 241 页）

按：据稿本，"人日"乃"八日"之误。（第 38 册《己卯日记》）

7.（光绪十三年正月）二十日 用《四库全书考证》补校文，简选甚略，又不确，四十卷后阙如。天禄石渠，以此塞责，何欤？（第 273 页）

按：此条错讹特甚。时间上光绪十三年当为光绪十四年。而"用《四库全书考证》补校文，简选甚略"一句则全不知所谓。检稿本日记，知文字前后多所错乱，所补校者乃《文选》，甚简略者为《考证》。原文为："用《四库全书考证》补校《文选》，甚简略，又不确，四十卷后阙如。"（第 51 册《休景记》）

8.（光绪十五年四月）廿六日　见史念祖培之《俞俞室文稿》。……又见福清张惕斋《春秋三传定说》，颇似元之都氏矣。（第 277 页）

按：据稿本日记，知"都"乃"郝"字之误。（第 53 册《冬巢日记》）

9.（光绪十八年七月）廿二日　杂拉《蛾术编》《蒋侑石遗书》之论《淮南》注者。（第 305 页）

按：据稿本，"廿二日"当为"廿九日"，"杂拉"当作"杂检"。（第 19 册《周甲记下》）

10.（十二月）初三日　王梦薇有《彩鹤词遗稿》……又关守典彝斋《逸园诗刻》三卷，一往疏隽，颇有完篇。（第 309 页）

按：据稿本日记，"关"当作"阅"。完颜守典，字彝斋，号诗谭，满洲旗人。著有《逸园初集》三卷。（第 19 册《周甲记下》）

11.（光绪十九年三月）廿日　易实甫、梁西园、陈伯严先后来，繁谈良久。（第 311 页）

按："繁谈"不词，检稿本日记，知为"聚谈"。（第 20 册《云鹤四录》）

12.（三月）廿七日　何石□来，示青士先生遗墨《书谱》《古诗十九首》《千字文》《百家姓》。（第 311 页）

按：日记原文为："辞谭中丞柬。作札与式如，又作与史越常札。武昌张庆元云绮来见，（江夏）林荫青少卿来见。汪穰卿、诸聚之来谈。何石来来谈。示以青士先生遗墨《书谱》《古诗十九首》《千字文》《百家姓》。草书逸宕，固超超也。"则所缺为"来"字。（第 20 册《云鹤四录》）

13. (光绪廿一年二月)初八日　张文伯以古刺水送观。……刻识四行:"永乐十三年,熬造古刺水一权,净重一斤,锡鼓重二斤。"(第 316 页)

按:"权"字未有用作量词者,检稿本日记,"权"乃"罐"字之误。(第 24 册《驯复记》)

14. (五月)念七日　校《说苑》。缪校补阙前后十余章,鄂刻皆有之。……今日翻帘一过,多写缪本讹事,归之。录卢氏校语,仅举三卷。(第 318 页)

按:据稿本日记,"多"当作"迻",又,中华本误"毕"为"举"。(第 24 册《驯复记》)

15. (六月)十六日　伯严函告易实甫为台南乞援,奋欲与兵安危。(第 319 页)

按:据稿本,"兵"当作"共"。(第 24 册《驯复记》)

16. (十月)廿八日　评阅当阳王庆麐竺杉孝廉诗稿。……不至落平直,方便不流。(第 321 页)

按:"方便不流"文义不通,据稿本,"不"字乃"一"字之误。则此句当断为"不至落平直、方便一流"。(第 25 册《慎来记》)

17. (光绪二十三年三月)廿日　今日土异闻,雷震竹山裂地,出铁钱有二万贯。(第 324 页)

按:稿本日记云:"今日又多异闻。"则"土"字当为"多"字。(第 32 册《迎阳记》)

18. (三月)廿六日　《野获编》阅竟。……□祠甚嗜禅宗,亦名士习气而已。(第 325 页)

按：据稿本，"□祠甚"当为"溺词曲"。溺词曲、嗜禅宗，文从字顺。（第32册《迎阳记》）

19.（七月）初八日　青阳詹爱祺友石投诗见访。（第327页）

按：据稿本，"爱"当作"庆"。（第33册《迎阳二记》）

20.（九月）卅日　俞曲园来谈。……徐伯澄星使留别，馈汉钱百。（第328页）

按：据稿本，"汉"当作"洋"。（第33册《迎阳二记》）

21.（光绪二十四年五月）十三日　石印《通鉴》七十五卷，胡刻之十五六两页乃割印时先后互错，至不能读，当标识以正之。（第331页）

按：此条先言石印本，又言胡刻本，两者似不相关。以稿本相比勘，乃知徐氏续录时有所漏略。稿本日记"七十五卷"后实另有"第六页当"四字。复堂之意在于说明石印本在翻印胡刻本时多有先后互舛之处。原文作："石印《通鉴》七十五卷，第六叶当胡刻之十五、六两叶，乃割印时先后互错，至不能读，当标识以正之。"（第26册《戊戌三月以后记》）

22.（五月）廿七日　阅《二十二史文钞》。……亻知于当日朝章因有繁慨邪？（第332页）

按：据稿本日记，"因"当作"固"，"繁"当作"系"。（第26册《戊戌三月以后记》）

23.八月初二日　作《题忠贞录》五古一、五律二，并代蓝洲作也。……《忠贞录》志顾处士长庚星伯于江宁陷日，不肯以顺字题门，举火自焚以殉。（第333页）

按:"志",稿本作"者"。(第 26 册《戊戌三月以后记》)

24.(光绪二十五年正月)十二日 阅沪上新闻报,云万硐盟十二月十八日病卒,骇叹掩涕。(第 335 页)

按:据稿本,"十八日"当作"十六日"。(第 27 册《后履霜记》)

25.(五月)廿日 束装上倪氏诸暨船,久不问之江渡矣。(第 336 页)

按:据稿本,"之江"当作"三江"。(第 27 册《后履霜记》)

26.(五月)廿六日 徐陶叟来话旧。□□□且以节母之子、纯孝之行,五年前曾游杭过从,一入千龄会,今年六十五。(第 336 页)

按:据稿本,所缺为"名职字"三字,"且以"当作"且卧"。徐职,字且卧。潘衍桐《两浙輏轩续录》卷五十录有傅振湘《丙戌秋与黄云襄先生重游颐园赋呈徐丈且卧》一首,当即其人。(第 27 册《后履霜记》)

27.(光绪二十六年二月)晦日 阅《鹤征录》一过。……以才识笃至论,前自胜后,以趋合明备论,后亦有超前者矣。(第 338 页)

按:据稿本,"趋合"应作"趋舍"。(第 30 册《庚子春华》)

28.(五月)十六日 蓝洲以荆溪徐氏子姓贻予《思朴斋诗集》。……旋谪宦困阓。(第 339 页)

按:据稿本,"困阓"当作"困关"。(第 30 册《庚子春华》)

29.(九月)十二日 撰《赠释朗珠名继海嘉兴楞严寺住持

序》稿脱,文伯所属。(第 341 页)

　　按:"文伯",稿本作"艾伯",即李艾伯,为谭氏之婿。(第 29 册《庚子秋闰》)

　　总而言之,徐彦宽《复堂日记补录》《续录》的出现,虽然在一定程度上再现了谭献日记更为全面而丰富的一面,但却也并非是原封不动的照录,其中存在大量承袭八卷本做法的地方。其所录文本内容不仅有合并重组,有删削改换,还有不少因书写潦草而误抄、误认之处,总之是一个不太"真实"的文本①。因而,对于谭献日记,实在有重新予以整理的必要。当然,作为日记编刊的个例,是否能够借以反观整个清代,特别是晚清时期同类文献的编刊,也是一个值得思考的问题。毕竟,经后人编刻的清人日记文本还有很多②。

---

　　①　其中尚有徐彦宽本不误而中华本误者,如"(同治二年)除夕,为季贶购得扬州本《太平御览》……又假徐《弇州山人四部稿》。"(第 197 页)按:"徐"当作"得";又"(光绪元年正月)廿六日,过敬夫,并约郑赞侯同诣周星誉涞人,盖季贶之兄,相知名且二十年矣。(第 228 页)"按:"誉"当作"詧";又"(光绪廿一年十月)廿日,得萧敬夫上海书,寄刘融斋先生《持志塾言》、《艺概》至,云《塾言》,刘氏□□意之书。亟读终卷。(第 321 页)"按:徐本方框处无缺字;又"(光绪二十六年)五月朔日,蓝洲札告徐伯澄总宪卒于位。贵寿考终,盖臣正多遗憾。(第 339 页)"按:"盖"当作"苊"。

　　②　如钱大昕、曾国藩、吴汝纶、叶昌炽、李慈铭、周星诒等人的日记都有不同程度的选刊本。

第二章　日记作为一种文学场景

——稿本《复堂日记》与谭献词学研究的新进路

谭献作为晚清词学名家，在很长一段时间内，由于所见仅为已刊文献，且大多为谭献生前亲自编定，故不管是在文献利用还是解读方面，一直以来均未能取得实质性的突破。近年来，伴随《复堂词录》《复堂师友手札菁华》等书籍的相继问世，在一定程度上为探究谭献词学观念及其交游，注入了新的活力，但仍显片面。《复堂日记》作为谭献一生治学、交游、行事的总括，因世所通行者仅为谭献生前精心编选的八卷本，后虽有徐彦宽续为《补录》《续录》，亦远非全本，其所呈现的仅仅是其人其书的一个面向。以《复堂词话》为例，在从稿本到刻本的过程中，不仅有意消除了词评所产生的具体语境，又因所评所论多触及在世词人，而多有删削改换之处。故根据稿本日记的原始性记述，正可以对删削的部分予以增补，对入选的条目进行一番考异。同时，稿本日记作为谭献诗词起草的原始载体，其中保存了大量的已刊、未刊词作，这对于谭献词作的辑佚、编年，以及创作场景的还原，无疑大有裨益。不仅如此，日记中有关日常词学交游及词籍的阅读、借阅等方面的详细记载，对厘清《箧中词》《复堂词录》等词学选本的成书，亦提供了丰赡的新兴史料和广阔空间。

第一节　"以诗词入日记"与谭献词学
创作的时地还原

"以史证诗"是中国古典诗歌阐释的重要手段，是寻求作品"本义"或"本意"的常用方法,其具体形式包括单篇作品创作时地的考证、别集的系统编年、笺注,以及作家生平事迹的考索、年谱的编纂等①。吕大防《杜少陵年谱后记》即云:"予苦韩文、杜诗之多误,既雠正之,又各为年谱,以次第其出处之岁月,而略见其为文之时,则其歌时伤世、幽忧窃叹之意,粲然可观。又得以考其辞力,少而锐,壮而肆,老而严。"②可知,在编年史事的佐证下,不仅能够复原作品产生的现实情境,还能据以考察个人诗艺、文风的前后变迁。但需要注意的是,他们所能凭借的大多"本事",只是通过别集、正史、杂说、碑志、传记,甚至诗话、小说等拼合起来的"间接文本",是"记述"而非"实录"。这也就在一定程度上决定了这种本事、本义的获得,乃多出于推求,而非"直寻",有时甚至难免陷入捕风捉影、牵强附会的误区。宇文所安在《瓠落的文学史》一文中曾感叹说:"我们不拥有纯粹意义上的历史背景知识,只拥有在同一话语系统中由不同文体根据各自的文体特点对同一本源材料所做的不同角度的表达。"③其所表述的也正是这种困境。但一种由诗词作者独立书写,连续性记录生平行实,同时还兼载日常诗词创作的日记文本的出现,似乎在一定程度上为破除此种困境,提供了转关。而稿本《复堂日记》与谭献现存词作的"互见",正是其中可供发掘的良好样本。

---

① 关于此中关联,前人已多有论说。具体可参见浅见洋二《论"诗史"说——"诗史"说与宋代诗人年谱、编年诗文集编纂之关系》(《唐代文学研究》第9辑,广西师范大学出版社,2002年,第773—788页)、《关于诗与"本事""本意"以及"诗谶":论中国古代文学作品接受过程中的本文与语境的关系》(《新国学》第4卷,巴蜀书社,2004年,第587—593页)等文。

② 吕大防《韩吏部文公集年谱》,北京图书馆编《北京图书馆藏珍本年谱丛刊》,北京图书馆出版社,1999年,第11册,第27—28页。

③ [美]宇文所安著,田晓菲译《他山的石头记——宇文所安自选集》,江苏人民出版社,2006年,第6页。

一、《复堂词》的现存版本及其填词规模

谭献生平以诗、古文辞著称，尤工于词，陈廷焯曾评价云："仁和谭献，字仲修，著有《复堂词》，品骨甚高，源委悉达。窥其胸中、眼中，下笔时匪独不屑为陈、朱，尽有不甘为梦窗、玉田处。所传虽不多，自是高境。"①王国维亦云："近人词如《复堂词》之深婉，《彊村词》之隐秀，皆在吾家半塘老人上。"②至钱仲联《近百年词坛点将录》，更推尊之为"托塔天王晁盖"③。于此可见其词艺及词坛地位。过去对于谭献词学的研究，虽已有百余年的累积，但重心往往在词选、词论及词学思想上，对于谭献本人词作及词艺的考察，则稍显不足④。甚至连最基本的问题——谭献生平填词的大致规模，亦未能给出全面而切实的答案。2012 年，由罗仲鼎、俞浣萍点校整理的《谭献集》出版，其中收录了谭献生平词作 149 首。包括《复堂类集》本《复堂词》三卷（简称三卷本），民国二十六年（1937）浙江图书馆馆刊《文澜学报》所载《复堂词续》（载词 13 首，原本今存浙江图书馆），以及从陈乃乾辑《清名家词》本《复堂词》中所录《少年游》（高楼烟锁）一阕，是为今天最为通行的版本。问题是，这是否即为谭献生平填词的全部？

据谭献自述，其填词始于咸丰二年（1852），《复堂词录叙》云："二十二，旅病会稽，乃始为词，未尝深观之也。"⑤此后所作日多。至咸丰

---

①　陈廷焯撰，孙克强、赵瑾等辑校《白雨斋词话全编》卷五，人民文学出版社，2013 年，第 1244 页。

②　王国维著，彭玉平疏证《人间词话疏证》卷中，中华书局，2011 年，第 269 页。

③　钱仲联《梦苕庵论集》，中华书局，1993 年，第 387 页。

④　参见胡健、傅宇斌《百年来谭献词学研究述评》，《词学》第三十九辑，第 150—165 页。

⑤　《谭献集》，第 21 页。然《复堂谕子书》又云："甲寅年，馆山阴村舍，始填词，旋又弃去。"（《谭献日记》，第 289 页）甲寅为咸丰四年，与《复堂词录叙》所言有所出入。今以叙言所述为准。

七年(1857),成《蘼芜词》一卷,附刻于《化书堂初集》三卷之后,是为谭献生平词作的第一次结集。此集共收录其早年词作 41 题 44 首,前有高学淳咸丰四年(1854)所撰序文一篇。所收词中,《生查子》(牵衣话别时)、《醉太平》(金杯酒斝)、《高阳台·越山秋夜》、《虞美人》(枯荷不卷池塘雨)、《壶中天慢》(庭轩如故)、《甘州·秋情》、《忆秦娥》(风凄凄)、《齐天乐·西湖秋感》、《江城子》(萧萧落木尽江头)、《水龙吟·春思用少游韵》、《一萼红·送春和高茶庵》、《醉花阴·立夏》、《昭君怨》(烟雨江楼春尽)、《高阳台》(桨落潮平)、《临江仙·拟湘真阁》、《鹊桥仙·新月和莲卿》、《湘月》(林间叶脱)①、《徵招》(渔郎已去无消息)②、《八六子·中秋后十日,湖舫清集,时至薄暮,恋恋难别,和淮海词一调柬顾子真、高仲瀛》等 19 首为三卷本所未收。除此《蘼芜词》一卷外,咸丰七年尚有《复堂词》的另一种刊本,即蔡寿祺所刻《三子诗选》本。《三子诗选》,为邓辅纶、庄棫、谭献三人诗及庄、谭二人词的合刻,其中收录有谭献所著《复堂诗》三十首、《复堂词》一卷,卷首有蔡寿祺咸丰七年九月所撰序文一篇,卷末又有泾县吴绍烈一跋③。所

---

①　小序云:"甲寅八月朔日,宿雨初歇,潄岩、春畴招同访秋吴山,酒楼薄酌,江云欲暝,林风振衣,悲哉秋之为气也。仆本恨人,雅称秋士,矧草木变衰之日,古所由寄慨于登临者乎? 和石帚自制曲一解,其声哀怨,实有不自知者。"(《蘼芜词》)

②　小序云:"去年三月,余避地钱清,自西小江至九溪,四山清远,人家多种桃树,花时夹岸红云,武陵风景可想,惜已春暮,徒见落英缤纷,不胜杜牧迟来之感。是时高子自吴中归杭,扬帆过皋亭山,桃花盛开,有'红情''绿意'二词纪游,今年属画工写《皋亭揽胜图》见示,怅触旧游,展卷慨然。和白石老仙黄钟下徵调一解,书之于幅。"(《蘼芜词》)

③　刘履芬另有《庄蒿庵谭仲修诗余合刻序》一篇,序云:"丹徒庄蒿庵、仁和谭仲修两君客游京师,友人刻其所为词二卷,而督序于余。……余诺而不果为,两君亦先后旋里,贻书重申此言,因取所刻读之。"(《古红梅阁集·骈文一稿》,《清代诗文集汇编》本,上海古籍出版社,2010 年,第 703 册,第 761 页)知序文乃作于此书刊成以后,故并未收入卷中。

收《复堂词》,基本囊括了谭献早年词作的全部,凡 58 首,分甲乙两部
分。其中《临江仙·武盛清明》、《御街行》(苔花楚楚生香砌)、《少年
游》(疏花压鬓)、《临江仙·和子珍》、《阮郎归》(宝钗楼上晚妆残)等
5 首为其他各本所无,可供辑佚。光绪八年(1882),谭献以所选《箧
中词今集》五卷付刻时,又将己所填词一卷凡 79 题 91 首附后,是为
《复堂词》的第三次刊印。而世所通行的《复堂词》三卷本,乃光绪二
十一年(1895)所刻。在三卷本之前,另有二卷本一种,即《复堂类集》
的早期刊本,所收词作相当于三卷本的前二卷,在数量和文字上并无
出入。以上即《复堂词》现存的全部刊本。

　　在刻本之外,《复堂词》亦不乏稿钞本存世。如上海图书馆即藏
有陈世宜钞《复堂词》一种,扉页有顾廷龙所题“陈匪石手钞词稿”七
字,卷末有陈氏一跋。跋云:“余既买得蒋鹿潭《水云楼词》、杜小舫
《采香词》、项莲生《忆云词》,复从《蒿庵遗集》中抄得《蒿庵词》,近代
名家已略得一二。亟欲取谭仲修《复堂词》阅之,而苦无单行本,爰托
友人觅之之江,以《复堂汇稿》刊于杭也。适去秋军兴,海内多事,亦
遂搁置。顷居海南,无锡王子莼农来游,行箧中有《箧中词》一部,后
附复堂自作,凡九十一首,见之狂喜,遽假归手钞,一日而毕。”①知此
本所有即《箧中词》所附。稿本所知则有浙江临海博物馆所藏《复堂
词》一卷一种(尚未能寓目)。而稿本日记作为谭献诗词起草的秘密
空间,其中所载词作,亦未尝不可作为《复堂词》版本之一种。经过日
记与词集的相互比勘,除为通行刻本所已收录者外,另有:《水调歌
头》(才上一轮月)、《水调歌头·和薛时雨》、《买陂塘·题子佩小影》、
《念奴娇·题〈江舟欸乃词〉》、《壶中天慢·题秦散之〈小睡足寮图〉》
(八月初七日)、《祝英台近·雨后过唐栖》(二首)、《一枝花·题画兰
孙》、《倦寻芳·平望舟中怀张公束》、《卖花声·金闾春夜》、《应天
长·垂虹亭下吊蒋鹿潭》、《阮郎归·娱园春晚》、《石湖仙·题〈皋园

---

①　谭献《复堂词》,钞本,上海图书馆藏。

觞梅图〉》、《沁园春·题何梅阁小影》、《十六字令·为子珍书扇》、《长相思·题金眉生〈归凤曲〉》、《金缕曲》（四首）①、《临江仙·题桃花便面》、《清平乐·题紫缜画兰册子》、《雪梅香·题张韵梅〈梅雪双清图〉》、《渔家傲·题黄襄男〈三桥渔隐图〉》（二首）、《虞美人·记得前身是美人》、《满江红·题岳忠武小印》、《永遇乐·题冯子明马槊图》、《蝶恋花·为张君题红豆美人》、《南浦·题翁星垣〈天际归舟图〉》、《定风波·题黄襄男小影》（二首）、《卖花声·扫花美人》、《送将归·题送穷图》（二首）、《采桑子·奉题亚白先生〈读骚阁词卷〉》（二首）、《柳梢青·和梦园韵》、《夺锦标·天竹子和方忍斋韵》、《洞仙歌·为颐堂题画杂果扇头》、《踏莎行·蔡宗茂小石〈冶春吟馆词〉》、《摸鱼儿·并蒂菊》等 34 题 42 首。除此之外，尚有《丑奴儿慢·为韩佛生题画荔枝》《天香》《天香·题章轮香小影》《水调歌头·题钱桐轩〈举杯邀月图〉》等 4 首，仅记录词题而未附载正文。另外，在时人的词集、词话中，亦可搜得谭献的部分题词，如刘履芬《古红梅阁集》卷七《旅窗怀旧诗》小注载录其《摸鱼子》（再休提琼枝璧月）一首；又宋志沂《宋浣花诗词合刻》卷首题词有《摸鱼子·和泖生韵赠咏春》②一阕；丁绍仪《听秋声馆词话》卷五有《踏莎行》（雨滴瑶街）③等。通过各版本间的比照，删取复重，可考知谭献生平词作 222 首。此即目前所见谭献生平填词的大致规模。

---

① 此四阕词又见谭献所撰《群芳续集》卷末，题"都门春感为周郎赋"。谷曙光《梨园花谱〈群芳小集〉〈群英续集〉作者考略——兼谈〈谭献集〉外佚作补辑》（《文献》2015 年第 2 期）一文已论及。

② 宋志沂《宋浣花诗词合刻》，同治十一年（1872）刻本。前有刘履芬《宋浣花诗词合刻序》及《附记》（同治十一年八月）。据词题及词意，题词当作于同治十二年。

③ 丁绍仪《听秋声馆词话》卷五，《续修四库全书》第 1734 册，上海古籍出版社，2002 年，第 90 页。

二、"以诗词入日记"与谭献词作的编年

自汉代以来,由知人论世发展而来的一整套文学阐释方式在宋代开始走向成熟,作品的编年及作家年谱的撰作几乎成为作品解读的基石。而填词作为一种较诗歌更为追求"要眇宜修"的文学体式,似乎尤其需要落实到具体的情境中,方能解读词作内在的写作意图及情感指向。特别是当词发展到了清代,在常州词派"比兴寄托"观念的濡染之下,若想单纯从语句上来窥探文本潜藏的内蕴,往往十分困难,而词人活动的征考、词作的编年就显得尤为必要。然而,词的编年在一定程度上又较诗歌更为复杂,一方面由于大多数填词仅有词牌而没有相对应的词题、词序,另一方面则在于词作的内容较诗歌更为摇曳飘渺,很难据以考证年月。

就谭献词学创作而言,在 173 首已刊词作中,有词题或小序者虽占绝大多数,但标明确切时间信息的,则仅有《丑奴儿慢》(晴云做暖)、《醉花阴·立夏》、《湘月》(林间叶脱)、《八六子》(绕离亭)、《湘春夜月》(度芳洲)、《忆旧游》(正潇潇风雨)、《鹊桥仙·七夕感汾阳故事》、《小重山·二月二日同冯笠尉江皋村行》、《蓦山溪》(宵来稷雪)等寥寥九首而已。且所题亦仅及月日,至于年份则尚需推求,故朱德慈《谭献词学活动征考》在为其词作编年时,能够确定具体创作时间的作品并不多,且多有疏误之处。如《小重山·二月二日同冯笠尉江皋春行》一首,词题中虽涉及到具体的月日,但所作年份却无从而知,朱氏将其系于光绪九年(1883)之下。然据稿本日记,是词乃光绪八年所作[①];又

---

①　当天日记云:"轻阴风起,春心悠然。入署小坐,午过笠尉,约同出东郭。微寒薄暝,时有雨丝。麴尘不生,柳绵未卸,步江滨,帆轻浪定,桃花水犹未涨也。徘徊江阁下,坐临江亭,俯栏听水久之。雨欲沾衣,入城至浙墅敬梓堂,池下桃花已放三四分矣。泥滑滑,遂言归。笠尉假盖去。予赋一词。"(第 43 册《知非日记》)

《摸鱼儿·用稼轩韵自题〈复堂填词图〉》，朱氏以刻本光绪十五年日记中有"重九，蓝洲为予画《填词图》寄至"（《谭献日记》，第278页）一语，遂将其系于此年，实乃大误。因《复堂填词图》仅就刊本日记所载，即有六幅，陈豪所绘只是其中之一。据稿本日记，此篇自题之词乃成于光绪十一年三月廿六日，对象为陈义所绘"复堂填词第一图"。其他如《忆旧游》（正潇潇风雨）、《蓦山溪》（宵来稷雪）①、《洞仙歌·题刘光珊〈留云借月庵填词图〉》、《水龙吟·桐绵和邓石瞿、诸璞庵》②等，在系年上均存在较大偏差。

　　日记作为一种严格遵循"排日记事"的文体，时间、地点、事件往往一应俱全。如果记事者能将日常创作纳入所为日记，无疑会给作品编年带来极大的便利。而谭献稿本《复堂日记》的一大特点正是"以诗词入日记"。日记，一般认为"萌芽于唐，而发展于宋"③，而以自作诗词入日记，就目前所见而言，当始于宋，如张舜民《郴行录》、金人王寂《辽东行部志》《鸭江行部志》等④。明清以来，则日渐普遍。总体而言，以日常所作载入日记，大致存在以下几种形态：一是所赋诗词，附于篇末。也就是将一月或一年中所作诗文词置于一月或一年日记的末尾，或载录原文，或仅列题名，如龚立本《北征日记》、蒋攸铦《黔轺纪行集》、周家楣《期不负斋日记》等；第二种情况则是实时实地记录所作诗词文，如窦克勤《寻乐堂日录》、吴骞《吴兔床日记》、潘

---

　　①　朱德慈《谭献词学活动征考》系于光绪十七年十一月初五（朱德慈《近代词人行年考》，第187页），实际乃作于光绪十五年。

　　②　此二阕词，朱氏《谭献词学活动征考》一系于光绪二十年二月中旬，一系于三月（朱德慈《近代词人行年考》，第189页）。据稿本，《洞仙歌》作于光绪二十一年四月廿八日，《水龙吟》作于七月初三日。

　　③　陈左高《历代日记丛谈》，上海书画出版社，2004年，第1页。

　　④　结论主要基于顾宏义、李文主编《宋代日记丛编》（全三册）、《金元日记丛编》（上海书店出版社，2013年）及李德龙、俞冰主编《历代日记丛钞》（学苑出版社，2006年）及日常所见明清人日记。

道根《潘晚香日记》等。这一形式到晚清似乎成为一种常态,如李慈铭《越缦堂日记》、王诒寿《缦雅堂日记》、袁昶《渐西村人日记》等均是。发展到极端,则是专门以日记的形式编录诗词。如俞陛云《蜀辅诗纪》:"阅时九十四日,行一万一千三百里,得长短歌诗百有四十五首,逐日附焉。以日记有纪有诗,故以诗纪颜名。"①已经是将日记与作品编年两相结合了。当然,以日记入诗词,另有一种在日记中专门载录他人酬赠之作者,如《祁彪佳日记》。在这几种形式中,谭献属于其中的第二种。

现存稿本《复堂日记》,始于同治元年闰八月,止于光绪二十七年六月,其间除部分年份有所缺失外,四十年间,几乎不曾中断。这也就意味着,谭献三十一岁以后所填词,基本能在稿本日记中得到准确定位。谭献作为晚清填词名家及常州词派的重要代表,这些词作虽仅为其人的"一己之言",但其间所涉词学交游及文学事件,却未尝不可作为探究晚清词坛风气与词风走向的重要参考。为便于循览,今将稿本日记所载词作及其所对应的时间信息,罗列如次:

同治元年(1862):《丑奴儿慢·为韩佛生题画荔枝》(九月十六日);

同治三年:《绮罗香·白莲》(六月廿五日);

同治四年:《水调歌头·和薛师》(十月望日)、《水调歌头·和薛师》(十月十七日);

同治五年:《高阳台·题王研香〈西泠归棹图〉》(正月十九日)、《迈陂塘·题章子佩小影》(五月廿九日)、《念奴娇·题〈江舟欸乃词〉》(十月廿九日);

同治六年:《南楼令·羊辛楣〈花溪吹笛图〉》(十一月朔日)、

————————

① 陈左高《历代日记丛谈》,第 198 页。《蜀辅诗纪》二卷,俞陛云著,今有民国十年(1921)苏州铅印本。

《眉妩·梅花洲小泊寄赵桐孙、张玉珊杭州》(初八);

同治七年:《尉迟杯·西湖感旧,周韵同潘少梅丈作》(五月初五)、《壶中天慢·题秦散之〈小睡足寮图〉》(八月初七日)、《祝英台近·雨后过唐栖》(二首,十二日)、《忆旧游·九月八日红豆词人自禾中来,践登高约。越日大风雨,不得出,微吟写怨,遂成此解。忆二十年前与魏滋伯丈、杨绸士重九唱和,有《寿楼春》词。回头影事,已堕秋烟,兼道山阳之感矣》(九月初九)、《金缕曲·唐栖月夜怀劳平甫》(十月十三日);

同治八年:《一枝花·题画兰孙》(六月廿七日);

同治十年:《虞美人》(二首,二月廿一日)、《天香》(八月初九日);

同治十一年:《点绛唇·临平道中》(正月十八日)、《谒金门·春晓》(十九日)、《倦寻芳·平望舟中怀张公束》(二十日)、《山花子》(二首,廿日)、《卖花声·金阊月夜》(廿七日)、《应天长·垂虹亭下吊蒋鹿潭》(廿九日)、《望江南》(二月初二)、《花犯·唐栖梅花林下作》(初三日);

同治十二年:《阮郎归·娱园春晚》(正月廿六日)、《石湖仙·题〈皋园觞梅图〉》(三月朔)、《最高楼》(廿七日)、《沁园春·题何梅阁小影》(四月十一日)、《蝶恋花·水香庵饯春》(五月初二)、《天香·题章轮香小影》(六月初二)、《南歌子·题金眉生〈江上峰青图〉》(六月初四)、《长相思·题金眉生〈归凤曲〉》(初四)、《水调歌头·题钱桐轩〈举杯邀月图〉》(初四)、《十六字令·为子珍书扇》(九月初四)、《琐窗寒·连夕与子珍步月,秋心眇绵,感赋此解,用玉田韵》(初八)、《齐天乐·许迈孙〈煮梦庵填词图〉》(十七日);

同治十三年:《金缕曲》(三月廿五日)、《金缕曲》(廿六日)、《金缕曲》(廿七日)、《金缕曲》(廿八日)、《浣溪纱·樊云门词卷》(二首,四月十二日)、《绮罗香·题李爱伯户部〈沅江秋思图〉》,

用梅溪韵》(五月十三日)、《一萼红·爱伯〈桃花圣解庵填词图〉》(十六日)、《长亭怨·燕台愁雨和陶子珍》(六月初四)、《临江仙·题桃花便面》(十三日)、《清平乐·题紫缜画兰册子》(十五日)、《二郎神·清秋夜集,人月如画,当欢欲愁》(七月十五日)、《解语花·陶少筼〈珊帘试香图〉》(八月初三)、《雪梅香·题张韵梅〈梅雪双清图〉》(二十二日)、《临江仙·纪别》(廿六日);

光绪元年(1875):《渔家傲·黄襄男〈三桥渔隐图〉》(二首,正月廿三日)、《渡江云·大观亭同阳湖赵敬甫、江夏郑赞侯》(二月廿五日)、《谒金门》(三首,三月初三)、《虞美人·记得前身是美人》(三月廿四日)、《满江红·题岳忠武小印》(四月初二)、《永遇乐·题冯子明焯马槊图》(初四)、《蝶恋花·为张君题红豆美人》(六月廿九日)、《桂枝香·秦淮秋感》(八月十三日);

光绪二年:《法曲献佳音·蛮屋路山甫罢官,客淮上》(四月十四日)、《南浦·题翁星垣〈天际归舟图〉》(廿六日)、《定风波·题黄襄男小影》(二首,廿八日)、《鹊桥仙·七夕感汾阳故事》(七月初七)、《卖花声·扫花美人》(廿四日);

光绪四年:《大酺·问政山中春雨》(二月三十日)、《玉楼春》(三月初三)、《木兰花慢·桃花》(初三);

光绪六年:《浪淘沙》(二月十二日)、《浣溪纱》(十二日)、《大酺》(三月初十日)、《诉衷情·村燕》(初十日);

光绪七年:《送将归·题送穷图》(二首,九月廿三日);

光绪八年:《百字令·和张樵野观察题倪云劬〈花阴写梦图〉》(正月初九)、《小重山·二月二日同冯笠尉江皋村行》(二月初二);

光绪九年:《丁香结·舟夜寄陶汉邈武昌》(二月初七)、《贺新郎·野水用顾蒹塘、庄眉叔唱和韵》(初七日);

光绪十年：《瑞鹤仙影·白石客合肥，自度此曲，予用其韵题王五谦斋〈小辋川图〉，安得哑筚栗倚之》（八月十六日）；

光绪十一年：《摸鱼儿·用稼轩韵，自题〈复堂填词图〉》（三月廿六日）、《采桑子·奉题亚白先生〈读骚阁词卷〉》（二首，四月初四）、《壶中天慢·夏夜访遗园主人不遇》（六月十九日）、《柳梢青·和梦园韵》（二首，十二月廿六日）、《夺锦标·天竹子和方忍斋韵》（廿八日）；

光绪十三年：《卜算子·同乡属题〈曼陀罗室遗稿〉》（九月廿一日）、《千秋岁·海隅信宿，旅病倦游，用少游韵示拙存太守、竹潭薛尹、遗园诗老，时同客上海》（十月十八日）、《一萼红·用遗园韵，志感》（十八日）、《氐州第一·柬邓石瞿四明》（十一月廿日）、《水调歌头·汉龙氏镜为遗园赋》（廿二日）；

光绪十四年：《柳梢青》（三月十四日）、《蝶恋花》（五月十五日）、《真珠帘·题吴子述〈春眠风雨图〉》（八月廿二日）；

光绪十五年：《六么令·寄题张韵舫眠琴小筑》（三月十一日）；

光绪十七年：《眉妩·用白石〈戏张仲远〉韵，柬迈孙》（四月廿一日）、《金缕曲·题嫒瓍轩主〈瑶台小咏〉》（五月十七日）、《虞美人·题李香君小像》（廿六日）、《古香慢·为胡研樵题桂花画扇》（六月初八）、《小重山·用定山堂韵题顾横波小像》（十二月廿九日）；

光绪十八年：《柳梢青·再题〈煮梦庵填词图〉》（正月十二日）、《水调歌头·东坡铜印》（二月初十）、《琐窗寒·寄答叶兰台粤中》（六月初十）、《齐天乐·秋夜用榆园韵》（七月望日）；

光绪十九年：《柳梢青·易仲实〈海天落照图〉》（四月十一日）；

光绪廿一年：《洞仙歌·题刘光珊〈留云借月庵填词图〉》（四月廿八日）、《水龙吟·桐绵和邓石瞿、诸璞庵》（七月初三）；

光绪廿二年：《壶中天·查熙伯壶天小隐》（十一月十五日）、《踏莎行·蔡宗茂小石〈冶春吟馆词〉》（十二月十五日）、《摸鱼

儿・并蒂菊》(十五日);

光绪廿四年:《琐窗寒・题〈姜露庵填词图〉,用王碧山韵》(闰三月初五日);

光绪廿五年:《更漏子・题〈新蘅词墨〉用卷中韵》(二月廿四日)、《洞仙歌・题包缦甫〈随庵读书图〉》(廿九日)、《独影摇红・李古愚〈吏隐著书图〉》(七月十二日)、《南歌子・弹琴仕女》(九月廿一日);

光绪廿六年:《点绛唇・题徐仲可〈纯飞馆题词图〉》(四月十七日)、《青玉案》(五月十九日)。

通过以上梳理可知,谭献填词在日记中有明确写作日期可查者,凡124首(含仅录词牌或词题者)。在此之外,另有部分因日记缺载而难以确定创作年份者,亦可根据日记中的相关信息综合判定得出。如《蓦山溪》(宵来稷雪)一阕,小序云:"榆园莳菊多异品,今年积雨,花晚霜迟,涉冬三旬,芳淡淡绚此亭榭,高下几案间,障以颇黎屏,写影如语。仲冬五日,主人招要,为餐英之会。先一夕,微雪时晴,暄之觞咏,间以欣慨。……予谱长短句纪事。"①知是词作于某年十一月初五日。朱德慈《谭献词学活动征考》系于光绪十七年②。检光绪十七年十一月初五日日记,云:"晴和。治书四箧,勘《文粹》六卷。作札与迈孙。又笏来谈。孙榆春来。"(第56册《冬余序录》)并无填词的任何记载。事实上,本年的"餐英之会"早在十月十七日即已举行③。

---

① 《谭献集・复堂词》卷三,第656页。

② 朱德慈《近代词人行年考》,第187页。

③ 光绪十七年十月十七日日记云:"是日迈孙招同翁铁梅、陈鄂士、许稚林、杨春圃、杨雪渔、汪子用及公重、蒙叔、予与主人为餐英之会。盆菊百余种,罗陈四壁,颇有异品。迈孙云,榆园花事,春兰秋菊,岁岁敷荣,砌中牡丹数十本,往往不花,遂拔去之。身与富贵终不为缘,老去骚心,座中秋士,委怀适志,如是云云。中酒,予先行回。"(第56册《冬余序录》)

知是词并非作于光绪十七年。从词作在刊本中所处位置来看,此前能明确创作时间的有《六么令·寄题张韵舫眠琴小筑》(光绪十五年三月十一日),此后则有《眉妩·用白石〈戏张仲远〉韵柬迈孙》(光绪十七年四月廿一日),因三卷本大致以时间先后编排,则是词只能是光绪十五年或光绪十六年所作。而光绪十六年当天日记所记为:"晨雾,展轮稍滞。午泊沪渎,仍解装天保客邸。晤章硕卿谈。浮屠蓬庐,不止三宿,劳人自笑。夜得酣眠。黄昏一过硕卿谈。"(第54册《云鹤纪游续录》)亦无作词的相关记录。则是词只能是作于光绪十五年。小序所云"今年积雨"的天气描述,也适与光绪十五年"秋日淫霖,平陆成江"①的记载相符。

词作创作年月信息的确定,在为词集编年提供便利的同时,也给探究谭献各阶段的填词数量及词类的年份分布,开拓了空间。从年份分布来看,以同治十三年为最多,共14题15首,在此前后的数年间,同治十一年有11首(两首日记未录),同治十二年有12首(两首未录),光绪元年亦有11首,则此四年为谭献填词的一个高峰,共得词49首。而光绪二年(1876)至光绪十二年(1886)的十年间,因转徙为官,游幕作宰于安庆、歙县、全椒、合肥、怀宁、宿松等地,疲于案牍,填词渐少,所作不过26阕而已,部分年份如光绪三年,甚至一无所作。若根据人生所处不同阶段分析,大体可得出以下结论:大体而言,谭献的词学创作存在早年(咸丰二年至咸丰十一年)与中年(同治十年至光绪十七年)两个高峰;盛年(同治元年至同治十年)或出于战乱等外部因素以及个人科举仕进等内部原因,创作一度低迷;晚年(光绪十七年至光绪二十七年)创作量虽较早年、中年有所降低,但也一直持续到去世的前一年,题材上则开始以题图应酬为主。从词类上来看,小令与长调大致保持均衡,小令主要集中于早年,长调则以

---

① 《谭献日记》,第162页。

中晚年为多①。

三、回到谭献填词的现场

关于文学背景或本事与文本阐释的关系问题,历来都有不小的分歧,但有一点是不容置疑的,即语境的获得虽不能"尽意",但至少为诗词的解读赋予了一种更身临其境的渠道和可能。"诗歌文本的形成受制于特定的语境,因而只有恢复这一特定的语境,才可能回到作者的创作原生态。"②这种原生态既涵括文本产生的时间、地点及所指,也应当包含创作时作者的情感与心境,甚至写作时的身体状态。当然,要获得这种"全景式"的事实支撑,并非易事。正统的史传中自不会有,故一般多从轶事、逸闻中去搜寻,诗话、词话及大量如《唐诗纪事》《宋诗纪事》等纪事体书籍的产生,即缘于此。但轶事、逸闻大多仅是"耳听为虚",附会的成分较多,且主要集中于经典文本,不成规模。而日记这样一种遵循"排日记事"体文本的出现,无疑为系统还原诗词创作的"原生场景",让后世读者更好地贴近作者,"恍然如聆其笑语,而共其游历"③,提供了一种可能。

稿本《复堂日记》在录载日常创作时,一般遵循这样一种原则,即除一般性应酬文字外,诗词类均录有全文,所为文章则仅有题名,但不论是照录全文还是仅列文题,所涉文字多与日记正文融为一体。

---

① 关于谭献所作长调与小令的优劣,历来多有争议,有主小令优于长调者,如陈廷焯《白雨斋词话》卷五云:"仲修小词绝精,长调稍逊。盖于碧山深处,尚少一番涵咏功也。"(陈廷焯撰,孙克强、赵瑾校点《白雨斋词话全编》,第1244页)亦有主慢词胜于小令者,如沈轶刘《繁霜榭词札》云:"谭献理张、周之绪,陈廷焯取其小令,无足怪也。然谭之所长,并不在此,乃在长调。"(刘梦芙《近现代词话丛编》,黄山书社,2009年,第192页)

② 周裕锴《中国古代阐释学研究》,上海人民出版社,2003年,第379页。

③ 厉鹗《绝妙好词笺序》,罗仲鼎点校《樊榭山房文集》卷四,浙江古籍出版社,2016年,第549页。

如同治十一年正月十九日日记：

> 晨过长安坝，枕上倚声。《谒金门·春晓》："人未起，听尽一湖春水。林外杜鹃声不已，杜鹃花发未。　　多少深闺罗绮，临镜不胜悲喜。花发迟迟花落易，留春须早计。"午过石门，作《重刻旧唐书跋》，代湘乡中丞。作寄凤洲札。自申至戌，撰《答全椒先生》长律一篇（《奉答薛先生三十四韵》：……），虽不堕长庆，终觉杜陵健手去人远矣。乃知坐论则易，措手颇难。晚泊陕门。邮亭烽堠，要当笑人途之潦倒也。①

知此日所作包括《谒金门·春晓》词一阕、《奉答薛先生三十四韵》诗一首，以及代作《重刻旧唐书跋》文一篇。作品完全是随时间之流展开，并自有品评，整段文字浑然一体。不仅作品创作的具体时间一目了然，同时也赋予了作者构思时的肢体与情感状态，以及作品所产生时的外部情境。

　　首先，从创作的具体时间而言，若以上述 124 首有明确月日信息的词作为抽样，以传统的春夏秋冬为时段区分，则自同治元年至光绪二十六年的四十年间，谭献在春季创作的词数是 46 首，秋季为 25 首，夏季 36 首，冬季最少，为 17 首。也就是说，谭献的填词以成于春夏两季者为多，其数量几乎是秋冬季节的两倍。而传统的贫士悲秋的先入之见，在谭献这里也并不完全适用。另外值得注意的是，填词这一行为，在谭献这里，似乎存在一种时间的相对集中性，即词作多产生于某个连续的时段里。如同治十一年有词作十一首，却均成于正月十八至二月初三的这十余天内。其他如同治十二年、光绪四年、光绪六年等，或多或少均存在类似的特点。若以一天为限断，多有一

---

　　① 谭献《复堂日记》，第 12 册《壬申琐志》，稿本，南京图书馆藏。此日所作《谒金门·春晓》一词，另有眉批一则云："自然神到，北宋上品。"

天之内成词多首者,如同治十二年六月初四日,即填有《南歌子·题金眉生〈江上峰青图〉》《长相思·题金眉生〈归凤曲〉》《水调歌头·题钱桐轩〈举杯邀月图〉》等三首,其他一天内填词至两首、三首者,亦所在多有。若从填词时的肢体动作来看,稿本日记中不乏枕上填词、作诗的记载,如"枕上作答葛毓珊诗"(第 2 册《甲子日记》)、"枕上撰挽雪樵丈诗"(第 2 册《城东日记》)、"枕上为茶庵题《台江送别图》"(第9 册《独漉小记》)、"枕上触绪,为诗三章"(第 9 册《独漉小记》)、"枕上不成寐,赋《虞美人》词"(第 11 册《金门日录》)、"枕上填词,不就"(第 36 册《天都宦记》)、"得谦斋书,促赋龙氏镜词,枕上成之"(第 51册《休景记》)等①,时间或早或晚。这对于追寻文人填词的时效性与现场感,无疑是一个很好的参考。

其次,日记作为一种历史文本,其于文学而言,更重要的还在于赋予文学文本以现实场景,以便于更好地定位文本、阐释文本。诗词文本本身虽具有一定的历史性,但更多时候呈现的是一种共时性,即某些文本在去除现实语境后,其所表达的情感亦具有某种跨越时地的共通。读者能够利用这种共通性感受久远文本所传达出来的真与美。甚至作者本人,有时候也能利用这种互文与共通,来扩充词作的内涵与外延,甚至达到一词多用的目的。因单个的作品在收入别集时,删减小序及词题是一件很寻常的事情②。以谭献为例,如《丑奴儿慢》(晴云做暖)一首,在《蘬芜词》中尚有交待词作创作背景的小序:"十一月十八日,暖然如春,偕寄梦生步湖上,自六桥至南屏,落叶

---

①　曹逸梅《午枕的伦理:昼寝诗文化内涵的唐宋转型》(《文学遗产》2014年第 6 期)一文曾探讨过中唐以来,特别是北宋昼寝诗的繁荣,与当时士人审美趣味、生活态度转变的关联。可参。

②　关于对用以交代本事的诗题的删改,在苏轼、黄庭坚、陈师道等北宋诗人那里已初现端倪,具体参见赵鑫《轻本事而重艺术——论黄庭坚、陈师道的诗题演变与文本删改》(《文学遗产》2020 年第 3 期)。

上衣，寒芦点鬓。遥望枫林深处，犹有残红，岁序惊心，行歌互答，凄然有身世之感也。"①三卷本则仅保留词牌（《谭献集》，第619页）；而《角招》（近来瘦）一阕的词题本为"次日复与槐榭生蒋氏昆季泛湖，遇雨，和白石自制黄钟清角调一曲，亦甲寅年作也"②，三卷本改作"荷花"（《谭献集》，第623页）。又如，王诒寿所编《瑶花梦影录》中收录有谭献《点绛唇·临平道中寄怀瑶卿》一首，是词又见于三卷本《复堂词》，题名为《点绛唇·临平道中》。在不能确定具体语境的情况下，很可能就将此作为本事，认定词作所指称的对象为薛瑶卿③。检稿本日记，乃知《点绛唇·临平道中》一词作于同治十一年正月十八日，当天日记云：

> 得广文吴门书。槐庭来谈，过右轩，过敬甫。登舟，至戴园，与质文谈后发舟。霁日微风，倚篷弄水。此行胸次无萦，如此出门，良不恶也。……箧中适携廿年前所刻《化书堂初集》诗词一册，偶诵终卷，怅触旧怀，如幻如梦，五中不知何味。即以交游言：二十岁前称谭、高，盖昭伯。入京师称吴、谭，盖子珍。己未以后，东南皆称谭、庄，则中白。丙寅、丁卯间，忽有人举海内三异人，谓长沙左梦星枢、常州刘申生及予。昭伯、子珍、孟星皆为异物，申生五马作郡，望实蔚然，予从未相识。不识孟星，去年始识其弟仲敏。惟中白穷交白首，千里恒如一室。更一二十年，何所成就，搔首问天，终竟作何位置邪？前尘迷离，不堪追忆。（《点绛唇·临平道中》：侧帽东风，轻桡剪断朝来雨。去年客路，愁听车铃语。　　黛色临平，影作眉痕聚。人如许，芳春及暮，

---

①②　谭献《蘼芜词》，咸丰七年刻本。

③　薛瑶卿，本姓边，苏州人，以色艺名于杭。民国间任南通伶工学社教师、上海美专昆曲教授。

恐被眉痕误。)晚泊许村,烧烛读《绝妙好词》。①

知是词作于自杭州往苏州途中,日记所言多为身世之感,与薛瑶卿毫无关涉。事实上,谭献与瑶卿相识晚在同治十二年②,《瑶花梦影录》成书更在是年四月廿七日③。因此,词作绝不可能是为寄怀薛氏而作。所谓"去年客路,愁听车铃语",当指同治十年科举下第南还之时。词中所寄寓的也应当是屡试不第、前尘迷离的失意之感。至于"恐被眉痕误"一句,或与京师优伶有关(同治十年曾编《群芳小集》),故可借以寄赠薛氏。收入此书的《洞仙歌·初秋》一首,也存在相似的问题。词本作于同治十一年秋,收入《瑶花梦影录》后改题为"初秋访瑶卿作",则已至于同治十二年秋了。日记的存在,正能借以厘清相关史实,以免产生不必要的误读。

当然,日记中最丰富也最直观的,又当属词作产生前后作者所见、所闻、所思、所想的实时记载。特别是对于那些缺乏词题、词序,仅有词牌的词作,日记所述将为这些文本的解读,提供充分的背景依托。如《浪淘沙》一首:"未雨已沉沉,帘外轻阴,淡黄柳色望中深。一片东风吹乍起,江上愁心。　　倦眼阻登临,袖手闲寻。云愁海思两难禁。百草千花浑不解,独自沉吟。"④若无其他背景材料,读者仅知其愁思满腹,但不知其愁从何处来,甚至很可能认为其所抒发的仅仅是个人的闲愁。据稿本日记,是词作于光绪六年(1880)二月十二日,

---

①　谭献《复堂日记》,第 12 册《壬申琐志》,稿本,南京图书馆藏。

②　谭献同治十二年正月庚寅(初十)日日记云:"晚招瑶卿来谈,瑶卿薛氏,明僮之翘楚也。"(第 13 册《南园日记》)当即初相识之时。

③　王诒寿同治十二年四月廿六日日记云:"夜录诸同人赠瑶卿文词成帙,虎臣拟付刻,名之曰《瑶华梦影录》,亦韵事也。"(王诒寿《缦雅堂日记》,《上海图书馆藏稿钞本日记丛刊》,国家图书馆出版社,2017 年,第 26 册,第 185 页)又廿七日日记云:"夜订《瑶华梦影录》成。"(《缦雅堂日记》,第 186 页)

④　《谭献集·复堂词》卷二,第 645 页。

当天日记云:"夜阅邸报,北俄东倭,皇惑百态,大臣有临刀之诏,海上疑扬尘之时。予词固云'云愁海思两难禁'也。"①乃知"云愁海思"固别有寄托,所指当为日本吞占琉球及被迫与沙俄签订《里瓦几亚条约》二事。又《满江红·题岳忠武小印》一词②,是词作于光绪元年四月初二日,看似为平常题印应酬之作,但内里却与当年英驻华使馆翻译马嘉里被杀,英军借机滋张一事息息相关。当天日记云:"杂阅沪上杂报滇疆馘英官事,哓哓不已,此亦陆程,却欧洲人一机会,恐仍售其恫疑耳。"(第17册《皖舟行记》)又如《琐窗寒·题〈姜露庵填词图〉用王碧山韵》,从词题上看,亦极易当成一般的题图之作,但日记载有其自注一则云:"骚怨哀时,借题抒写。"(第26册《戊戌三月以后记》)可知别有寄托存焉。若再联系成词的具体历程,则更能反映作者内心情感的郁积难申,以及艺术上的锻句炼意。据稿本日记,万钊以《姜露庵填词图》索题,在正月廿八日;谭献初次拟作则在二月十二日,日记云:"杂检群书,手僵仍置;填词如咽,亦不成句。"十五日又云:"新晴。欲填词,仍不成吟,此心不知在何处。"(第26册《戊戌三月以后记》)至词作的最终成形,已是闰三月初五日。构思前后持续数十天。在《复堂词》中,此类词作并不在少数,大抵皆有感于身世、国事,借题发挥,以抒发心中哀怨不平之气。故庄棫在为《复堂词》作序时有云:"仲修年近三十,大江以南,兵甲未息,仲修不一见其所长,而家国身世之感,未能或释,触物有怀,盖风人之旨也。"③也就是说"谭献的词是有一定的现实感受而后发为谱调之声的,只是他信奉

① 谭献《山桑宧记二》,稿本,浙江大学图书馆藏。

② 词云:"玉神人间,忍重问、六陵消息。珍重此、孤臣方寸,土花凝碧。文字只缘忠孝贵,湖山却借鬓眉色。想题成、绝调满江红,铃词侧。   宫殿梦、迷花石。沙漠冷、惊冰雪。表男儿名字,背文同涅。偶与中原归破挽,好随遗象留踪迹。将军肘后缩铜台,还萧瑟。"(第17册《皖舟行记》)

③ 庄棫《复堂词序》,《蒿庵文集》卷六,《清代诗文集汇编》第711册,第217页。

‘常州词派’比兴寄托之说，在意象组合的形态和声情表现的体格等方面总想恪守前人模式，尽力把‘意’炼得更深沉些、含蓄些”①。让后人索解不易。而稿本日记的存在，正可提供作笺作注的空间。

最后，因已刊《复堂词》中的大多数词作，基本能在稿本日记中找到“初稿”，也就是说，稿本日记为《复堂词》提供了一个可供比勘的原始版本，同时也为考察谭献填词、改词的动态过程，提供了一份最直接的文本依据。通过日记与词集的对读，不仅能充分考量谭献改词与悔弃的数量和规模，还能进一步探寻一篇词作，甚至一部词集逐渐成形的历史过程。日记所录作为最初的“草本”，与刻本相校，大多均存在明显的异文，如上文所举《点绛唇·临平道中》一词，“春如许，玉人心绪，恐被眉痕误”（《谭献集》，第 636 页）一句，初稿作“人何许，芳春及暮，况被眉痕误”（第 12 册《壬申琐志》），虽仅仅是人与景次序上的调换，已然与未然的改写，但数字的变动，已让定稿显得婉约而韵味无穷。又如《花犯·唐栖梅花林下作》：

　　倚东风，看花雾冷，芳心付流水。去帆阴里。望暮雨朝云，无限离思。弄珠负了韶年纪。前欢犹剩几。恁记省、半江颜色，婵娟相料理。　　无言绕花易黄昏，依稀认窈窕、文禽烟际。仙袂举，疏枝外，不禁憔悴。涟漪碧、晚来照影，春梦好、怜他莺唤起。但领取、玉楼鞶笑，寒香生翠被。②

在稿本日记中，“看花雾冷”作“看花似雾”，“恁记省、半江颜色”作“恁瑟瑟、半江颜色”，“仙袂举，疏枝外”作“仙子袂，依枝畔”，“晚来照影”作“晚来顾影”。前后更动改换达十数字。是词依周邦彦《花犯·梅花》词韵，原词全用仄韵，声调沉郁，句法参差顿挫；虽多点化前人诗

---

①　严迪昌《清词史》，江苏古籍出版社，2001 年，第 560 页。

②　《谭献集·复堂词》卷二，第 637 页。

句,而能做到浑然天成。谭献初稿,从句意上看,多为直叙,少吞吐;化用前人成句,亦嫌笨拙。改稿首句着一"冷"字,而全词基调已定;易"瑟瑟"为"记省",则不仅能免于俗套,还能与上句"前欢犹剩几"达成句意的连续,同时在有意无意间绾结上片。而改"顾"为"照",从人顾影到水照人,虽仅有一字之差,却能让句意显得更加天真自然,幽独况味亦更趋浓烈。再如《六么令·寄题张韵舫眠琴小筑》:

> 绿阴时候,寒暖难将息。遥山几重遮眼,芳草向人碧。不分弦尘柱缓,散引都萧瑟。晚云离席。阳关休唱,客舍杨枝借颜色。　　未老江关庾信,文采留南北。试觅沧海成连,别梦怜风月。道是天涯语笑,付与闲筝笛。玉琴横膝,垂帘罢鼓,雨细烟深迟来客。①

在稿本日记中,"借颜色"作"黯春色","未老江关庾信"作"绝妙江淹赋手","文采留"作"别梦迷","别梦怜"作"付与闲","付与闲"作"任尔调",改写多至十八个字②。改写后的词作在情境上明显较原稿更为沉着,在词意上也更贴合张僖的个人身世。张韵舫即张僖,字和甫,山东潍坊人。光绪十二年进士,历任福建漳州、泉州、兴化等地知府,以北人而宦居闽南,与庾信南人而居北地相类,故有"未老江关庾信,文采留南北"之语。这些异文的存在,不仅可以呈现出一首词作由萌芽到定稿的动态过程,还可以看到谭献在词意上的锤炼以及结构上的经营,这对于谭献词艺的探究,无疑大有裨益。

---

①　《谭献集·复堂词》卷三,第655页。

②　是词作于光绪十五年三月十一日,稿本日记所载词题作"题张韵舫《眠琴小筑填词图》"(第53册《冬巢日记》)。

第二节　人情、交游与经典化：
《箧中词》成书历程的再考察

　　《箧中词》是晚清以来影响广泛的一部断代词选，它的编选历程漫长而曲折，几乎贯穿了谭献的一生，是其推广常州派词学主张、建构有清一代词史的精心结构之作。关于《箧中词》一书所体现的选词学史意义，沙先一《选本批评与清代词史的建构》一文已有精彩的论述①，但对于其成书历程及其背后所牵涉到的人情、交游，以及词集的知见、词作的获取等方面，由于文献的不足征，尚未有具体而全面的探讨。无疑，相比于《箧中词》刊版后所呈现出来的固定形态，其文本生成的具体过程当更加具有"现场感"和鲜活性。选本作为一个权力场，其文本构成虽与个人的学力及品味息息相关，但也并非仅仅是个人文学造诣的"小结裹"，它背后还潜藏有特定时代与特定群体的助力。像《箧中词》这类收入大量时人作品的选本更是如此。只是这一层关系在文本定型的过程中被有意无意地抹去罢了。而稿本《复堂日记》中关于《箧中词》一书由初选、定本、刻印到传播的持续性记载，正可以引领我们走进历史，看到《箧中词》由初选到定稿的完整过程，还原文学后面受现实因素影响的局部，挖掘潜藏在它背后的的文学、文化意义。

一、《箧中词》的编刊历程

　　关于《箧中词》的成书过程，以前所能依靠的史料，除本书的他序与自序、所选词人词作后所附简短评语外，《复堂日记》当为最直接的凭据。但由于刻本《复堂日记》乃改造后的文本，不仅去除了考察成

――――――――
　　①　沙先一《选本批评与清代词史的建构——论谭献〈箧中词〉的选词学意义》，《文学遗产》2009 年第 2 期，第 96—103 页。

书所需的时间信息，条目间还多有删补、整合的迹象。以初选《箧中词》的时间为例，其同治五年（1866）日记云"选次《瑶华集》，为予《箧中词》始事"①，至同治六年，又云"近拟撰《箧中词》"②，而光绪二年（1876）五月又有"予欲撰《箧中词》，以衍张茗柯、周介存之学，今始事"③的记载，前后多有重复矛盾之处。于此可见，依靠改编本日记来探究《箧中词》的成书历程是极不完备且不可靠的，而稿本的存在，却可以很好地还原此书编选的真实历程。

　　根据稿本日记，"选次《瑶华集》二卷"一事发生于同治五年三月十三日，当天日记仅有此一句，"为予《箧中词》始事"一句乃谭献事后所加，并非实际情况的真实记录。至于同治六年一条，在稿本日记中仅有"何时重得全本，当上合饮水，下及水云，并二张、频伽、吴枚庵、周稚圭诸家，合选以告天下"④的言论，亦无"箧中词"相关字眼。与刻本日记相比，统序人物也有明显变化。在刻本中，谭献增添了陈维崧、朱彝尊、厉鹗、项鸿祚等四人，也就是纳入了早期阳羡派及浙西派中的代表性人物。这样一来，自清初以来的词学谱系才达成了真正意义上的完整严密。可见在同治年间，谭氏虽有意于选词，但并没有选次《箧中词》的成熟构想。其正式开始着手，当在十年后的光绪二年：

　　　　阅《国朝词综》四十卷二集八卷毕。王氏去取之旨，固本之朱锡鬯，而鲜妍修饰，徒拾南渡之渖。以石帚、玉田为极轨，不独

----

① 《谭献日记》，第 34 页。

② 《谭献日记》，第 36 页。

③ 《谭献日记》，第 65 页。

④ 此条在刻本日记中已多有删改，其略云："近拟撰《箧中词》。上自饮水，下至水云，中间陈、朱、厉、郭、皋文、翰风、枚庵、稚圭、莲生诸家，千金一冶，殊呻共吟，以表填词正变，无取刻画二窗、皮傅姜张也。"（《谭献日记》，第 36 页）

珠玉、六一、淮海、清真皆成绝响，即中仙、梦窗深处全未窥见。
予久欲撰《箧中词》，以继张茗柯、周介存之后，今始事。于王选
所掇取者，直百一而已。[①]

　　扫除浙西派为姜（夔）、张（炎）所束缚的弊病，阐扬常州派张（惠
言）、周（济）比兴寄托之旨，是谭献编选《箧中词》的宗旨所在。王昶
所编《国朝词综》，作为推扬浙西派词学的集成性选本，自然成为谭献
批驳的首要对象，却也直接激发了他重新编选国朝词选本的念头。
《国朝词综》一书，为谭献同治九年三月廿三日所购，光绪二年六月二
十一日开始，日课数卷，至七月初七日阅毕。同年所阅还包括黄燮
清《国朝词综续编》（七月十一日至十九日）、蒋重光《昭代词选》（十
九日至廿八日）。这种有目的的持续性阅读行为，在为《箧中词》选
源提供文献依托的同时，更让《箧中词》在选阵的确立上由模糊走
向清晰。
　　谭献正式开始纂录《箧中词》，始于光绪三年五月初七日。自此
日起至十一月初七日，在将近半年的时间里，谭献初步完成了《箧中
词》今集部分（五卷）的文本化。具体完成阶段为：六月初九日完成卷
二，廿六日完成卷三，七月初六日完成卷四。此后伴随词集的持续获
得，自七月初十日起，又间有添补，如初十日日记云："入署杂治，录
《箧中词》，补三家。"（第5册稿本日记）十月初七日日记云："录《箧中
词》，补第二卷毕。"（第36册《天都宧记》）最迟至光绪五年（1879）三
月，基本完成补录工作。故至四月十四日，友人郑赞侯得以借阅，六
月十四日，得以将《箧中词》五册付冯煦写样谋刻。
　　至于《箧中词》今集部分从付刻、写样、覆校、刷印的相关历程，结
合所见冯煦致谭献的书信，亦可大致考得其始末端绪。冯煦（1842—

---

① 谭献《复堂日记》，第18册《丙子新书》，稿本，南京图书馆藏。

1927），字梦华，号蒿庵，江苏金坛人。谭献与冯煦的第一次会面①，在光绪五年四月初六日，当天日记云："今日胡、薛二氏纳采礼成，午宴慰师讲院，晤夏健人、范春泉、甘剑侯、秦伯虞、冯梦华谈。"（第38册《己卯日记》）此后的一段时间，始多有二人谈艺的记载，如初九日日记："予先过慰师讲院，与冯梦华谈艺良久。"又六月十四日日记："诣惜阴书院，晤慰师略谈，就冯梦华谈艺久之。"谈后，即以"《箧中词》五册留梦华斋，属付书人写清本，亦谋刻"（第38册《己卯日记》）。次日，谭献即登舟往全椒赴任。自此至《箧中词》刻成，二人主要通过书信往还商洽，今《复堂师友手札菁华》及上海图书馆馆存有冯煦致谭献书凡21通，其中多有关于《箧中词》刊印历程的信息，今以年代先后为序，梳理如下：

> 《箧中词》已付写人，当再将红格交去补录二卷（有便再寄若干），恐后仍有续入者。弟意此次每人换纸，将来增补较易，不过多费数百番纸，想不吝也。②
> 《箧中词》又得三四二册，写样者四册，尚未校，先以奉上。词中校字者乃宝应成漱泉孝廉肇麟，书局同事之中表兄弟。好词与兄弟同癖，所作极清，因稿子不在此，故未录正。明春当写得奉去，补入五卷中。③

---

① 光绪四年十二月十三日日记："白下文士如杨朴庵、金亚匏，皆健在，冯梦华、刘恭甫、秦伯虞、甘剑侯皆里居，予作行人，不能少留。不谒大府，不接故人，匆匆遂出，殊网网也。冯、刘闻声，未相识也。"（第36册《天都宦记》）

② 此札见王凤丽《冯煦致谭献手札十一通》（《词学》第三十一辑）文，王氏考定此函作年为光绪五年，可从。谭献六月二十四日日记云："暮得薛饴澍、冯梦华金陵报书，梦华寄词稿至。"（第38册《己卯日记》）与札中所谓"附上拙词一册就正"正相合。

③ 此札见于《复堂师友手札菁华》，札尾未署作书年月，然据札中所言"写样者四册，尚未校"来看，或亦在本年稍晚。成肇麟词，今不见于《箧中词》，谭献日记中亦没有阅读词稿的记录，当是未寄。

岁除信反，君贶适来，感感。且闻廉泉只一勺，犹沾溉故人，则益可感耳。……《箧中词》久写竟，弟尚未校毕付装池也。①

公愤私爱，日棘襟抱，得手告如同心。大词尤不堪卒读，有此手笔，人始不敢薄倚声为小道。……《箧中词》校竟，即奉上也。②

昨布一书及中白书样本，又师友词数家乞入选，由薛师处转寄，当已达。……《箧中词》新旧共十册，大稿大小共二册，又新钞一叠，并附来足将去。虽略有所献替，亦苦心不能静，仍乞我兄定之。前寄师友数家词，阅后亦乞附下，缘其家皆无副本，仍须归之也。③

《箧中词》已修一过，仍有草率处。卷三一卷刻手极劣，此弟办事不力之咎，现仍饬加工细修。先寄上初样五册，乞更严批发下。卷首兄有小序，未经列入，乞录副来。大集前庄序，亦录一纸。岁事渐逼，不能多述。④

《箧中词》前四册已校毕，其第五册尚未发写。弟又有一亡友之词，乞采一二。此君早逝，所学未成，不过附名卷中耳。其

---

① 此书见王凤丽《冯煦致谭献手札十一通》文，王氏考定此函作年为光绪六年，可从。谭献春三月朔日记云："昨得冯梦华书，知《箧中词》已写成，颇有篡录唐至明列朝词之意矣。"（浙图藏《山桑宧记二》）

② 此书见王凤丽《冯煦致谭献手札十一通》文，王氏以为作于光绪六年二月至六月间，当从。

③ 此书见王凤丽《冯煦致谭献手札十一通》文，王氏考定作年为光绪六年，当从。据谭献六月二十日日记："昨梦华寄《箧中词》副本至，又寄近人词数家，属补选。"（浙图藏《山桑宧记二》）与此札所言正合。

④ 此札见于《复堂师友手札菁华》，札尾亦未署作书年月，然据札中所云"卷三一卷刻手极劣"及"岁事渐逼"二语，可知书已上板，且时间已至岁暮。则系于光绪六年为是。

第一册薛师敦迫上板，已付手民，有样再寄上。①

《箧中词》久成，只大词尚少数页，月半总可出书。今以两样寄上，其纸之大小，纸色之高下，并乞批明用何种印，并子部书签作何字，并一一开示为荷。②

奉到手毕，知《箧中词》已达。前收之百元，计钱百二十千，前四卷支去七十七千四百三十七，余四十二千五百六十三，归入后账，乞察入。③

据此可知，《箧中词》今集部分自光绪五年(1879)六月付刻，至光绪七年(1881)八月方告刻竣，前后历经了两年有余。主持校刻者主要为冯煦，成肇麟等亦尝参与其中。所费刻资预计在一百千钱左右（前四卷为七十七千四百三十七）。初刻印数则为 120 部。

在今集六卷付印的同时，由于所见词集、词作日多，故至光绪七年十一月间已有补选之意，其端触发于丁绍仪《听秋声馆词话》④。光绪八年九月廿七日，日记中开始有补选《箧中词》的记载⑤。其中

---

①　此书见于《复堂师友手札菁华》，札尾署"二月十八日"，又函中有"闻使星三耀，供张不支"一语。据稿本日记，光绪六年十一月十七日日记云："连日有迎送供张事，殊恨恨也。"（第 39 册《山桑宦记三》）又十九日日记："料量供张，甚琐陋可恨。"（《山桑宦记三》）而光绪七年二月朔日又有迎孙学使之事。则此札当系于是年。

②　此书见于《复堂师友手札菁华》，札尾署"七月朔"。据札中所言"久成"及所询内容，可知《箧中词》即将刊印，则系于光绪七年为是。

③　此书见于《复堂师友手札菁华》，札尾署"八月十八日"。谭献八月初十日日记云："冯梦华寄《箧中词》印本百廿部至。"（第 42 册《山桑宦记五》）

④　光绪七年十一月二十五日日记："阅丁杏舲《词话》，觉《箧中词》不可不补订。"（第 42 册《山桑宦记五》）

⑤　光绪八年九月廿七日日记："检襄男遗稿一簿册，丛残中钞词一首入《箧中续选》。"（第 44 册《知非日记》）

第一卷完成于光绪十一年（1885）五月①，第二卷于光绪十四年（1888）四月初六日录竟②，而全稿四卷至光绪二十年（1894）二月十九日方才写就③。光绪二十一年（1895）七八月间刻竣④。至此，《箧中词今集》六卷、《今集续》四卷方告成书。自光绪二年至光绪二十一年，编选前后长达20年，这也基本印证了自序所谓"二十余年而后写定"的说法。但囿于一人藏品与知见，此书于某些重要的词人词作，稍有遗漏。《箧中词》成书之后，谭献已然意识到这一问题，故在光绪二十四年十月的日记中仍发出"此事亦未已"的感叹。问题是，作为一部选本，为何经过二十余年的漫长编选历程，仍会留有遗珠之憾呢？要解决这一问题，就不得不牵涉到《箧中词》的选域及其选源⑤。

二、《箧中词》的选域及其词籍来源

《箧中词》在题名上有效仿元结《箧中集》的意思，箧中，顾名思义，即就箧中所有进行选录；但根据其自序中"就所睹记"的言论，似

---

①　光绪十一年五月廿三日日记："审定《箧中词续》一卷，将补刻。"（第49册《逍遥日缀》）

②　光绪十四年四月初六日日记："录《词续》，第二卷毕。"（第51册《休景记》）

③　光绪二十年二月十九日日记："写《箧中词续》卷四，至刘光珊《留云借月词》五首终焉。"（第22册《甲午日载》）

④　光绪二十一年八月初五日日记："寄到新印《类集》《箧中词》。"（第24册《驯复记》）

⑤　肖鹏在《群体的选择：唐宋人词选与词人群通论》（凤凰出版社，2009年）一书中，曾归纳出词选的六项基本要素，即选型、选阵、选系、选心、选源、选域。所谓选域，即所选词人的时代跨度和社会身份覆盖面，也包括所选作品内容的丰富程度、题材广阔程度以及风格样式的多少。选源则指的是所选的对象和范围，反映的是编选者所拥有的词籍文献资料的丰富程度。

乎还包括日常所知见的词集、词作①。在具体操作层面，冯煦序中已有明确的说明，即"题词名者从别集，题名者从诸家选本"，也就是说，《箧中词》的选源不外乎别集与选本两端。在选域上则是上至清初，下及并世作者。但由于《箧中词》在编选时分属两个阶段，成书后亦有今集、今集续之分，两部分在体例上虽具有一致性，但若从微观层面进行具体分析，则不难发现，《箧中词》前后两集在选本与别集的利用方面，不同时段具有不同的取向。《今集》六卷，收录了自吴伟业至郑芥仙等词人212家，其中出自别集者有64家；《今集续》四卷，除重出外，收录边浴礼等近世词人164家，其中出自别集者93家。也就是说，时代越相近，出自别集者反而越多。如自吴伟业（1609—1672）至周济（1781—1839）的长时段里，出自别集者仅王士禛、纳兰性德、彭孙遹、朱彝尊、陈维崧、蒋士铨、黄景仁、郭麐、杨夑生、孙鼎烜、张惠言、周济等12家，其他则根据《国朝词综》《国朝词综补》《国朝词综续编》等总集选录。而与谭献同时或稍长，甚至年辈较低者，如薛时雨、叶衍兰、周星誉、王尚辰、刘履芬、张景祈、张鸣珂、庄棫、王诒寿、周星诒、马赓良、沈景修、李恩绶、孙德祖、冯煦、诸可宝、陶方琦、樊增祥、刘炳照、王鹏运、郑文焯、况周颐、程颂万、徐珂等却均来源于别集。其中薛时雨、刘履芬、张景祈、潘介繁、孙德祖、冯煦等更入选今集部分。这也就意味着——入选之人至迟在光绪八年（1882）或光绪二十一年（1895）以前均有编定的词集，并确保编选者能够知见。那么，谭献是如何及时获取这些词集的呢？

---

① 　关于"箧中"之义，施蛰存《北山楼词话》云："谭序之意，似谓箧中所贮二十年来抄录所得，写定成编，故命曰《箧中》。冯序之意，则以为但就箧中所存书选录成编，故曰《箧中》。二说未知孰是？"（施蛰存《北山楼词话》，华东师范大学出版社，2012年，第171页）根据日记中有关书籍往还的记载，可大体判定，《箧中词》所涉及词集大部分并非箧中所藏，而是源于生平所知见，其中别集出自友朋寄呈、赠送者为多。

选本的选源往往与个人的书籍收藏或知见程度密切相关，《箧中词》前后两集，共收入词人 376 家，其中出自别集者达 157 家，而续集的 164 家中即有 93 种，占了总数的二分之一强①。谭献作为同光间著名词人，其人好搜罗集部书籍，特别是当代人别集，这一点在日记中已有鲜明的体现，如光绪十六年十二月初七日日记云："迩日心目间别集几塞天地，稍稍厌之。不欲多收，徒使小屋无容处。"（第 54 册《云鹤纪游续录》）②可见其别集收藏的丰富程度。但这是否能够说明，谭献在词籍的占有上已经足够支撑起《箧中词》的编选呢？据《箧中词》各家评语，谭献明确交代了词集来源的有孙鼎烱《籽香堂词》、边浴礼《空青馆词》、顾翰《拜石山房词》、李恩绶《缝月轩词录》、董祐诚《兰石词》、苏汝谦《雪波词》等六家，而其中出自购藏的仅有孙鼎烱、董祐诚两家，其他四家则或出于借阅，或出于友朋赠予。但这少量的数据抽样似乎还不能说明《箧中词》所涉词集的整体来源。日记作为谭献"为书籍的一生"的完整呈现，其中有关书籍的收藏、借阅、赠送等方面的信息颇为丰富，据此，或可以对《箧中词》的词集来源做一番具体的考察。

　　以词籍的收藏、知见而言，光绪八年以前，日记所见词人别集凡 30 家 31 种。少数出于购藏，就日记所见，有且仅有纳兰性德《饮水词》、项鸿祚《忆云词》、黄景仁《两当轩词》等 3 种。其他出自借阅者

---

①　夏孙桐《广箧中词序》所谓"复堂取材，半出选本，而于专集，所见未博"的言论，只能施之于今集，若于续选，则显然有失公允。

②　伦明《辛亥以来藏书纪事诗》云："马总书携半部回，汪中《述学》没尘灰。平生矫矫西京学，不保江都一玉杯。"（伦明等著，杨琥点校《辛亥以来藏书纪事诗》，北京燕山出版社，2008 年，第 20 页）所述仅及《意林》《述学》《董子》诸书，未能概括出谭献的藏书规模及其特点。根据《复堂日记》，谭献藏书总量在一万册以上，而别集当是其中的大宗。其光绪元年九月十八日日记云："予已深厌别集，而入市无可求索，又收诗文。"（第 41 册《秋泛日录》）

1种[①],校阅审定者6种[②],友朋寄赠、寄阅者13种[③],著者亲自送呈或馈赠者5种[④],来源不明者3种。当然,此仅限于日记记载及明确标列集名者,其他失载或未列名者尚多,如同治七年九月初八日日记云:"玉珊行,送近人词数十种来。"(第8册《戊辰秋冬小记》)而其中尤其值得注意的是,由于《箧中词》在选词上已突破了"不录生存"的界限,故当时词家纷纷以词刻见寄,此事在今集编选时已初现端倪,至续选之时,则更到了以谭献为"啖名之薮泽"的境地了。

光绪八年以后,伴随《箧中词》今集部分的刊刻以及续选工作的展开,当时词人开始通过各种方式寄赠词集、词作。以词集而言,自光绪九年起,日记所载同人寄呈的词集就达28种[⑤]。有亲自送呈

① 同治元年十月二十五日:"借得归安严元照修能《柯家山馆填词》一册。"见《复堂日记补录》卷一,第188页。

② 吴藻《花簾词》一卷、《香南雪北词》一卷,周星誉《东鸥草堂词》、吴存义《榴实山庄词》、江顺诒《愿为明镜室词》、薛时雨《藤香馆词》。

③ 陈元鼎《鸳央宜福馆吹月词》、高望曾《茶梦庵词》、丁至和《萍绿词续刻》、何兆瀛《心庵词》、黄增禄《拜石词》、周之琦《金梁梦月词》、汪潮生《冬巢词》、庄盘珠《秋水轩诗词》、曾惠《梦轩词》、蒋春霖《水云词续稿》、曾行淦《蘋影轩词》、乔守敬《红藤馆词》、郭麐《灵芬馆词》。

④ 许海秋《玉井山房诗余》、孙德祖《寄龛词》、潘曾莹《小鸥波馆词》、张鸣珂《寒松阁词》、冯煦《蒙香室词》。

⑤ 李恩绶《缝月轩词》《读骚阁词》、王映薇《漱润斋诗余》、万钊《蕡波词稿》、汪渊《藕丝词》、邓廷桢《双砚斋词钞》、夏宝晋《冬生草堂词》、谢章铤等《聚红榭词刻》《黄刘合刻词》、孔广渊《两部鼓吹轩诗余》、王四篁《赏眉斋词》、郑由熙《涟漪词》、程颂万《鸥笑词》、吴唐林编《侯鲭词》、方浚颐《古香凹词》、应宝时《射雕馆词》、张僖《眠琴小筑词》、王尚辰《遗园词》、顾翰《拜石山房词》、俞廷英《琼华室诗词》、叶衍兰《秋梦盦词》、沈昌宇《泥雪词》、何兆瀛《老学后庵自订词》、刘炳照《留云借月庵词》、樊增祥《樊山词》、吴恩庆《中隐词》、陶方琦《兰当词》《湘湄馆词》等。

者,如光绪十一年四月十一日日记云:"方忍斋以新刻诗余见寄。"①又光绪十七年七月十七日日记:"得张韵舫闽书,寄《眠琴小筑词稿》。"②有由友朋转呈、携示,属选入《箧中词》者,如光绪十五年正月初十日日记:"得蒙叔书,寄广渊莲伯《两部鼓吹轩诗余》,属入《箧中》之选。"(第53册《冬巢日记》)更多则是以词集审定或索序为名,如:

> 光绪十年五月廿八日,审定王谦斋《遗园词》一卷,录三调入箧中。(第10册《甲申日籍》)
> 光绪十三年九月初四日,昨今审定俞小甫《琼华室诗词》。(第51册《休景记》)
> 光绪十四年四月廿六日,青耜先生以新刻《老学后庵自订词》二卷样本见示、索序。(第51册《休景记》)
> 光绪十五年重九以后,番禺叶南雪太守衍兰介许迈孙以《秋梦盦词》属予读定。③
> 光绪十八年七月十五日,昨佩瑗来久谈,以亡友沈子佩《泥雪词》稿见示,属审定。④(第57册《周甲记》)
> 光绪二十年二月十三日,得常州刘炳照光珊吴下留园来书,寄新刻《留云借月词》五卷来,索序。(第22册《甲午日载》)
> 光绪二十一年正月三日,昨蓝洲以樊云门新刻《樊山诗词》示我,盖除夕寄至,简蓝洲索序于我。(第24册《驯复记》)

所列仅仅是日记中有明确记载者,事实上晚清词集经谭献审阅、

---

① 谭献《复堂日记》,第49册《逍遥日缀》,稿本,南京图书馆藏。
② 谭献《复堂日记》,第55册《云鹤纪游三录》,稿本,南京图书馆藏。
③ 《谭献日记》,第162页。
④ 光绪十八年十月初五日日记云:"审定亡友沈子佩昌宇《泥雪词》,录存九十首,选二首入《箧中词》。"(第19册《周甲记》下)

评定者远不止此。就目见所及，晚清词人词集经谭献序跋、题识者，即有 30 种之多。除以上所列外，另有《井华词》《微波词》《勉憙词》《寒松阁词》《拜石山房词》《紫藤花馆词》《东鸥草堂词》《愿为明镜室词稿》《莲漪词》《眠琴阁词》《鹤缘词》《罋波词》《醉庵词》《寨庵词》《梦草词》《蕉窗词》等。这些词家词集在谭献审阅、作序之余，基本都已入《箧中》之选。而其他未见于日记者，如："唐子实《涵通楼师友文钞》附龙、王、苏三君填词，箧中久佚，今况舍人持示《雪波词》，采撷卷中，皆唐刻未见者。"[1]知苏汝谦《雪波词》为况周颐持示。又陈澧遗词为梁鼎芬抄示[2]。又有通过往来书信寄示词作或以词集属选者，如沈景修在与谭献的多通书信都关涉到《箧中词》的选录问题，其一云："《箧中词》有续选否？近人刘光珊《留云借月盒词》自是能品，弟嫌其太能而少拙趣，老兄以为然否？"[3]此以友朋词集相推介；又："吴江诸生杨东甫栋工诗词……有词十余首，系从李咏裳广文处钞得者，特寄呈左右，如续刻《箧中词》，能选入一阕，以存其姓氏，亦阐幽之义也。"[4]此以遗词抄示以存其人；其中也不乏以词集寄呈属选者，如"兹寄赠家南一丈全集一部，此老师事美髯公（见词坛点将录），文派恪守桐城，后有《诗余》一卷，能选二三入《箧中词》否？"[5]所寄即沈曰富《南一词》，《箧中词》续集根据此集选录一阕。

至此，《箧中词》所据词集来源已知者可达 62 种，而出自本人购藏者仅有 5 种。由于日记记载的缺略，虽无法将所据词集的准确出处一一考出，但现有数据似乎已足够证明，《箧中词》的词籍与其说是

---

① 谭献编选，罗仲鼎、俞浣萍点校《箧中词》，人民文学出版社，2015 年，第483 页。

② 《箧中词》，第 426 页。

③ 钱基博藏《复堂师友手札菁华》，第 885 页。

④ 钱基博藏《复堂师友手札菁华》，第 863 页。

⑤ 钱基博藏《复堂师友手札菁华》，第 849 页。

出自"箧中",还不如说是来源于"知见"。友朋的寄赠、钞示与推介,不断丰富谭献对当代词籍的获得,也决定了续集"随得随钞"的编辑策略。《箧中词》的续选经历了自光绪八年至光绪二十一年的漫长过程,原因也在于此。

三、《箧中词》续选与同光词坛的自我经典化

自《文选》以来的众多选本,在编选时基本上都遵循"不录生存"的标准。然而这种不成文的标准,在宋代似乎有所松动。如曾慥《乐府雅词》、赵闻礼《阳春白雪》等,均大量入选时人词作,至周密《绝妙好词》,更将己作 22 篇阑入。但这种行为在此后的选本中并没有被广泛接受,即使是到了清代,不少选本在例言中还依旧强调这一标准,如丁绍仪《国朝词综补·凡例》云:"自来选录诗文,不及同时之作,惧涉标榜也。"①可见对入选时人之作还存有顾虑。只是在正式编选时,无论是王昶《词综》、黄燮清《词综续编》,还是丁绍仪《国朝词综补》,生存各家均已纳入②。到了谭献,不仅公然将所著《复堂词》编入,更大量选录当代词家。以今集部分为例,其中选录当时词人(仅以光绪六年为限断)即达十八人③,至于续选,则为数更多。这不惧标榜的背后,其实隐含了晚清词坛不同于前代的另一种取向。

清代词学号称中兴,不仅词派纷呈,而且在观念上破除了词为小道的观念,特别是在常州词派力尊词体之后,词往往与风骚、乐府相

---

①　丁绍仪《国朝词综补》卷首例言,《续修四库全书》影印光绪刻前五十八卷本,上海古籍出版社,2008 年,第 1732 册,第 4 页。

②　《国朝词综补》例言云:"王氏《词综》于生存各家,另编二集;黄氏《续编》则援《绝妙好词》例,不复区分。仆素未与当世士大夫游,又僻居海隅,于当代词人存殁,莫由咨悉,曷敢臆断,爰仿黄氏例,一并编列。"

③　为何兆瀛、潘曾绶、潘曾玮、薛时雨、勒方锜、杜文澜、黄长森、杨长年、刘履芬、王诒寿、张景祁、孙德祖、潘介繁、诸可宝、樊增祥、张鸣珂、陶方琦、冯煦。其他生卒年不详者不在此列。

比附,甚至大量出现词难于诗的论调①。与此相对应的是,词人词作的纷纷刊印,甚至有一人而有多集者,如李佳即有《菊宧词》《燕月词》《绚秋词》《豸绣词》《怡水词》《秦征词》《湘瑟词》《盼鹤词》等词集八种。词成为展露才学的良选。因而在刊印之余,词集往往在友朋间广泛传阅,互为作序、题词,有不可已矣之势。如刘炳照以《留云借月庵词》求序时,谭献在日记中即有"展卷已有晋壬、曲园、湉生、孟莼四序,又有盛、庄二跋,又远索弁言,是亦不可以已乎"②的感叹。而此集除此五序、二跋外,更有杨岘序,张景祁、郑文焯、许增、邓嘉纯、丁丙、孙德祖等诸家题词。从《箧中词》的选材,特别是别集的来源上亦可以看出,这种对自我创作的自信以及要求经典化的意识,并非是谭献的单方面行为,而是在清代词学,特别是常州词派尊体说发展成熟后所形成的群体性选择。在《箧中词》编选过程中,以自撰词集寄赠或持示者不在少数,如冯煦在词选付刊的光绪五年六七月间两寄词稿,张鸣珂亦以所著《寒松阁词》见寄;至续集,更有张僖、孙德祖、刘炳照、叶衍兰、徐珂等。据统计,《箧中词》续集共收录晚清词人164家,其中出自江苏者72家,出自浙江者48家,也就是说,江浙两地所收词人已占总数的70%有余。若再加上安徽的15家,所占更是达总数的80%。而浙江、江苏、安徽等地正是谭献的主要活动区域,大多词家与谭献也存在直接或间接的往来。以《复堂师友手札菁华》所收来往信函为判断标准,其中入《箧中》之选且来源于别集者即有王尚辰、沈景修、陈豪、张鸣珂、刘炳照、陶浚宣、金安清、庄棫、邓瀌、王诒寿、冯煦、周星誉、樊增祥、孙德祖等。张宏生在《晚清词坛的自我经典化》一文中曾总结说:"晚清所开始的比较自觉的自我经典化,是

---

① 自明末清初陈子龙以来,如李渔、徐士俊、王岱、邹文炳、吴允嘉、陆奎勋、施鸿瑞、许宝善、王鸣盛、赵怀玉、张云璈、汪甲、张应昌、叶湘管、蒋兆兰、周铭、陈廷焯、王国维等均有类似的言论。

② 《谭献日记》,第314页。

在整个对清词的经典化过程中发展出来的,这一方面体现了清人对自己创作的自信,另一方面,也能够看到,由于常州词派的理论性阐发比较充分,创作上的可操作性稍显模糊,这些深受常州词派影响的作家以自己为经典,可以向后学充分展示门径,因而具有现实的意义。"①不可否认,《箧中词》在存人存词的过程中,难免有地缘、亲缘等因素的左右,但也并非是一味地广收博取。某些由友朋寄呈或推介的词家,如沈景修所寄杨栋词,即未入选。而所录同光间词人,以数量而言,十首及十首以上者,仅庄棫(12)、张景祁(10)两人;超出五首者,亦仅冯煦(8)、郑文焯(6)②。其中庄棫与谭献在同光间有齐名之称,也是常州派的代表性人物。张景祁则为晚期浙派的重要词家。如钱仲联作《光宣词坛点将录》,即以谭献为旧头领托塔天王晁盖,庄棫为水军头领,张景祁为马军骠骑先锋使、冯煦为总探声息头领、郑文焯为掌管机密军师之一③。后来龙榆生《近三百年名家词选》在选录晚清词人词作时,除后起的王鹏运、文廷式、郑文焯、朱祖谋选录较多外,早期词家仍是以庄棫、张景祁、谭献为多。也就是说,《箧中词》虽标榜常州词学,但并不排斥他家,而王鹏运、郑文焯、况周颐的入选,更体现了谭献独到的选词眼光及对词坛走向的敏锐嗅觉。

龙榆生在《选词标准论》中曾归纳出选词的四个动机,分别是便歌、传人、开宗及尊体,以为前二者依他,后二者归我。谭献《箧中词》的主要宗旨固然是在尊体,但今集、续集不同的取材来源和编辑策略,则又似乎表明今集与今集续之间存在某种差异。如果说主体建立在选本基础上的今集,更多的是对以往经典化文本的再次淘洗,推扬的是常州派绵延至今的"传统";四卷续选所呈现的则是当代词人

① 张宏生《晚清词坛的自我经典化》,《文艺研究》2012 年第 1 期,第73 页。

② 入选五首者有刘履芬、王诒寿、陶方琦、李恩绶、刘炳照等数人。

③ 钱仲联《梦苕庵清代文学论集》,齐鲁书社,1983 年,第 159—181 页。

群体的自我体认,确立的是同光词坛当前的统序。也就是说,今集与今集续虽都意在尊体,但前半是以自己为终点,呈现的是统的上溯;而后半是以自我为中心,体现的是面的铺展,是同光词坛的第一次整体亮相。谭献《箧中词》对时人的开放,特别是将自己也纳入其中的这一行为,自然蕴含了人情、交游以及自我标榜等复杂的内涵,但更应当强调的是,这种"我选我"的背后,体现的是当时词人鲜明的自我体认及要求自我经典化的强烈意识。

另外,不管是《箧中词》今集还是今集续,在书籍刊印之后,谭献都有意识地将其分赠出去。据稿本日记,先后收到赠书的即有:张鸣珂、沈景修、宗源瀚、潘钟瑞、缪荃孙、王咏霓、刘炳照、诸可宝、邓濂、郭传璞、张僖、况周颐、刘毓盘、徐珂等数十家。而其中刘毓盘后来著有《词史》,徐珂更有《清代词学概论》之作。《箧中词》作为一部断代词选,其入选词人及其品评,对于民国间清代词学史的书写,无疑也产生了重要影响。

第三节　稿本《复堂日记》所见
"复堂词话"校补新辑

谭献生平虽以词学著称,但稍存遗憾的是,在其生前并未形成系统的词学论著,其词学评论及主张,仅散见文集、日记及所纂《箧中词》、所评周止庵《词辨》中。1925 年由其弟子徐珂辑录,刊入所编《心园丛刻》中。以当时所允许见到的文献而言,徐珂所辑已堪称完备,故此后唐圭璋辑《词话丛编》、人民文学出版社顾学颉校点本,均以此为依据。近年来,谭新红复为增补,题为"重辑复堂词话",收入葛渭君《词话丛编补编》中。所得包括徐珂辑录所遗、徐彦宽《复堂日记补录》《续录》中的论词语句、《箧中词》中的摘句评语以及部分词集序跋。在篇幅上虽有一定程度的增加,但事实上并未有实质性的突破。

《复堂日记》作为辑录谭献词评的重要依托,徐珂所辑《复堂词话》凡 131 则,其中出自《复堂日记》者即有 48 条,占全书的三分之一强。后谭新红又据《复堂日记补录》《续录》增补,复得 79 条。但需要特别注意的是,二人所据均非原本。从稿本到刻本的过程中,一是时间信息的缺失;二是因取舍标准严宽有别,难免有所漏落;三是条目间多有拆分、合并,非当时实录,且因所评所论触及在世词人,故多有删削改换之处。今稿本《复堂日记》所载,除去《词话》已收者外,其中关于词集收藏、阅读、审定、评论的内容尚多。据此,不仅可藉以参补校订《复堂词话》的文字差异,考察部分条目由稿本到刻本的生成过程,还能挖掘添补更为丰富的词学评述及词学活动,为更新谭献词学研究,提供更为完备的文献支撑。今以年代先后为次,为之重新辑录,以有飨于学界同仁:

一、借得归安严元照修能《柯家山馆填词》一册,归读。能为雅音,高处望见北宋,乃晚年复染指玉田,何与?(同治元年十月二十五日,第 1 册《□楼日记》)

二、叔昀《东沤草堂词稿》一册,宽庵携来,在予所,季况索归,今寄去。叔昀词颇事生新,不为大雅,不能窥其年、锡鬯门户也。然颇自负。(十一月二十九日)

三、阅无锡丁绍仪所为《国朝词综补》。无论其扬王昶之波,而集中辈行错落,闻见浅陋。予素非究心,而新见近人词集,皆丁所未遇,夫亦何取而为此哉!《词综补辑》,嘉善黄霁青已成数十卷,海盐黄韵珊继之。大都黄茅白苇,斗靡夸多。第二黄尚能自运成章,于此事小有窥见,尚不至如丁之陋也。(同治二年七月初十日,第 2 册《甲子日记》)

四、阅《聚红榭雅集诗词》。聚红榭者，闽中名士社集合刻其所作也，初二日长乐谢章铤枚如持赠。凡四种，曰《雅集词》五卷、《过存诗略》二卷、《游石鼓诗录》一卷、《黄刘合刻词》二卷。枚如固社中巨手，填词入能品。社中诗以徐云汀、李星村、谢枚如高出流辈，词则大都伯仲也。（同治三年正月初五日，第 2 册《城东日记》）

五、过卧老谈，假其所选《词轨》五册归。挑灯读之，至柳耆卿《少年游》云"狎兴生疏，酒徒萧索，不似少年时"，语不工，意可慨也。今日省三、宜生均招予出南台，不赴，殆亦此词意与？（七月二十日）

六、阅《词轨》毕。所取有不可解者，人心之不同，于此可见。（七月二十二日）

七、灯下点定莲峰《翠微诗录》四卷毕，录其佳篇于后。又阅其《碧云词》一卷，非当家手笔，不作可也。（同治四年二月廿七日，第 3 册《乙丑日记》）

八、今日阅陈实庵《鸳央宜福馆吹月词》两卷毕。婉约可诵，颇有竹山、碧山风味也。杭州填词苦为姜、张所缚，人偶讲五代、北宋，辄以空套抹杀。数百年来，屈指惟项莲生《忆云词》耳，其他皆鄙薄无足观。实庵虽未名家，自是好手。（九月十七日，第 4 册《鹤归日记》）

九、蒋京少所选国初人词，颇雅，贤于《昭代词选》多矣。（同治五年十月初五日，第 6 册《丙寅日记》）

一〇、玉珊诗笔秀绝，所少者深思耳。词婉丽，颇不堕邪径。（同治六年二月十七日，第8册《稿簿》）

一一、点定江阴蒋春霖鹿潭《水云楼词》二卷，婉约可歌，时造虚浑，二张（谓皋文、翰风）而后，断推江南词人第一流矣。（十一月朔，第7册《冬心游记》）

一二、点诵容若《饮水词》，袁兰村选本二卷，风格更高出蒋鹿潭矣。有明以来词手，湘真第一，饮水次之，陈（其年）、朱（竹垞）而下，皆小家也。求其嗣响，殆蘋梦乎？（十一月初二日）

一三、读项廷纪莲生《忆云词》残本甲乙稿二卷，篇旨清峻，托体甚高。浙词自樊榭偶为喘腻，破碎久矣。莲生仰窥北宋，而天赋异秉，殆近南唐。其《丁稿》一卷，遍和五代诸家，合者竟无愧色。何时重得全本，当上合饮水，下及水云，并二张、频伽、吴枚庵、周稚圭诸家，合选以告天下。此事自有正宗，无取刻画周（草窗）、吴（梦窗），皮傅姜、张为也。（十一月初二日）

一四、阅海翁词，清绮入能品也。当在蒋鹿潭下，陈实庵上。（同治七年六月望日，第7册《计谐行录》）

一五、借《莲子居词话》，阅毕。颇见深微，有功倚声不少。（同治八年十月三十日，第8册《稿簿》）

一六、阅定庵诗词新刻本。定翁诗佚宕旷远，故当在黄、舒间，而豪不就律，终不成家。词绵丽沉扬，真能合周、辛为一手，奇作也。（同治九年正月廿六日，第8册《稿簿》）

一七、读《绝妙好词》一卷,卒业。南宋乐府,清词妙句,略尽于此,高于唐人选唐诗矣。(四月初五日)

一八、读《绝妙好词》四卷,南宋完篇,十得七八,大雅可诵,倚声之规矩也。四水潜夫,乐府名家,善别择,非《花间》《草堂》之庸猥矣。南宋人词,情语不如景语,而融法使才,高者殊有合于柔厚之旨。皋文所谓可与诗赋之流同类而风诵者在此。(五月初三日,第9册《独漉小记》)

一九、校吴少宰师诗词、骈文刻集四册毕。先生诗粹美隐秀,不事蹊径,而雅有师法。先生喜言放翁,风格转近简斋。盖视陆靷曲,视陈则腴畅矣。词亦雅,近南宋人,君平、公瑾间,高其位置耳。(同治十年正月十一日,第9册《独漉小记》)

二〇、《听秋声馆词话》二十卷,无锡丁绍仪杏舫著。宗旨和雅,持论近正,盖欲补《词综》之书,涉猎颇广。其订正朱、万之书,校雠谬误,多不标出处,恐不免臆见参入也。(同治十一年正月初七日,第12册《壬申琐志》)

二一、江秋珊少尉来谈词。秋珊,皖人,好填词,刻《愿为明镜室词》四卷。体势婉润,颇不伧劣。风尘吏得此雅才,足以近踪高且圆矣。(正月十四日)

二二、箧中适携廿年前所刻《化书堂初集》诗词一册,偶诵终卷,怅触旧怀,如幻如梦,五中不知何味。即以交游言:二十岁前称谭、高,盖昭伯。入京师称吴、谭,盖子珍。己未以后,东南皆称谭、庄,则中白。丙寅、丁卯间,忽有人举海内三异人,谓:长沙左梦星枢、常州刘申生及予。昭伯、子珍、孟星皆为异物,申生五马作郡，从未相识。不识孟星，去年始识其弟仲敏。惟中白穷交白首，千里恒如一室。搔首问天，终竟作何位置邪？前尘迷离，不堪追忆。（正月十八日）

二三、在戴园诵本朝人长短句，悄然于钱葆酚、沈通声诸人，以为有黍离之伤也。蒋京少选《瑶华集》，兼及云间三子。周稚圭中丞答客有言，成容若，欧、晏之流，未足以当李重光。窃谓重光后身，惟陈卧子足以当之。嘉庆时，孙月坡选《七家词》，为樊榭、蠡槎、枚庵、谷人、频伽、小竹、稚圭，去取精审。予欲广之为前七家，则辕文、葆酚、羡门、渔洋、梁汾、容若、通声，又附舒章、去矜、太鸿为十家；后七家，则皋文、保绪、定庵、莲生、海秋、鹿潭、剑人，又附翰风、梅伯、少鹤为十家。词自南宋之亡，几至绝响，元之张仲举稍存比兴，明则卧子直到唐人，为天才。本朝诸家类能祧南宋而师北宋，若孙氏与予所举二十余人，皆乐府中高境，三百年所未有也。（六月二十三日）

二四、昨灯前点定《同声集》，今晨而毕，凡七家：吴彦怀廷鉁《塔影楼词》、王季旭曦《鹿门词》、潘季玉玮《玉淦词》、汪逸云士进《听雨词》、王蓉洲宪成《桐华仙馆词》、鲁芍生承龄《冰蚕词》、刘庄年耀椿《海南归棹词》、龚定庵自珍《无著词》也，以王季旭为名家、定庵为绝手，余无讥焉。（同治十二年四月十三日，第13册《南园日记》）

二五、为子珍书扇，偶作《十六字令》，云："寒，燕子辞巢渐欲还。无人处，记取旧红阑。"所感者深久。（九月初四日，第14册《南园日记二》）

二六、得玉珊书，寄《词辨》写本至。《词辨》原来十卷，为周济保绪撰,全书失于运河水中,仅存二卷,承子久、潘季玉曾刻行之。今版久失,予属玉珊借写得之。风雨寂坐,持蝥小饮,即以是卷佐觞,研朱点勘,终卷已灯上矣。(九月初九日)

二七、今日眉生以周保绪先生《宋四家词选》见赠,为潘伯寅侍郎新刻。周氏有《词辨》十卷,稿本亡失。潘季玉观察曾刻二卷,版亦毁矣。去年秋,张公束寄我写本,甚珍异之。此《四家词选》为周氏后来定本,陈义甚高,胜于《宛邻词选》,即潘四农见之,亦无可诋諆矣。以有寄托入,以无寄托出,千古辞章之能事尽,岂独填词然哉!(同治十三年十一月廿六日,第 17 册《皖舟行记》)

二八、读宋词至清真"夜如水、焚香独自语",真如吾意中语也。(十二月十七日)

二九、借陈广夫评唐宋词,枕上阅之,不以为佳作。(光绪元年正月廿二日,第 17 册《皖舟行记》)

三〇、午前赞侯来谈,钞示蒋鹿潭未刻词十余首。甚工,百年来真无第二手也。(正月廿九日)

三一、至书肆取《词综续编》回署斋。《词综续编》成于海盐黄韵甫大令,开创于黄霁青太守也,大令女夫宗子城大令刻于武昌。二十一卷选予少作词五首,展卷几不自忆,惘然而已。卷一载丹阳荆揩《念奴娇·洞庭》词,即张于湖"洞庭青草"一阕,不知何以误入。于湖此词南宋最有名,《绝妙好词》且首列。二黄公必非未寓目者,可异。此书刻时,诸迟菊同年任校勘事,暇当作书告之。(六月初三日)

三二、为襄男题小影《定风波》词云："归兴年年厌晓鸦，无风波处也思家。何况风波浑未了，不道，钓竿难觅似黄麻。老去临渊何所羡，一线，残春心事惜飞花。渔弟渔兄无信息，赢得，鸣榔津鼓梦中差。""雨笠烟蓑两不知，攀杯偷照鬓边丝。无用文章君莫笑，误了，画中人又误伊谁。　网得长鱼鳞莫损，还肯，撒波来往寄相思。酒债寻常行处有，记否，冷吟闲醉少年时。"（光绪二年四月廿八日，第18册《丙子新书》）

三三、偶阅仪征程晼兰畦《潜庵复笔》，癸丑之乱，民家壁间得绝命词《满庭芳》一阕，为山阳程振室郑芥仙作，词曰："三月烟花，二分明月，香车陌上如流。变来今日，犀甲带吴钩。何日王师雨洗，长驱入、迅扫貔貅。危城里、天荆地棘，不是等闲愁。　长淮三百里，回头一笑，梦也休休。幸分飞两地，翻谢河洲。自顾此身安寄，问前生、着甚来由。只余得，青磷碧血，何处十三楼。"此词盖用宋徐君宝妻韵也。（六月十三日）

三四、阅《国朝词综》四十卷二集八卷毕。王氏去取之旨，固本之朱锡鬯，而鲜妍修饰，徒拾南渡之渖。以石帚、玉田为极轨，不独珠玉、六一、淮海、清真皆成绝响，即中仙、梦窗深处全未窥见。予久欲撰《箧中词》，以继张茗柯、周介存之后，今始事，于王选所掇取者，直百一而已。又阅《明词综》，明自陈卧子外，几于一代无词。拟略取数十首，列《箧中词》之前也。（七月初七日）

三五、阅黄燮清韵珊选《国朝词综续编》四卷。填词至嘉庆以后，俳谐之病已净。蔓衍阐缓，貌似南宋之习，明者亦渐觉其非矣。常州派兴，虽不无皮傅，而比兴渐盛。故以浙派洗明代及国初淫曼之陋，而流为江湖；以常派挽朱、厉、吴、郭（郭流寓嘉善）佻染饤饤之失，而流为学究。近时颇有人知南唐北宋，清真、梦窗、中仙之绪既昌,玉田、石帚渐为已陈之刍狗。周介存有"从有寄托入,以无寄托出"之论,然后体益尊、学益大。近世经师如惠氏、江氏、段氏、宋氏、张氏、龚氏多工为小词,其理可想。(七月十一日)

三六、阅《续词综》五卷,凡二十四卷。是书创于黄霁青观察,成于黄韵珊大令,刻于大令女夫宗子城明府者也。搜葺虽勤,舛漏不免,去取之意,渐求缜密,与王氏之仅识江湖派者,稍觉后来居上。然宗旨不立,本事不备,使阅者无可推寻。又补人在前,不复别白,于体例亦未整齐。(七月十九日)

三七、《昭代词选》卅八卷阅毕。蒋重光子宣与张玉谷、沈光裕,张朱、陈之余绪,意在鲜妍奔放,不为大雅。其采康熙以前,校《词综》详略互备,康熙末、乾隆初则远不如王兰泉之雅驯也。(七月廿八日)

三八、(黄长森)词一卷,性不甚近,又喜学北宋质直处。北宋之质当学,直不当学。此则为二陈之说所惑。二陈,广夫、艺叔也。(光绪三年二月廿五日,第35册《丁丑春录》)

三九、去年意有所触,集清真词,语曰"流潦妨车毂,衣润费炉烟",殆成谶兆。(光绪四年正月十九日,第36册《天都宦记》)

四〇、长短句必与古文辞通,恐二十年前人未之解也。(三月初三日)

四一、阅《拜石词》,清绮成章,而无深湛之思,所谓江湖词派也。选录一调。(光绪五年正月廿二日,第38册《己卯日记》)

四二、昨今补钞《箧中词》。潘四农《养一斋词》,清疏老成,而少生气。其持论颇訾议《宛邻词选》。以北宋之词当盛唐之诗,不为无见,而理路言诠,终非直凑单微之手。何青耜《心庵词存》,骈宕丽逸,如见六朝人物,与许海秋齐名,不虚也。(二月初七日)

四三、阅冯煦梦华《蒙香室词》一卷。趋向在清真、梦窗,门径甚正,心思甚邃,甚得涩意;惟有由涩笔生累句,能入而不能出,此病当救以虚浑。又单调小令上不侵诗、下不堕曲,高情远韵,少许胜多,残唐、北宋后成罕格。梦华颇有意于此,深入容若、竹垞之室者,此不易到。(六月廿五日,《山桑宦记一》)

四四、阅冯梦华续寄词稿,幽咽处有似项莲生者。(七月廿四日)

四五、大风雨,寒若初冬。冒雨出门,仆夫告瘁,不及他适。回路入城,岐岖诘屈,登顿甚艰。下帘闭置,无憀特甚。阅《草堂诗余》。此书近代目为恶札,去其柳、黄、康诸人俚词,名篇大略具在。予欲仿渔洋《十种唐诗》例,取《花间》《尊前》《草堂》《花庵》《中兴》《元儒》各选删正之。周公谨《绝妙好词》可以孤行,则不措意。渔洋各还本集,不除复重。予则用明人选唐诗例合编之,注出某选。此付抄胥,十日可成。(八月初八日)

四六、审定冯梦华《蒙香室词》,录八首入《箧中词》。审定张玉珊《寒松阁词》,颇伤浮丽,仅录一篇。(八月二十日)

四七、夜阅邸报,北俄东倭,皇惑百态,大臣有临刀之诏,海上疑扬尘之时。予词固云"云愁海思两难禁"也。(光绪六年二

月十二日,《山桑宧记二》)

四八、阅《草堂诗余》毕。去柳耆卿、黄山谷、胡浩然、康伯可、僧仲殊诸人恶札二十余调,则两宋名章迥句传诵人间者略具,宜其与《花间》并传,未可废也。(三月初八日)

四九、《草堂诗余续编》,不知出何人,择言雅矣。然原选正不讳俗,盖以尽收当时传唱歌曲耳。《续编》采及元人,疑出明代;然卷中录稼轩、白石诸篇,陈义甚高,不随流俗,明世难得此眼界。(三月初九日)

五〇、涑人尊甫介太守,乾隆甲寅举人,有《八宝妆》词咏陈拜乡八角陈镜云:"翠箔成尘,银华蚀土,一片南朝月冷。飞上棠梨双蛱蝶,零乱隔江花影。歌残《桃叶》,数声金碗凄凉,江陵紫气销沉尽。剩有兴亡遗鉴,芙蓉睡醒。　此日绣满苔痕,繁华旧梦,擘笺人在荒梗。念谁伴、青磷碧草,怎云母、画屏犹整。好携去、金烟玉水,蟾蜍细细莹珠粉。试照遍秦淮,菱花怅断胭脂井。"又有"秋老花新,酒浓人澹"八字,可入词眼。"绿上眉梢红上颊,酒上心时。黛样青山油样水,花样人儿。"亦为当时传唱。(四月初五日)

五一、昨梦华寄《箧中词》副本至,又寄近人词数家,属补选。一为冯煦,一为曾惠二泉(《梦轩词》),一为鹿潭《水云词续稿》,一为曾行溢颖湘《颖影轩词》,一为宝应乔守敬巢生《红藤馆词》。予于吏事薅恼丛杂中已定前四家矣。乔词名家,两卷富有,当徐审定之。(六月十九日)

五二、阅《红藤馆词》一卷、《心画词钞》一卷,亦巢生作。巢

笙孝廉,自叙填词,志在玉田、淮海,持论甚高,又极取冲远之境,
而凡语不深,不逮所见,录三调补《箧中词》。(六月廿一日)

五三、舆中诵刘彦清《古红梅阁遗集》略竟,骈文源于洪北
江,而植体清素,不为恢张,有幽咽潜转之妙。虽骨干差柔,音辞
未亮,要自检点,情文不匮,足以名家。诗参北宋坛宇。填词名
隽,不肯为姜、张所囿,足与骈俪文并传。集中《怀人绝句》论予
诗词,激赏于《蝶恋花》六章。盖予与彦清定交京邸,在丁巳、戊
午间。乱离奔走,南北分张。彦清改官后,予以客踪数相见于吴
下,书问频繁,赏析如一室。无端蒿里,君竟强死。卷中传状所
述,尚多回隐之辞。予欲别撰一文以舒哀焉。附刻乃弟玉叔词
一卷,稍弱矣。(十二月初五日,第 39 册《山桑宧记三》)

五四、春光渐老。诵黄仲则词曰:"日日登楼,一换一番春
色。者似卷如流春日,谁道迟迟。"不禁黯然。(光绪七年三月初
四日,第 40 册《山桑宧记四》)

五五、阅于莲生词稿,爽气殊伦,笔意不俗。(十一月初十
日,第 42 册《山桑宧记五》)

五六、阅《历代诗余》,名氏与《花间》《草堂》多不同,如《忆
王孙》之四时词作李甲、《太常引》之作元妓,则断为《诗余》误也。
(十二月廿二日,第 37 册《岁寒记》)

五七、灯下偶检《乐府雅词》《阳春白雪》阅之。赵闻礼编,
去取有意,胜曾慥远甚,足与四水潜夫《绝妙好词》比肩矣,鼎足
者其凤林书院乎?(光绪八年二月十七日,第 43 册《知非日记》)

五八、读《诗余》至曾纯甫《朝中措》词云"莫问莺花俱老,今朝犹是春风",叹息绝倒。(三月廿九日)

五九、检周止庵《宋四家词选》。皆取之竹垞《词综》,出其外仅二三篇。仆所由欲删定《箧中词》,广朱氏所未备。选言尤雅,以比兴为本,庶几大厥门庭。(四月十七日)

六○、发箧阅诸词选本,可补《词综》者不少。(四月二十日)

六一、阅《诗余》至七十三卷,终不欲厚非《草堂》也。(四月廿二日)

六二、阅《诗余》至八十卷,心如废井,于辛、陆、吴、王乐府,尤多所枨触也。(四月廿三日)

六三、阅《诗余》百卷一过。固多可补《词综》,而《词综》所录未入选者亦不少,如林和靖咏草《点绛唇》最著者,何以遗之。字句校雠与后人补正《词综》处多合。将以五月写《箧中词》始事,或仍曰《复堂词录》。(四月廿六日)

六四、检《绝妙好辞》,校定《词综》补人后二卷,半出周公谨选中。(五月初三日)

六五、校《绝妙好词》。往时评泊与近日所见又微不同,盖庚午至今十三年矣。(五月初四日)

六六、录词,卷一始毕,盖唐五代十国词为前集也。词人次

第字句异同，大抵从《历代诗余》本。（五月十四日）

六七、钞《词录》数纸，亦释笔而起，不能作一事也。夜大雨如倾，南风破窗纸，几案沾湿，起坐忧绝，有陆沉之虑。独坐钞词，灯光欲杀。（五月二十日）

六八、钞词，柳耆卿毕。知其隐秀，即王敬美所谓隐处藏高。千秋毁誉，两不得其平也。（五月廿四日）

六九、审定《词录》，宋词目排定，可缮写，出《词综》外者又十之二。（六月廿八日）

七○、钞词二纸。检《箧中词》，似不在钓月、公谨下也。（八月初十日）

七一、雨止仍寒，不出，钞《词录》，第十卷亦粗毕矣。明词作手仅一湘真耳。阅《听秋声馆词话》，补《箧中词》。丁杏舲云："诗至南宋而极工，然如白石、梦窗、草窗、玉田，皆萧疏江湖，故语多婉笃，去北宋疏越之音远矣。"又曰："宋末人词语馨旨远，浅涉者每视为留连景物而已，不知其忠愤之忱，恒寓于谐声协律中。蒋剑人读玉田《西湖春感》词，谓拳拳故国。集中多题水仙之作，此与赵子固同，意以寓其崖海之思。"从丁氏《词话》中录得明末钱忠介、张忠烈二词，补明人词后，喜如获珠船也。（九月廿二日）

七二、检束群书，无可观览，乃复续写《词录目录》。忽有所触，叙篇亦成。人或曰老生常谈，岂知予固称心而言邪？（九月廿三日）

七三、稚枫有《唐多令·咏燕》一词见赠,寓意隽永。(光绪九年五月初四日,第46册《盛唐治记二》)

七四、唐子愉广文以绩溪汪时甫《藕丝词》见贻。清脆婉秀,固是内家。盖王眉叔之友也。选四调入《箧中续集》,大体皆可诵不易觏者。(九月十六日,第47册《盛唐治记三》)

七五、樵公亡友谢韦庵有《白香词谱笺》稿本,属予校正付刻。<u>网罗亦富,所托未尊,不能追厉笺《绝妙好词》也。</u>[①](光绪十年三月初十日,第48册《甲申日籍》)

七六、阅方东溪《小琅嬛馆词稿》二卷。学尚宋而得其粗,无可讽诵。(五月初十日)

七七、合肥赵对澄野航有《小罗浮阁词》,功力颇深,心思婉密,亦尝染指苏、辛,不徒柔腻。惟以兼治散曲,声味不无阑入,韵杂律疏,未能多诵,录七首入《箧中词》,亦云识曲听真矣。其族孙彦伦懿士有《云无心轩遗稿》,诗律幽蒨,琢句多姚合、许浑家法。填词不多,亦录一首。二赵集,谦斋属审定,阅竟还之。(六月二十日)

七八、校正谢韦庵《白香词谱笺》四卷。先改写人讹字,尚须陈书一一雠定。是书为张樵野奉常权皖臬时属为正定付刻。本非可传之业,以谢君身后,奉常将寄其哀逝之心也。(九月十九日)

---

① 划线句稿本日记无,据刻本补录。

七九、阅《读骚阁词》，颇有思力，趋向似在竹垞。（光绪十一年三月二十日，第49册《乙酉记事》）

八〇、夜得甘剑侯六安书院寄邓懈筠《词钞》，略一展卷，与周稚圭相伯仲也。（五月初十日）

八一、阅邓嶰筠《双砚斋词稿》。情韵不匮，词旨清深，可名家也。（五月十一日）

八二、潘氏刻近人诗词，如第二函之《越三子集》，所谓盆景诗也。孙莲士、陈珊士之填词皆《草堂》之下乘，阅竟无可选者。当时裙屐标榜，颇负时誉，所谓佻染禅悦者也。王孟调才气较清，风骨未遒。（八月十四日，《谭献日记·补录》卷二）

八三、谦斋老去填词，吟安一字，往往倚枕按拍，竟至彻晓。固知惟狂若嗣宗，乃为至慎。予自来合州，与谦斋交，改罢长吟，奚童相望，两人有同好也。（十一月，《谭献日记》卷六）

八四、检校《词录》，与周止斋《四家词选》同者十九，与周稚圭《词录》同者十五而已，以稚圭喜收疏爽小令也。（光绪十二年正月廿四日，第50册《恒春小记》）

八五、王修甫以《学操缦词》示我，笔秀词腴，颇似竹垞也。（二月望日）

八六、亚白携高邮夏君《冬生草堂词刻》见示，录之，盖郭频伽翁之女夫也。山抹微云女婿，先后辉映矣。（二月廿一日）

八七、校阅《类集》诗词又一过，豪竹哀丝，似亦不乖律吕耶？（三月初八日）

八八、舟中诵《箧中词》，尚有讹字，终嫌太繁，数十年内当必有删定者。（四月十八日）

八九、坐清心堂竟日，校蒿庵赋六篇，与予藏稿合乐府前一卷同。予尚有乐府二编一卷、诗三卷，与定本大异，当以定本付刻而补之以他稿。其中有可删者，有必删者。词二卷，手稿写本去留不同，当详加审正。予所藏一册为中白在时寄示，有赋有词。一册为郎君信谷寄来手稿，有乐府二卷、词一卷、庚午以后诗二卷、杂文数篇。一册则自定《蒿庵诗》三卷，倪元卿写本最完，但当续入庚午以后作一卷。词即以子笠写本为主，稍集遗篇，为《乐府诗补遗》《蒿庵诗补遗》《片石词补遗》各一卷。可以传矣。（七月十四日，《谭献日记·补录》卷二）

九〇、阅钱谢庵《微波词》，幽忆怨断，如闻洞箫。"人为伤心才学佛"，真伤心语。（光绪十三年四月廿四日，《谭献日记·补录》卷二）

九一、过边竹潭，借丁杏龄选《词综补》四十卷归阅。丁氏意在备人，补王氏《词综》、黄氏《续词综》所未及，故佳篇不多觏也。（闰四月十七日，《谭献日记·补录》卷二）

九二、录丁杏龄《词综补》。凡王兰泉《词综》、陶凫芗《词综二集》、黄霁青韵珊《词综续编》已收者专不录。用补人补词例，搜辑至四十卷，可谓勤矣。惟以意在补人，不无泛滥。予补入《箧中词续集》者数十篇耳。《听秋声馆词话》所采之词亦有采入

此集者。（五月朔日，《谭献日记·补录》卷二）

九三、昨今审定俞小甫《琼华室诗词》，清丽为邻，亦通比兴。予芟薙颇严，倘以为定写颇难，有佳致也。（九月初四日，第51册《休景记》）

九四、阅常州人词七八家，管贻葄树荃、汤成烈果卿，亦斐然矣。（九月十四日）

九五、校《片玉词》。《片玉词》为丁氏新刻《西泠词萃》本。迈孙校汲古本，是正脱误不少。予病中杜门，更为发箧雠对，与迈孙结习同深。（十一月初二日）

九六、校《片玉词》，尽记《历代诗余》《草堂诗余》《词综》《词律》异同，欲撰《考异》附焉。徐诚庵《词律拾遗》记《历代诗余》异字，有予所校本不异者，岂《历代诗余》有别本邪？（十一月初三日）

九七、夜检《乐府雅词》《阳春白雪》补校《片玉词》。倚声小集，雠对异同，亦如扫尘，旋去旋生。读书真非躁心人事。（十一月初八日）

九八、校《词律》。蒙叔至杭，阻雨不得赴榆园谈，为定《井华词》一卷。婉约可歌，亦二张伯仲间。二张谓韵梅、玉珊也。（光绪十四年二月廿八日，第51册《休景记》）

九九、审定《词律拾遗》。韵梅校语审密固多，臆说亦不少。（四月十六日）

一〇〇、正欲撰《心庵词续集序》,而何介夫舍人来谈,青耜先生以新刻《老学后庵自订词》二卷样本见示、索序,即予所谓续集也。(四月廿六日)

一〇一、审定吴子述《中隐诗》三卷、《中隐词》一卷。诗秀润近弱,有句无篇。词丽而不密,隽而未腴。诗词多为悼亡作。(四月廿八日)

一〇二、点阅《冷痴词》。渔洋所谓鳖斯踢耶?(七月廿八日,第52册)

一〇三、竺潭以蒋剑人《词话》见示。引冯柳东《词律校正》语数条,因检诸家校语,皆已见,惟周清真《荔枝香近》增一"遍"字韵为新得。剑人论词宗旨曰:"以无厚入有间。"此如禅宗多一话头,亦不必可信。(八月廿四日)

一〇四、灯下点定徐仲玉词稿。年少才弱,有句无篇,然往往有清气。(九月三十日)

一〇五、校《词综补》二卷,未刻十八卷写本校毕。意存广收,不暇去取,阅之不快。(十月初九日)

一〇六、校《词综补》四卷。凡已刻十八卷、未刻十八卷,粗犕阅竟。合前见之四十卷,盖全书七十六卷也。意在博采,去取无义例,而舛误、复重尤多。阅竟,颇以为恶札,但记名姓而已。(十月廿八日)

一〇七、复校《词综补》,其例凡王氏、黄氏已选之人注"补词"字,乃多漏注,又所补即原选,复重无谓。中有字句异同,不知孰为善本。至五十八卷以后,未刻之十八卷则全未注,而与黄选重出尤夥。殆难一一厘正矣。(十一月初三日)

一〇八、邓太守以嶰筠中丞词稿见示。一卷为《妙吉羊室词》,一卷为《精进喜庵词》,写定清本,则曰《双砚斋词钞》,有宋于庭叙。似予庚申秋见甘剑侯传写之本即从此清本出也。(十一月初六日)

一〇九、夜审定子珍词稿,曰《兰当词》《湘湄馆词》,凡删存百廿三首。子珍词初学姚大梅,琢词伤于碎涩。庚午以来,予力进以姜、张,词体一变。通籍后,一意清绮,日趋平正,有陈西麓、方千里一流笔意,似又一变也。(十一月二十日)

一一〇、跋《双砚斋词》。盖邓督部填词以是为定本,宋于庭序之,窃谓忠诚悱恻,咄嗟乎骚人,裴回乎变雅。"将军白发"之章、"门掩黄昏"之句,后有论世知人者,当以为欧、范之亚也。(十一月廿七日)

一一一、迈孙又携余澹心手稿《玉琴斋词》,有梅村、西堂题识,又有顾千里、孙伯渊跋语,皆手迹。今年多见名籍,可喜可豪。(光绪十五年正月初八日,第53册《冬巢日记》)

一一二、阅诸迟菊《璞斋集》活字本。诗翔雅,词俋俋较胜。有《渡江云·大观亭》和予一调。(二月廿九日)

一一三、得蒙叔书,寄孔广渊莲伯《两部鼓吹轩诗余》,属入《箧中》之选。词亦朗诣,然眼光只在乾嘉间,于先辈颇近屠琴

坞。录三词于此。（三月初十日）

一一四、日来以《六十一家词选》校《复堂词录》，略竟一过，颇有异同。毛本所据殊多可取。（三月十三日）

一一五、审定宗山啸梧遗稿，诗一卷，词一卷，散曲一卷，杂著一卷。予闻宗君名氏由《侯鲭词》。又以募刻《瓶水斋集》，信为风雅好事，比谢病回里，以为君方需次，必可晤语。五家中吴晋壬为三十年旧友，时正笮榷处州，未握手而邓笏臣、俞小甫、边竺潭先后内交。宗君则已逝世。予叙《重刻瓶水斋集》已悼君伤谢。今为阅校遗文，叹其诗篇秀逸，词旨遥深，杂著文外独绝，言之有味。且嗣宗至慎，颇有见道之语，益心仪其人。不识君九地精灵亦知有此不谋面之知己否邪？（四月初七日）

一一六、审定俞小甫《璚华室词》，雅令夷婉。无腻碎粗恶之病，可传可选。（四月初十日）

一一七、今日见倪米楼嘉庆十九年日记手书一册。文采斐然，想见承平年湖海之士跌宕风流，亦太自喜。填词入妙，此卷内有《云林庵词》所未载者。（四月二十日）

一一八、作札与迈孙，以《瘦碧词》二卷见示，为铁岭汉军郑文焯叔问孝廉作，为兰坡中丞子，号小坡者，易实君序之。（四月三十日）

一一九、蒙叔寄示王四篁《赏眉斋词》，云是周保绪弟子，以示俞小甫，不以为作家。今日阅之，平直而入于钝，盖不欲为侧艳，而实无才韵，得师说之皮毛者。（九月初五日，《谭献日记·

补录》卷二)

一二〇、番禺叶南雪太守衍兰介许迈孙以《秋梦庵词》属予读定。绮密隐秀,南宋正宗。于予论词颇心折,不觉为之尽言。(重九日,《谭献日记》卷八)

一二一、孙月坡选《绝妙近词》三卷,多幽澹怨断之音,可以当中唐人诗矣。(《谭献日记》卷八)

一二二、闽中《聚红榭雅集诗词》倚声似扬辛、刘之波,惟枚如多振奇独造语,赞轩较和婉入律。(《谭献日记》卷八)

一二三、汉军文焯叔问《瘦碧词》,持论甚高,摛藻绮密,由梦窗以趺清真,近时作手颇难其匹。(《谭献日记》卷八)

一二四、审定《樊山词稿》。本朝家数,遂撮竹垞、频伽之长。(光绪十六年二月廿七日,《谭献日记·补录》卷二)

一二五、点定徐生仲玉杂稿,填词婉约有度,诗篇直干,骈俪凡近,不见体势,亦鲜情韵,非所能也。(光绪十七年正月十九日,第 54 册《云鹤纪游续录》)

一二六、程子大来取别,云阅日将行,自金陵赴京兆秋试,有《齐天乐》题予《箧中词》,《摸鱼儿》题予《填词第六图》,皆工。(五月初五日,第 55 册《云鹤纪游三录》)

一二七、临桂况舍人夔笙周仪过访,前日竹潭已绍介矣。深坐谈艺,正究心倚声之学,刻《薇省同声》,为端木子畴埰、王鹏

运幼遐、许玉瑑鹤巢及夔笙,于南宋名家亦能出入矣。(九月廿四日)

一二八、过答况周仪夔笙,不值。贻以诸词刻,并以《忆云词》借钞,并昨携之《绝妙近词》《复堂词录》,亦鸥借也。(九月廿六日)

一二九、出过况夔笙谈,见秀水女士钱斐仲餐霞《雨花庵诗余》一卷,婉约得宋人流别,附词话,殊朗诣。(十一月朔,第56册《余冬序录》)

一三〇、作札与夔笙,以《箧中词》印本二赠之。下稷夔笙来,谈久,携孙月坡《七家词选》钞本、《佩蘅》《寄龛》二词刻去,留《梁溪词选》钞本,又苏栩谷词稿钞本借观。(十一月初七日)

一三一、钞《箧中词续》第四一卷,已将十家矣。此事亦未能卒业。(光绪十八年七月十四日,第19册《周甲记》下)

一三二、阅章次白《梅竹山房诗词》,并乃父章坤静山《桐阴书屋集》,有沈赤然梅村序。次白诗则魏滋伯、钱楞仙、盛时霖序,序其词者张韵梅也。次白广文诗安雅超旷,是南宋以来杭州士风,犹是浙西六家余绪,绝无伧父面目。词亦秀腴如其诗,于滋伯、仲甫二老有同声之应也。静山诗简远有范、陆遗风,此广文家学所自出。(八月初二日)

一三三、审定亡友沈子佩昌宇《泥雪词》,录存九十首,选二首入《箧中词》。才人失职,触绪皆商音也。(十月初五日)

一三四、阅子大所撰《十键词》一卷,甚有雅远之韵。(十一月十三日)

一三五、王梦薇有《彩鹤词》遗稿,生硬,非当家,不足存也。六桥《粉云庵词》,清婉是其本色,浅直犹初入手耳。(十二月初三日)

一三六、翻阅《秋梦庵词》。七十老翁,旖旎风华,不露颓脱。此翁自少壮以来殆专以倚声为寄者也。(光绪十九年正月初十日,第 20 册《癸巳日记》)

一三七、为徐生定词稿。渐洗凡艳,盖得力于程子大矣。(二月初八日)

一三八、星海又校《词录》一册来,欲补录白石《凄凉犯》《醉吟商》《霓裳中序第一》,稼轩《卜算子·寻春作》《感皇恩》,此可谓赏奇析疑之友矣。(四月十七日)

一三九、叶兰台属选《岭南三家词》,为沈伯眉、汪玉泉及兰翁,今日始就。审定圈识,写目录将寄去越华书院。沈为《楞华馆词》,汪为《随山馆词》,叶为《秋梦庵词》。(八月初十日,第 21 册《燕支小录》)

一四〇、得常州刘炳照光珊吴下留园来书,即初四电询予行踪者也。寄新刻《留云借月词》五卷来,索序。展卷已有晋壬、曲园、淮生、孟蜚四序,又有盛、庄二跋,又远索弁言,是亦不可以已乎!(光绪二十年二月十三日,第 22 册《甲午日载》)

一四一、叶南雪以《词续》寄我。鲜妍修饰,老犹少壮,寿征也。予愧之。(二月廿二日)

一四二、渡湖,解装榷署,晤爽秋谈。知华亭沈祥龙约轩授诸郎读,其子子刚亦在是。约斋闻声卅余年,客中相见,殊快。纵横谈艺,头没杯案。(五月初十日,第23册《午纪》二)

一四三、阅湘中六家词,以长沙张祖同雨珊《湘雨楼词》为冠,婉丽妙远,言辞相副,又当补入《箧中词续》矣。(六月初七日)

一四四、昨蓝洲以樊云门新刻《樊山诗词》示我,盖除夕寄至,简蓝洲索序于我。翻帣略竟。诗二十卷、词二卷,情文并至,略患才多。李莼客与袁爽秋合评,品题悉当,无以易之。云门庚午以后,严与浙中同人切劘,故陶子珍辈沉潫无间。京尘数载,师莼客,友陶、袁。予与蓝洲应求且二十余年,近年鄂游,共昕暮,益观其深文学吏治,盖畏友也。子珍久逝,莼客新谢宾客,吟樊山有韵之文,盍禁黄垆之哭邪?掩卷喟然。(光绪二十一年正月初三日,第24册《驯复记》)

一四五、得叶南雪粤华书院寄星海函,属予先阅,盖以沈伯眉、汪玉泉及南雪词属予选定,将刻三家词也。卷中先有张韵梅、玉珊两君钤小印记选,予继之,大同小异耳。(三月初三日)

一四六、得刘光珊书,寄阳湖徐佑成涵生《补恨楼词》、武进李祖廉绿茹《怀青庵词》。徐、李皆阳羡少年,好绮语,阅之有朝华未实之叹。(十一月初六日,第25册《丙申余记》)

一四七、阅谦斋词,怀离叹老,法然已涕。病中心绪往往至

此。（光绪二十三年七月廿一日，第 33 册《迎阳二记》）

一四八、阅《姜露词》，未加墨。折衷南宋，亦深美而未尽闳约之量。方展冒鹤亭词，赏其有得于幽忆怨断之音，欲为论定，而魏孝廉汝骊札来索还，遂以归之。（十月廿三日，第 34 册《迎阳三记》）

一四九、阅成櫂渔《栖真室文诗词稿》。文规格老成，诗才闳肆。倚声婉秀，固隽才也，然文当进之深厚，诗当进之沉澹，词当进之幽远。如相见，当面论之。为碉民审定《姜露词》，加墨，于南宋佳章，望尘可及矣。（十月廿七日）

一五〇、丹徒友人李恩绶亚伯寄陈廷焯亦轩《白雨轩词话》附所作诗词来，盖严事中白，《词话》中奉为正宗，而以予附配，以为同声者也。持论坚卓，自撰亦雅韵有神，惜年四十以乙科终。见其遗书，已不及遥申商榷矣。（光绪二十四年四月十九日，第 26 册《戊戌三月以后记》）

一五一、审定《睫巢词》，当行，未出色。继武家风，尚待进境。（六月廿一日）

一五二、重阅陈亦峰《词话》，以沉郁为宗旨，固人间精鉴也。（七月廿六日）

一五三、昨筱甫以近稿见质，晨起阅之，诗胜于词，抑词难于诗，如亦峰所言耶？（七月廿七日）

一五四、《箧中词》未见之王西御《秋莲子词》，今时甫寄旧本

至。婉约有深韵，当续采。（九月廿九日，第 27 册《后履霜记》）

一五五、《箧中词》于江南名家有未见者，汪时甫寄王西御《秋莲子词》，缪筱珊刻董晋卿《齐物论斋词》。两日来补选入录，此事亦未已。（十月初八日）

一五六、阅丹徒陈廷焯亦峰丹崖孝廉《白雨轩词话》。推见本末，洞达正变。倚声乐府有此旷古之识，于流别一一疏证，与予夙论同者十之七八。盖此君深契中白，推为正宗，因于复堂亦为不谋面之知己。乃一举于乡，蕉萃早世，年尚不逮中白，可悼叹也。（十二月十六日）

一五七、检《箧中词》前后今集，证之陈氏，所论多合，益惜未得接席深谈耳。（十二月十七日）

一五八、阅《半情居集》毕。填词修洁，杂文老成，皆有师法。（光绪二十五年五月廿五日，第 27 册《后履霜记》）

一五九、黄晓秋《瓦缶雷鸣诗》四卷、《欸乃余曲词》二卷、《无隊积谈》一卷，阅一过。诗篇出入中唐及明七子间，朗婉有才思。填词超超，丽俊而有神韵，殊胜于诗。条举杂志，持论骏雄，意仿子家。诗词皆后胜前作，年方三十，进境正未可量。集名失雅，当讽其改定。（七月初九日，第 28 册《望秋记》）

一六〇、得刘语石书，寄近作词五阕，多长调。此君于此事可谓当行。（七月十三日）

一六一、郑由熙晓涵《莲漪词》二卷刻本，昨余太守诒示，丁

亥戌子间曾为删定,有跋识数行。(七月廿二日)

一六二、黄晓秋示以《南浦》新词,秋雨述感,殊欲写仿复堂也。(七月廿五日)

一六三、前日榆园以吕定子遗稿诗词亦属审定,词曰《鹤缘》。诗格老成,词笔婉约,皆可观。(九月望日)

一六四、阅裕贵乙垣礼郎《铸庐诗剩》《词剩》,腴净安雅。(九月廿二日)

一六五、审定胡右阶诗词一过。其自言不以清废丽,亦不以丽废清,志之所在。予将序言,亦勖其即以此为成就、为印证。填词未尽曲折,可诵者少。(光绪二十六年二月十六日,第 30 册《庚子春华》)

小　结

稿本《复堂日记》作为谭献书写的一部"我史",其内容并不是用备遗忘的"流水账",而是一部用心经营的"百科全书"式的资料丛集。其中不仅呈现了作为晚清一般士人的生活琐细,还展现了其人日常诗词创作的原始样貌及历时性过程。以稿本日记作为文学发生的场景,在谭献填词研究上,至少能取得以下三个方面的突破:一是以稿本《复堂日记》所录填词作为基础,对谭献现存词作进行一番辑佚、考校与编年,为学术界提供一个最完备的《复堂词》版本;二是根据日记中对于《箧中词》编选过程的持续性记载,可以细化其成书历程及词集来源等相关问题,为考察晚期词学选本的生成提供一种最直观的方式;三是通过对稿本日记中词论、词评的系统梳理,对以往依靠刊本日记辑录的词话文本,重新语境化,回归到当时写作的具体的情境中,弥补因重组、改编而造成的时间缺失及文本断裂,同时也对某些漏收的词学批评史料,加以增补,以期新辑《复堂词话》。

当然,稿本《复堂日记》中与谭献词学相关的史料远不止这些,通过日记与文学的互涉来拓展专人研究,也绝非增添一点新文献那么简单。当"以诗词入日记"成为一种写作模式,特别是当诗词作品与日常史事交相杂录时,一部日记,完全可以看作是一部个人的文学编年史。在晚清,这样的日记并不在少数,如李慈铭《越缦堂日记》、袁昶《渐西村人日记》、王诒寿《缦雅堂日记》、沈景修《蒙庐日记》、王继香《王子献先生日记》等,均是在日记中大量载录日常诗词及文学交游的典型。尤其值得玩味的是,此数人不仅生当同时,且同属一地,日记中的文学活动存在大量交叉。如果将此类极富文学场景的日记文本,加以比照、拼合,其所呈现的又将是一部独特的晚清浙江文学小史。蒋寅曾在《进入"过程"的文学史研究》一文中说道:"当我们面对文学史上的具体时代时,并不是所有对象都为文学史的过程研究提供了可能。……只有到明清,丰富的历史记载几与档案相埒,而同时档案也最大限度地充实了历史记载,我们才得以从容揭开时间的帷幕,走进文学事件和义学史情境中去。"①而日记所呈现的文学史细节,又非其他任何一种史料所堪比拟的。当然,探究稿本《复堂日记》与谭献填词的互文与交涉,只是尝试以日记反观文学、以"历史文本"印证"诗学文本"的一个个案。将更广泛的日记文本纳入到文学史的考察中去,则还有待于将来。

---

① 蒋寅《王渔洋与康熙诗坛·代序》,凤凰出版社,2013年,第1—2页。

第三章 稿本《复堂日记》与谭献书籍、金石活动钩沉

日记,作为一种严格遵循"排日记事"的特殊文体,如果其内容足够充实,当可成为考察个人日常书籍、碑帖收藏的绝佳史料。谭献作为晚清著名词人、学者,一生博极群书,世所通行的十一卷本《复堂日记》即是其"为书籍的一生"的传神写照①。但遗憾的是,刊本《复堂日记》所呈现的,大多只是其人读书、论学的条理化记述,至于书从何处来,则往往阙如。另外,谭献生平虽不以金石学著称,但《非见斋审定六朝正书碑目》《仁和谭氏考藏碑刻墓志题名录》等几种传世书籍的存在,似乎足以证明,其人也曾积极地参与到晚清金石学风潮中去。只是这些内容在公开的文本中多被隐去罢了。本章有意于通过稿本《复堂日记》这一未经剪裁的原始文本,以期再现谭献书籍购藏及金石交游的现实场景,澄清某些一直以来悬而未决的问题。

第一节 一个晚清普通士人的藏书量

谭献生平不以藏书名家,故叶昌炽《藏书纪事诗》、王謇《续补藏书纪事诗》俱不列其名。直至伦明续为《辛亥以来藏书纪事诗》,始将其纳入。诗云:"马总书携半部回,汪中述学没尘灰。平生矫矫西京学,不保江都一玉杯。"②所述仅及谭献所刻《意林》、所评汪中《述

---

① 范旭仑、牟晓朋《整理后记》,见《谭献日记》,第 427 页。
② 伦明《辛亥以来藏书纪事诗》,第 20 页。

学》、所编《春秋繁露》等两三种而已。至于谭献藏书的总体规模及其具体来源,则囿于本书体例或史料的不足征而未曾言明。其《复堂日记》所云:"近日排类书簏,大小八十具,阅三旬而始毕。凡万二百册,重复近二千册。"①虽可见其藏量之一斑。但此中所反映的,只是光绪十七年(1891)以前的藏书规模,距谭献去世的光绪二十七年(1901),尚有十年之久。此后的十年间,谭献的藏书规模又有怎样的变化? 由于相关史料的缺失,特别是通行本《复堂日记》内容的不完整,对于谭献藏书最终规模、具体来源、收藏特点及藏书利用等方面的问题,依然缺乏全面而深入的探究②。

一、谭献的藏书规模与书籍来源

谭献生处人文荟萃之区,平生又广泛涉历北京、福建、江苏(含上海)、安徽、湖北等地,所到之处,必勤加搜访各种已刻、未刻之书。但有关其访书、购书的具体情形,在通行本《谭献日记》中并没有得到全面的反映。目见所及,刊本所记仅有陈奂校本《管子》、王士禛《带经堂全集》、仿宋本《十三经注疏》、小字本《易林》、何焯校本《水经注》、仿宋本《仪礼》、章学诚《文史通义》《校雠通义》(残本)、明刻本《通典》《通志略》《文献通考》、元刻《通志》(残本)、胡承诺《绎志》、吴嘉纪《陋轩诗集》、黄承吉《梦陔堂诗集》、仿宋严州本《仪礼郑注》、余萧客《古经解钩沉》、牛运震《金石图》、汪中《述学》、丁晏《曹集诠评》、阮元《畴人传》、严衍《资治通鉴补》、影宋刻《管子》、赵一清《水经注释》、王先

---

① 《谭献日记》卷八,第 180 页。此条所记在藏书数量上小有差异,据稿本,此为光绪十七年十二月廿二日所记,日记云:"今日排定书簏八十,凡万九十六册,重复近二千册。然板刻不同、校注有异者,亦不为重也。"(第 56 册《余冬序录》)

② 关于谭献的藏书情况,目前所见仅杨汉荣《谭献藏书考略》一文,此文从藏书来源、藏书活动两方面对谭献的藏书状况作了简单的梳理,但由于所见仅为刊本日记,故对于相关问题并没有得到很好的解决。

谦《续古文辞类纂》、汲古阁本《汉书》、范望《太玄经注》、傅廷标《螺斋诗钞》、李秉礼《韦庐诗》、《初唐四杰集》、许奉恩《里乘》、林则徐《林文忠公政书》、蒋宝龄《墨林今话》、孙星衍《平津馆读书记》、雷浚《说文引经辨例》、朱骏声著述五种等四十余种而已，且大多时间、地点不明。而稿本日记的发现，正可以考定谭献藏书的大致规模及其具体来源。

稿本日记所见谭献较为密集的书籍购藏，以寓居福州期间最为突出。谭献以同治元年闰八月初三日由龙岩州再至福州，寓居徐庆勋（芝泉）署中。至初六日，即有游览书肆、访求遗籍之事，当天日记云："游书肆，取吴汉槎《秋笳集》一种，买《唐文粹》一种。"（第2册《甲子日记》）此后购书事日见记载，而其中又以同治三年最为集中，如：

> 饭后偶出，于书估故纸中觅得章实斋先生《文史通义》《校雠通义》，《文史》仅少一二纸，《校雠》缺三篇。不胜狂喜，与得《晋略》同。……又觅得《鬼谷子》秦氏刻本，甚精。又汲古阁刻《急就篇》，郝皋兰所著《补宋书表》诸篇一册，冯钝吟诗一册，《书余》一册（皆钟鼎文字也）。（四月十八日）
>
> 同凤洲历诸书肆，购得臧玉林《经义杂记》一种，持归。（六月十七日）
>
> 过诸书肆。……今日购得程荣刻本贾谊《新书》、范士楫选《历代诗家》。（十月廿二日）
>
> 历诸书肆，归，定议购《通志略》《钱志》《钱氏地理志校正》三书。（廿九日）
>
> 过诸书肆，购《史通削繁》《毛诗传笺》《宋诗选》《列女传》等书归。（十一月初二日）
>
> 晨起出过书肆，归。……予购《握机经纬》及《孙子十家约注》，不知何人手钞本，十家注有吉天保一序，而注不全。（十一月二十日）

饭罢出，历诸书肆。购得宋本《中说》三册，又购得《中论》《盐铁论》《孔丛子》《新论》等，盖《汉魏丛书》零种也。（廿八日）

过卧老，同出，历诸书肆。买得徐彝舟太守《小腆纪年》《读书杂释》《未灰斋文集》，又买得江承之《易变表》，虞氏易言、易候、易礼，为王捷南刻本也。（三十日）①

根据日记所载购藏书目，同治三年，谭献共购得各类书籍88种。而自同治元年闰八月至同治四年三月的两年多时间里，所得书籍总数则为112种。其中包括宋本《中说》、钞本《握机经纬》、《孙子十家约注》以及大量的明刊本。除书肆所购外，谭献作为周星诒购藏陈氏书籍的"中间人"，在往复商洽中亦颇有所得：

过诚庵，晤星村，购成书数种，列后：《毗陵志》《义门读书记》《空同集》《六艺流别》《蜀汉本末》《金石例综》、北江《左传诂》、《北堂书钞》。（同治三年十月廿一日）

今日始与陈星村定议，袁、顾校本《隶释》归我，近日一乐事也。（十月廿五日）

星村来，以吴西林《临江乡人诗》赠我。（十一月初十日）

星村来，以书质者：宋刻《乐书》、元刻《礼书》、元刻《国策》、《淳熙三山志》《荀子校本》、《绛云楼书目》吴枚庵校注本、《宝刻类编》《建炎以来朝野杂记》《赵刻水经注》。（十二月十三日）

星村来，购得《白虎通》《风俗通义》，皆大德刻本也。（二十日）②

陈星村以《中州金石考》《集古录跋尾》二钞本、《广韵》刻本贻我。（同治四年二月初七日）③

---

① 谭献《复堂日记》，第2册《城东日记》，稿本，南京图书馆藏。
②③ 谭献《复堂日记》，第3册《城东日记》，稿本，南京图书馆藏。

据以上梳理可知,谭献所得陈氏藏籍有:《广韵》、旧钞本《隶释》、明大德本《白虎通》、应劭《风俗通义》、《毗陵志》、何焯《义门读书记》、黄佐《六艺流别》、赵居信《蜀汉本末》、冯登府《金石综例》、洪亮吉《春秋左传诂》、虞世南《北堂书钞》、李梦阳《空同集》、吴颖芳《临江乡人诗》、抄本黄叔璥《中州金石考》、抄本欧阳修《集古录跋尾》等十五种,其中后三种为陈树杓所赠。当然,这只是日记中有明确记载的部分,从"近日吾与季贶深得其副"的言论来看,所得或不止此。如陈奂校本《淮南子》,早年日记中仅见誊校记录,并未言明何时购藏,但据光绪十三年十二月十三日日记所云:"往在闽中,得陈硕父征君手校宋本《淮南书》,珍为鸿宝。二十年中,周季贶、戴子高、赵㧑叔、陶子珍、孙仲容皆传写一本。"(第 51 册《休景记》)可知此书确为谭献所有。同治三年除夕,谭献排检书箧,得书 913 册,其中大部分当是此数年间所得,而这部分藏品正构成了谭氏藏书的基础。

自同治四年(1865)三月返里至光绪十七年(1891)的二十六年间,谭献常往返于杭州、苏州、上海、北京之间,所得益富。其同治十三年(1874)正月廿三日日记云"检书杂阅,算书目已得三千三百余册"(第 14 册《南园日记》),可知较同治三年以前又有数倍之增,至光绪十七年,藏量已由三千余册激增为 10200 册(重复近二千册)。这新增的数千册藏书主要又是通过何种途径获得的?今以稿本日记为据,将此二十余年间谭献所得书籍情况,以时间为次,排比如下:

表一 稿本日记所见谭献购藏、获赠书籍分年统计表

时间	购藏	友朋寄赠	时间	购藏	友朋寄赠
同治四年	3	4	光绪五年	10	8
同治五年	4		光绪六年	1	5
同治六年	3	4	光绪七年	5	8
同治七年	8		光绪八年	2	15

时间	购藏	友朋寄赠	时间	购藏	友朋寄赠
同治八年	19	4	光绪九年	3	8
同治九年	24	1	光绪十年	3	7
同治十年	4	7	光绪十一年	6	4
同治十一年	2	5	光绪十二年	1	7
同治十二年	1	12	光绪十三年	4	12
同治十三年	4	3	光绪十四年	10	15
光绪元年	15	9	光绪十五年	1	23
光绪二年	5	9	光绪十六年	6＋	9
光绪三年	3	19	光绪十七年	3	24
光绪四年	8	17			
总计	103	94		55＋	145

　　据以上梳理可知,此二十二年间①,谭献所得书籍总数为 397 种。主要来源于日常购买和友朋赠予两个方面,其中出自购藏者 158 种有余,来自友朋寄赠者有 239 种。光绪八年以前主要出自购买,而其中又以同治八年、同治九年为最多。谭献以同治七年委署秀水教谕,故此后二年常往返于杭州与嘉兴之间,所得愈多。同治七年六月十二日日记云:"两日排类藏书十二箧……为书一千三百六十余册。"(第 17 册《计谐日录》)可知从同治四年三月至同治七年六月的三年间,藏书仅增四百余册,而同治七年六月至同治十三年的四年半时间里,却增加了近两千册。这与上表所显示的数据也基本吻合。

―――――――――

　　①　此二十六年间,有同治十一年九月至十二月、光绪五年七月至光绪六年八月、光绪十一年七月至十二月、光绪十二年七月至光绪十三年八月十五、光绪十五年七月至光绪十六年九月等数段日记缺失。

但谭献所购书籍,向来以常见、新刻之本为多,此二十余年间所获,亦仅吴颖芳《说文理董》(一册)、汪家禧《正气阁志》二卷①、臧镛堂《韩诗遗说》、胡祥麟《虞氏消息图说》稿本、戴名世《南山集》八卷钞本、传钞本《绛守居园池记注》及焦循旧藏《畴人传》等较为难得。光绪八年以后,所购书籍数量日减,至光绪十七年的十年间,不过三十余种而已。光绪十七年以后,谭献在书籍购藏方面,似乎已完全失去兴趣。自光绪十八年至光绪二十七年六月,这将近十年的时间里,日记所见谭献主动购藏的书籍,仅江沅《染香庵集》一种②,其他均出自友朋寄赠。其中光绪十八年为 27 种、十九年为 16 种、二十年 7 种、二十一年 25 种、二十二年 2 种③、二十三年 12 种,二十四年 14 种、二十五年 20 种、二十六年 16 种、二十七年 2 种,所得凡 141 种(以集部新刻为主,丛书三种)。

当然,除日记所载外,在谭献与友朋的来往书信中,也经常会有关于书籍购藏的信息。如《汪康年师友书札》所收谭献致书 41 通,其中颇不乏嘱为代购的记录,如:"兄与灏兄回杭,乞代买书局所刻抚本《礼记》一部,又康君《广艺舟双楫》,尚可得一二分否? 并希一询。""《中东战纪》、《时务新论》求购寄,价亦由佑圣观奉缴,千万勿忘。"

---

① 丁丙《八千卷楼书目》卷五史部传记类著录有《正气阁志略》一卷,抄本,不著撰人名氏。不知与谭献所藏是否同为一书。

② 其间谭献曾嘱他人代购书数种,如光绪十八年五月十三日日记云:"阅薛叔耘京卿《出使日记》六卷。……方欲要删二三十则入《复堂日记》。此本借迈孙,书阅竟还之,已函致孙生购寄矣。"(第 57 册《周甲记》)又光绪二十一年六月十四日日记云:"作寄笘仙苏州书,属购张氏《仪礼图》鄂刻二分,以课幼子童孙。"(第 24 册《驯复记》)光绪二十五年三月十三日:"梦庚于上海购寄《翼教丛编》"(第 27 册《后履霜记》),六月二十日:"子衡来谈,交蔼人购寄《幼学求源》《驳康书札》二种。"(第 27 册《后履霜记》)

③ 光绪二十二年正月至六月日记缺失,故此处所统计仅为下半年所得。

"恳代购《明夷待访录》二分,千乞。"①但所购多为新出零本。也就是说,谭献的藏量在此前"万二百册"的基础上并没有实质性的增长,谭献的最终藏书规模,当在一万五千册上下。

谭献在书籍购藏上虽不着意搜藏珍本、秘本,但也不乏精刻名钞。以稿钞校本而言,即有《韩诗遗说》《说文理董》《隶释》、《管子》(陈奂校本)、《淮南子》(陈奂校本)、《孙子十家注》《握机经纬》《中州金石考》《集古录跋尾》《正气阁志》、《卿云二集》(汪孟慈读本,汪中、董士锡、周济校)、《南山集》《阮亭诗余》、《词辨》(张鸣珂传抄本)等,又有明刊《春秋谷梁注疏》《管子》《淮南子》《商子》《晏子》《鬼谷子》《司马子》《化书》《关尹子》《黄石公》《白虎通》《风俗通义》《圆觉经》《通典》《通志》《文献通考》《草堂诗余》等。谭献殁后,藏书流散,伦明《辛亥以来藏书纪事诗》于此有所述及,其中有语云:"光绪末,余居粤,闻先生已殁,遗书渐出。适马夷初旋杭,因托访之。夷初仅于冷摊得先生刻《意林》一册……余游杭州,入某书店,见架底有《述学》二册,细审之,乃先生评点本也。"②然所见亦不过是只鳞片爪而已。至于散出历程及具体时间,则以《符璋日记》所载为最详,其宣统二年二月初十日日记云:"答拜丁修甫,谈良久,云谭复堂藏弄之碑版、书籍均散佚。"③又民国八年六月十九日日记云:"费恕皆云,谭仲修五子皆不大识字,书已尽数押出,只得八百元。"④丁修甫即丁立诚,为丁申之子;费恕皆则为费丹旭之子,浙江湖州人。二人均为浙人,所言当有所据。

二、谭献的藏书理念与书籍分类

谭献作为晚清著名学者、文人,一生博极群书,这一点从刊本《复

---

① 《汪康年师友书札》,上海书店出版社,2016 年,第 2948、2960、2961 页。

② 伦明《辛亥以来藏书纪事诗》,第 20 页。

③ 符璋著,陈光熙点校《符璋日记》,中华书局,2018 年,第 363 页。

④ 《符璋日记》,第 720 页。

堂日记》中即可见一斑。但其人好书而不佞书，又因亲历东南兵火，见故家文献零落如烟云，故不以搜求异本、珍本为贵，但求能读、有用而已。如同治二年寓居闽中期间，得见何元锡旧藏影宋钞本王象之《舆地纪胜》，上有钱大昕、钱仪吉等名家题识印迹，且书贾索价不高，而谭献竟以"予素不喜此等书"轻轻放过①。但于故纸中搜得章学诚《文史通义》《校雠通义》残本时，却狂喜不已②。即此一例就可见其藏书取向。另外，谭献在日记中也多次表明自己的藏书理念，如同治五年任诂经精舍监院时，蒋益澧捐书一千三百册于书院，谭献即有"诸生能读，即为通儒，何待搜奇秘哉"的言论③。又同治三年十一月初十日日记云："近得之书皆常本，至版刻不精，纸墨漫漶阙叶，手抄补完。吾辈读书，比之温岐言有孔即吹，予读书，有字即佳耳。"（第2册《城东日记》）至排检所藏书籍时，更是时常以子孙"能读"为宗旨。如："检书杂阅，算书目已得三千三百余册，但求能读，不期多矣。"（第14册《南园日记》）"编排箧书，得万册，除重去复，可七八千册。儿辈能读，何必不为通儒，岂必以兔园册子、无奇秘为寒陋哉？"（第56册《余冬序录》）又"今日排定书箧八十，凡万九十六册，重复近二千册。……子姓能读，何必不为通儒，非藏书家，不可谓非读书室耳。"（第56册《余冬序录》）当然，谭献在日常中亦践行这一标准，所购或所誊抄之书，多转化为撰述及校勘之用。如所得陈奂校本《淮南子》、所誊校陈诚庵藏活字本《春秋繁露》，均为日后写定《董子定本》、撰写《淮南鸿烈解举正》所取资④。

　　除藏书不有意搜求珍本外，谭献还有书不求备的一面，这一点从

<hr />

①　《谭献日记》卷一，第12页。

②　《谭献日记》卷一，第19页。

③　《谭献日记》卷二，第34页。此为同治五年二月初六日所记。

④　《董子定本》二十篇，稿本今藏浙江大学图书馆。《淮南鸿烈解举正》一册，今存王氏学礼斋钞稿本，复旦大学图书馆藏。

日常所读多出借阅上可以看出。如同治十年至同治十三年,虽两赴京师,日游厂肆,但所购不多。其间寓居朱学勤处,前后借阅书籍达数十种之多。如三月初四日一次性借观书目即有《一切经音义》《潜研堂金石目录》《寰宇访碑录》《寰宇访碑续录》《武虚谷金石跋》《国朝先正事略》《湘烟小录》《铁桥漫稿》《瓶隐山房诗词集》《程春海集》《卢雅雨集》《甘泉乡人稿》《湖海诗传》等十余种①。谭献在书籍的购藏上虽遵循书不求备、书不求奇的宗旨,但在所藏的万余册图籍中,也能看出其"知识"好尚。在其主动访求、购买的 267 种书籍中,经部有 61 种(含《十三经注疏》《学海堂经解》),史部 56 种,子部 47 种,集部最多,有 88 种之多,几乎占了所购书籍的三分之一。故谭献也曾多次在日记中感慨,如光绪元年九月十八日日记云:"游各书肆,买得《陋轩诗集》《梦陔堂诗集》。予已深厌别集,而入市无可求索,又收诗文。"(第 41 册《秋泛日录》)光绪十六年十二月初七日日记又云:"尔日心目间别集几塞天地,稍稍厌之。不欲多收,徒使小屋无容处。"(第 36 册《天都宦记》)但也正是有如此储量丰富的别集,方才成就了谭献的集部之学。

对于所得图籍,谭献亦曾编有书目。据稿本日记,谭献最早编定书目在同治三年除夕,日记云:"编书目,凡九百十三册耳,金石拓本目,百余种。"②同治七年六月十二日重为编排,至光绪初年始最后编定,并邮寄庄棫,嘱为撰序。光绪三年十月三十日日记云:"得中白书,寄回书目,撰序甚佳。"(第 34 册《天都宦记》)此序今存《蒿庵文集》卷六,其略云:

余谓仲修习章氏之书,宜以章氏之言为次焉。首阴阳家,

①　谭献《复堂日记》,第 11 册《金门日录》,稿本,南京图书馆藏。
②　谭献《复堂日记》,第 2 册《城东日记》,稿本,南京图书馆藏。谭献雅好金石,所编金石目录,今上海图书馆藏有一种。

《周易》为之冠，余凡隶阴阳家言属焉；次及于《春秋》《史》《汉》以及后世史书入焉；次又及于礼，《礼》为之首，凡通于礼者附焉；次及于乐，诗者乐之属也，《诗》为主而诗集附焉，词亦附焉，舍乎诗不得言词也；《书》为典谟训诰，后世奏议附焉，从其类也；若乃序中所云《通典》《通志》，宜特出一类，书钞之类属焉。乾嘉以来，丛书叠出，不妨于众书胪列之后，专举其名，是又微显阐幽之一道也。余憒昧人耳，既论其源流，不复排比其次序。仲修以予言为然，其留存之为后来子弟导先路也。抑深愿仲修之子与余之子得闻此论议也。[①]

序中所言乃庄棫为《复堂书目》分类所提供的建言。据同治七年(1868)谭献所定书目，并未有严整的分类体系，而是将箧中所存，依《太史公自序》"厥协六经异传，整齐百家杂语"十二字编排，类似于一般性的排架书目。这种分类方式，对于藏者本人而言，或极便于检索，但与章学诚所谓"辨章学术，考镜源流"的宗旨却相距甚远。庄棫与谭献交好，深知谭献的学术取向，故以章氏之说为准，向谭献提出以阴阳、史、礼、乐、书、书钞、丛书为体系的七部分类法。欲由四部返归《七略》，一直是章学诚的理想，其《和州志艺文书例》云："六典亡失而为《七略》，是官失其守也；《七略》亡而为四部，是师失其传也。"[②]而只有回到《七略》，才能达到"法具于官，官守其书"的官师合一状态。谭献一生服膺章氏之学，其所拟撰《学论》，正以"天下亡私师，天下亡私书；人材毕出于学，国政皆闻于学"为大要[③]。因此对于庄棫关于书目分类的设想，亦深以为然。谭献在书目分类上除推崇

---

①　庄棫《蒿庵文集》，《清代诗文集汇编》第 711 册，第 215—216 页。

②　章学诚《和州志艺文书序例》，叶瑛校注《文史通义校注》卷六，中华书局，2004 年，第 650 页。

③　《谭献日记》卷七，第 137 页。

章学诚外,对敢于破旧立新的孙星衍《孙氏祠堂书目》也是赞许有加。同治十年三月初四日日记云:"午前阅《孙氏祠堂书目》。排比最完,所见甚正。后来学者,但当补其阙遗,不必有异议也。"①而孙氏书目也正是以知识门类编排群书的典范。但四部返归《七略》终归是一种理想,在章学诚已有"凡一切古无今有、古有今无之书,其势判若霄壤,又安得执《七略》之成法,以部次近日之文章乎"②的感叹。另外,谭献不那么富足的藏书,也决定了这一精细的书目分类只能是"空中楼阁"。因此,对于庄氏的建言,谭献似乎并未付诸实践③。

第二节　谭献代周星诒购藏陈氏带经堂书籍考

周星诒(1833—1904),字季贶,号巳翁,又号窳翁,先世河南祥符(今开封)人,后迁居浙江山阴(今绍兴)。生平"喜收藏金石、书籍、字画,手自校阅,精审绝伦"。同治三年(1864)出任福建邵武同知期间,曾假手谭献,得以从陈树杓手中收购带经堂的大批藏书④。谭献与周星诒有总角之好,与其兄周星誉、周星蕰亦颇有往来。谭献代周星诒购藏陈氏带经堂书籍一事,本是关系到带经堂、书钞阁两家书籍递藏的重要问题,但由于此事直接导致了二人的交恶,故在二人的已刊著述中,于此中事实均绝少提及。李军《周星诒藏书事迹征略——以

---

①　谭献《复堂日记》,第 11 册《金门日录》,稿本,南京图书馆藏。

②　《文史通义校注·校雠通义》,第 956 页。

③　光绪四年七月初三日日记云:"检书,补著书目,见中白撰序、题诗,涕零如雨。"此后日记中再无有关《复堂书目》的记载。但由于《复堂书目》存亡未知,其书目分类最终更改与否,也只能是一种推测。

④　钱曾《读书敏求记》"《说文解字》三十卷标目一卷"条周星诒批语云:"陈氏居文儒坊,其先人兰邻大令,以名进士为令浙江,藏书极富。星村名树杓,亦善鉴别,予所得书泰半得之渠家。"(钱曾《读书敏求记》,《续修四库全书》影印国家图书馆藏雍正六年刻本,第 923 册,第 97—98 页)

〈书钞阁题跋〉及周批〈读书敏求记〉为主》一文曾做过较为细致的考察，然于其中细节，终以不得一检稿本日记为憾①。本节拟以南京图书馆所藏谭献稿本《复堂日记》为中心，并参以书目、题跋等相关文献，以期对谭献居间购书的前后过程以及周、谭二人由交好到交恶的一段历程，做一番考察和发覆。

一、谭献与带经堂陈氏的交谊

同治元年（1862）闰八月至同治四年三月的近三年时间里，谭献因避洪杨之乱，寓居福州。其间与当地的多位藏书家来往密切，而其中最著者当属带经堂陈氏。带经堂陈氏家世藏书，所藏主要起于陈征芝②。陈征芝，字世善，一字兰邻，号韬庵，福建闽侯人。历任浙江会稽、平湖等地知县。"生平好聚书，官俸所入，悉以购之。比归田，积至八万卷，宋元名椠十居六七。"③所藏多世间不经见之本，其中不乏黄丕烈旧藏。陆心源有《〈带经堂书目〉书后》一篇，列所藏精本数十种，如影元钞《周易本义》、影宋本《世说新语》《华阳集》，宋刊《仪礼经传通解》《九家注杜诗》，元刊《周易会通》《离骚草木疏》等④，其中尤以明抄本《北堂书钞》为著。后传至其孙陈树杓。

谭献初知带经堂陈氏，在同治三年八月初九日，当天日记云："过

---

①　李军《周星诒藏书事迹征略——以〈书钞阁题跋〉及周批〈读书敏求记〉为主》，《书目季刊》2009 年第 4 期。

②　王长英、黄兆郸《陈征芝及其带经堂藏书》云："陈征芝的藏书基础始于祖传，他继承了曾祖、祖父的藏书有近千卷，同时也得到同僚友人的互赠。"（《福建藏书家传略》，福建教育出版社，2007 年，第 71 页）

③　欧阳英修、陈衍纂《闽侯县志》，闽侯县地方志编纂委员会，1995 年，第 514 页。

④　陆心源《带经堂陈氏书目书后》，冯惠民整理《仪顾堂书目题跋汇编》，卷五，中华书局，2009 年，第 82—83 页。

陈诚庵谈,见陈氏《带经堂书目》,多有影宋抄本。"①陈诚庵,生平事迹不详,其间与谭献多有书籍往还。如同治三年九月初三日日记云:"过诚庵谈,借宋本《春秋繁露》。"又初六日日记:"过诚庵谈,借其《旧唐书》半部,又徐兴公校本《文心雕龙》。"(第2册《城东日记》)其人亦购有带经堂部分藏籍,如兰雪堂活字本《董子》②。谭献与带经堂陈氏相识及其购书事,当由其绍介。八月廿四日日记有云:"予过诚庵谈,晤陈兰邻大令征芝后人树枸,号星村,博士弟子。大令收藏书籍甚富,近日吾与季覗深得其副也。"③谭献与陈树枸的直接往来,此为首次。

　　陈树枸,字星村,生平事迹不详。其人亦善鉴别,知藏书④,今所存《带经堂书目》五卷即由其编定。谭献与陈树枸的往来,主要集中在同治三年十月至同治四年二月,大体皆与书籍的购藏、借阅有关。日常间书籍的借阅如:"星村来,借得黄氏《隶释刊误》,即本之袁、顾,欲校叶氏本也。"(第2册《城东日记》)"星村札来,以传写何义门校本《水经注》借我,与予藏义门原本合。"(第2册《城东日记》)所借还包括陈兰邻手校本《艺文类聚》⑤等。除书籍之间的往还外,其间还偶有金石碑拓方面的交流。当时闽地金石之风甚盛,著名金石学者如魏锡曾、丁文蔚等均寓居于此,与谭献往还无虚日。陈树枸于金石碑帖虽非专门,但不免受当时风气的濡染。谭献同治三年十一月初五日日记云:"星村来,以厚值得旧拓《石鼓文》一本、《鹤铭》廿五字本一

---

① 谭献《复堂日记》,第2册《城东日记》,稿本,南京图书馆藏。

② 谭献同治三年九月初六日日记云:"兰雪堂活字本《董子》,旧藏陈兰邻大令带经堂,今归陈诚庵。"(第2册《城东日记》)

③ 谭献《复堂日记》,第2册《城东日记》,稿本,南京图书馆藏。

④ 《带经堂书目》卷四上著录有宗泽《宗忠简集》八卷旧钞本一种,即陈树枸同治元年于旧书肆中所觅得。见陈树枸编《带经堂书目》,煮雨山房辑《中国著名藏书家书目汇刊·明清卷》,商务印书馆,2005年,第28册,第464页。

⑤ 十二月朔日日记云:"为季覗校《艺文类聚》,传校陈兰邻手校本也,兰邻盖借冯已苍旧校本。"(第2册《城东日记》)

本,皆梁氏故物也。但与稼孙欣赏之耳。"又十二月初三日日记:"星村来过,留邓石如篆一纸,伪迹也。"(第 2 册《城东日记》)在祖传藏书流散之时,以厚值购旧拓,甚至名人伪迹,其痴迷亦可见一斑。

同治四年三月十一日,谭献自福州登舟返里。此后的长时间里,二人未见有书信或直接的往来。至同治十一年六月,陈树杓来杭[①],谭献为撰《带经堂书目序》一篇[②]。此序传世本《带经堂书目》未载,《复堂文》亦未收,不知何故。此后的光绪四年与光绪八年间,陈树杓又曾多次以书信来告贷,谭献均"无以应之"[③]。光绪八年以后,日记中再无二人往来的记录。但同治初年的这段书籍往还,在一定程度上为居间购书作了相当的情感铺垫,则是毋庸置疑的。

二、日记所见谭献代周星诒购藏陈氏带经堂书籍始末

关于谭献代周星诒购藏陈氏带经堂书籍这一段藏书故实,因文献的不足征,故而在以往的研究及相关论述中,或付诸阙如,或多有失实之处。如郑伟章《文献家通考》仅云:"同治三年秋中,谭献(仲

①　其间还向王诒寿、张景祁索题《归舫载书图》。稿本《缦雅堂日记》云:"夜题陈兰邻先生《归舫载书图》。陈,侯官人,嘉庆末官会稽令,竭俸求书,多善本,罢官归,作此图,有嘉善黄霁青太守序。今其孙星村参军索补题也。"题词为《如此江山·陈兰邻先生〈归舫载书图〉为文孙星村参军题》,小注云:"先生官会稽时,得古本甚夥,半沈氏遗经堂归之,收罗、校雠之役亦以属也。"(王诒寿《缦雅堂日记》,《上海图书馆藏稿钞本日记丛刊》第 26 册,第 42 页)又张景祁有《买陂塘·侯官陈兰邻先生嘉道间为会稽、秀水令,谢事归,尽以鹤俸购书籍,所得多善本。曾绘〈归舫载书图〉,高致可想也。其孙星村醾尹筮仕来浙,属为补题,因赋是阕》一首,见《新蘅词》卷四,《续修四库全书》第 1727 册,第 275—276 页。

②　同治十一年七月初八日日记云:"清晨起,为陈星村撰《带经堂书目序》一首。"(第 12 册《壬申琐志》)

③　光绪四年七月二十四日日记云:"得杭州黄质文书,又陈星村函,星村凡三函告贷矣,殊无以应之。"(第 37 册《天都宦记》)又光绪八年二月初三日日记:"得陈星村告贷书。"(第 43 册《知非日记》)

修)寄给他陈氏《带经堂书目》求售,即罄廉俸以买之。翌年正月派人将陈氏书运来。"①所言仅据周星诒《明钞本北堂书钞跋》,对于谭献居中购书的情形未加言明。后李军《周星诒藏书事迹征略》一文,方根据周星诒的相关题跋及批注对此中事实加以揭示,云:"谭献作为藏书家,研究者注意不多。惟当时参福建学使幕时,福州带经堂藏书散出,遂由其居间为周星诒收书颇多,《北堂书钞》即其中之一。"②但对于购书的具体时间、购书的种类、数量,以及二人因购书而交恶等相关问题,仍以不得一检稿本日记为憾。谭献作为周星诒购藏带经堂藏书的"中间人",其所著《复堂日记》本当有详细的记录,但由于通行本日记乃谭氏生前精心编定的"洁本",大有以日记为著述的意味。加上此事直接导致了二人的交恶,因而于此中情实多未加选录。今南京图书馆藏谭献《复堂日记》稿本,中有《甲子日记》《城东日记》一册,为谭献同治二年四月至同治三年十二月所记。日记较为的详细地记录了谭献代周星诒购藏带经堂书籍的前后过程,其中甚至还涉及到代购书箧等细微琐事,可以很大程度上还原当时递藏的现实场景。

　　谭献得见《带经堂书目》在同治三年八月初九日,陈氏藏籍公开求售当亦在此时。故谭氏将此中消息第一时间告知了自己雅好藏书的友人周星诒,周氏当时远在邵武,因以购书事相嘱托。周星诒同治四年所书《北堂书钞》跋语云:"甲子秋中,谭仲仪以书告,有旧家陈氏,富藏书,求售者,不可得,知诒癖书,宛转达仲仪道意。因触旧事,且以其姓合也,函致仲仪访之。"③谭献八月廿二日日记亦云:"得季眍十二日重编第三号书,内有书目六纸,属为代购。"又十月初五日日

　　①　郑伟章《文献家通考》,中华书局,1996 年,第 1044—1045 页。

　　②　李军《周星诒藏书事迹征略——以〈书钞阁题跋〉及周批〈读书敏求记〉为主》,《书目季刊》2009 年第 4 期,第 28 页。

　　③　白云娇《国图藏周星诒子部善本题跋辑考》,《文献》2015 年第 3 期,第 94 页。

记:"得季贶廿四日第八号书,丁宁三复,盖为带经堂陈氏书也。"谭献为周星诒代购陈氏藏书,始见于同治三年十月初十日,此后有所得必详细记录书名、版本于日记,今以时间为序,为之排比如下:

过诚庵谈。……今日为季况买得书十七种:《事文类聚》《方舆胜览》《微波榭丛书》《戴氏遗书》《吴郡志》《嘉泰会稽志》《咸淳临安志》《白孔六帖》《白虎通义》《唐六典》《初学记》《东都事略》《水经注》《历代史表》《后汉书》《后汉书补遗》、抄本《文苑英华》。(十月初十日)

过诚庵,借得硕父先生手校《淮南子》。又为季况购得赵晋斋旧抄本书六十二种,又为购得:《翁山诗选》《两汉金石记》《诗经广诂》《庄子郭注》《吕氏春秋》(明刻)、《列子口义》《文选考异》《箧衍集》,又《十三经集字》(黄手本)、《今世说》《玉台新咏》、《荀子》(卢本)、《淮南子》(庄本)。(廿五日)

星村来,今日为季况买书:《经史证类本草》卅册、元刻《宋书》廿四册、《宋宰辅编年录》十本钞本、《开元礼》十六册钞本、《中兴两朝纲目》八册钞本、《大唐郊祀录》四册钞本、《太常因革礼》六册钞本、《王右丞集》影宋钞四册、《渑水燕谈录》黄校钞三册、《能改斋漫录》十二册、《开元释教录》八册、《石鉴录》钞本二册、《高僧传》五册钞本、《元秘史》四册钞本、《皇宋十朝纲要》十六册钞本、《通鉴目录》十册、《廿二史四谱》十六册、《潮赜》一册黄氏钞本、《皇朝通鉴长编纪事本末》廿四册钞本、《宋建炎以来系年要录》卅二册钞、《历代赋汇》五十八册、《唐大诏令》十六册钞本。(十一月初七日)

晨出过各书肆,过诚庵。……又为季况买得元刻《通志》之半,百廿册合之前日所得百本,似尚缺二十册。此书为梁氏故物。(十二月初六日)

星村来,购得《白虎通》《风俗通义》,皆大德刻本也。为季况

购得《能改斋漫录》抄本，校刻本多有百余则，有陈继儒印。（十二月二十日）

此为日记中有明确记载的部分，自十月至十二月，谭献为周星诒共购得陈氏书籍 117 种，其中就包括陆心源《带经堂陈氏书目书后》所提及的杨仲良《皇朝通鉴长编纪事本末》[①]，以及元刊《宋书》、郑樵《通志》、影宋钞本《王右丞集》、黄丕烈手钞校本《潮颿》及钞本《文苑英华》、《宋建炎以来系年要录》、《唐大诏令集》等名钞十余种，其中更有一次性所购入的赵魏旧藏抄本书 62 种[②]。当然，其中最值得称道的

---

①　值得注意的是，陆心源《带经堂陈氏书目书后》云："及至闽，遍访陈氏后人，仅得张清子《周易纂注》、金仁山《尚书注》、杨仲良《长编纪事本末》三书，余皆不可得。"（《仪顾堂书目题跋汇编》，第 83 页）又《仪顾堂续跋》卷七《通鉴长编纪事本末跋》云所购为"影写宋季徐琥刊本"（《仪顾堂书目题跋汇编》，第 344 页）。周星诒《传忠堂书目》卷二又著于录，云钞本二十四册，然则陈氏所藏有两种乎？

②　此 62 种钞本书，今见于周氏藏目者凡 37 种，分别为：方勺《青溪寇轨》一卷、钱大昕《疑年录》四卷、陆友仁《吴中旧事》一卷、张宗道《纪古滇说集》一卷、顾炎武《石经考》一卷、万懋敏《天一阁碑目》一卷续增一卷、李邦献《省心杂言》一卷、吾邱衍《学古编》一卷、题晋陈本《子华子》二卷、《鬼谷子》一卷、崔璵《刍言》三卷、赵叔问《肯綮录》一卷、宋祁《宋景文公笔记》（残本）、庞元英《文昌杂录》七卷、叶梦得《岩下放言》三卷、吕颐浩《燕魏杂志》一卷、吴箕《常谈》一卷、周密《志雅堂杂钞》一卷、李翀《日闻录》一卷、陈枥《勤有堂随录》一卷、陈世隆《北轩笔记》一卷、郭冀《雪履斋笔记》一卷、上官融《友会丛谈》三卷、高晦叟《珍席放谈》二卷、《墨客扫犀》十卷《续墨客挥犀》十卷、《萍洲可谈》三卷附《古滇集说》一卷、金盈之《醉翁谈录》八卷、夏伯和《青楼集》一卷、郭璞注《穆天子传》六卷、徐鲲辑《三水小牍补遗》一卷、郑棨《开天传信录》一卷、李华《李遐叔集》四卷、顾瑛《玉山璞稿》二卷《玉山逸稿》一卷、唐求《唐隐居诗》一卷、郑朴《敷文郑氏书说》一卷、赵鼎《建炎笔录》一卷、陶宗仪《游志续编》二卷。详见周星诒藏并编《周氏传忠堂书目》《书钞阁行箧书目》，《中国著名藏书家书目汇刊·近代卷》第 9 册，商务印书馆，2005 年。

当属明钞《北堂书钞》。关于此书的流传端绪及购买经过,日记中也有详细记录。据稿本日记,此书定议于同治三年十一月十七日,当天日记云:"星村来,始成议《北堂书钞》真本得归季况矣。"交付则是在十八日:

> 星村来,荔丹来谈。为季况购得《经义考》及《书钞》真本。明临宋本《北堂书钞》一百六十卷,字画讹舛,然是永兴真本。世行陈禹谟刻本,改易面目,尽失原书次第,至其引据古书,辄以今本臆改,迷误学者,其书可烧也。禹谟云原本讹脱,几至不可句读,所见殆即此本邪? 此本在本朝归孙星衍渊如观察,而卷中先有云章阁、绷佩斋等印,不知流传端绪为何人也。观察曾属王石华校正,又亲校一再过,又属洪颐煊筠轩、严可均铁桥校定。予考《铁桥漫稿》记其校是书始末最详,用力最笃。已刻清本数十卷,已而中辍。原本则归何元锡梦华,何之后人又以归闽陈征芝兰邻大令,陈罢官后携归福州。仙游王怀佩见而笃爱,欲以白金七百两易之,不得。顷季况渴慕是书,驰函十至,予以谋于兰邻后人,谓季况有志校刻,不能遽刻,则多录副本,以待后贤。陈氏欣然从之,遂以二百金交质,而是本得归季况矣。季况者,祥符周星诒,时官邵武府同知。

此条亦见刊本《复堂日记》,但选刊时仅交代年份(甲子),而删削事件发生的具体月日,与稿本相比勘,字句间亦偶有异同,如关于王捷南[1]求书一段掌故,刊本中仅云"欲以重金易之",未明言具体金额。结合周星诒跋所云"初索价白金千五百两,录副本亦须费二百四

---

[1]　王捷南,字怀佩,福建仙游人。生平湛深经术,旁及星命、医卜,著有《闽中沿革表》《东越献征录》《金石书院志》等书。

十两,书十往返,仲仪尽力为道地,乃以兼金七百成议"①,可见所费银两与王氏所欲出者正同,而最终书归周氏,谭献在其中发挥了不寻常的作用。而稿本的存在,正可以丰富相关的细节。对于明钞本《北堂书钞》,周星诒早已留心,咸丰十年以同知分发福建候补时,曾着意访求而未果。今更"驰函十至",渴慕之情可知。值购得此书后,即将藏书之处更名为"书钞阁",于此可见周氏对此书之珍重。其实,当时得知带经堂藏书流出而着意访求者不在少数,除王捷南外,还有清末四大藏书家之一的陆心源。陆氏同治间曾官居福建盐运使,陈树杓在编订《带经堂书目》时还嘱为参阅,故对带经堂藏书亦知之甚详。然陆心源任福建盐运使已在同治六年,闻带经堂陈氏藏书散出,更在"粤东归田"之后。而谭献代周星诒购书则早在三年前。因此,陆氏往福建求书之时,陈树杓"最秘之本,其先人别储一楼,为虫蚀尽"的回应,与《书后》中所谓"周季贶太守谓其目为星村所伪造"的言论,恐怕也只是买卖双方两种不同的托词罢了。

同治四年正月十六,周星诒家仆将所得带经堂陈氏书籍四箱运回邵武,谭献上元日日记云:"明日季况仆人归邵武,予寄二三号函及书箱四,又《艺文类聚》校本。"此后,购书事似乎直接委之于陈树杓,谭献二月初五日日记云:"星村来谈,今日为季况收书一箱。"又初七日日记:"星村札来,是日又为季况收书一箱。"三月十一日,谭献登舟归里,日记中再无代购陈氏书籍的记载②。事实上,自同治四年三月

---

① 白云娇《国图藏周星诒子部善本题跋辑考》,《文献》2015 年第 3 期,第 94 页。

② 同治四年至同治六年间,周星诒还零星收得带经堂陈氏的部分藏籍,如同治四年冬购得吴氏绣谷亭抄本元吾衍《闲居录》一卷;同治五年十月以白金十两购得清抄本周密《云烟过眼录》一卷、明韩宸刻本董逌《广川画跋》六卷;同治六年六月购得清抄本朱存理《珊瑚木难》八卷,又得陈树杓所赠明姚咨抄本张端义《张荃翁贵耳集》三卷等。详见白云娇《国图藏周星诒子部善本题跋辑考》,《文献》2015 年第 3 期。

起至光绪十四年九月的二十余年时间里，二人也再无往来。

三、谭献与周星诒交恶事实发覆

谭献与周星诒结识早在咸丰初年，当时《赠祥符周星诒（家山阴）》诗有"逢君不觉作青眼，市中歌哭惊屠沽"①之句，同治三年为周星诒叙《勉憙词》，又云："仪交四方君子，则周子季贶为最先，季贶中州名家子，有志节，能文章，定交之始，相视莫逆也。"②周星诒在《读书敏求记》"隶释"一条的批语里亦有"仲修名献，杭州人，素以气象、道义自命，与予总角交，予视之犹弟兄者也"③的话。但所刊《窳横诗质》中题赠谭献的诗却仅有两首（《题近诗后寄谭仲修献杭州》《湖州道中夜行怀仲修之鄂》），且均作于庚寅（1890），则相当于晚年。所著《窳橫日记》，亦仅光绪十年（1884）六月二十八日日记提及谭献赠新刻《冷庐杂识》八卷一事，但赠书事早在咸丰六年（1867）④。事实上，在谭献稿本日记中，自同治四年三月起至光绪十四年九月的二十余年时间里，亦不再有二人往还的任何记录。其间缘由若何？在二人的已刊著述中，似乎找不到痕迹。

今国家图书馆藏有周星诒手批钱曾《读书敏求记》一种（收入《续修四库全书》史部目录类），其中"隶释二十七卷"一条眉批云：

> 带经堂陈氏藏叶氏本，为黄复翁、陈仲鱼、袁又恺、顾涧薲诸先生手校者。甲子岁求售于余，余时官邵武，以购书托之谭仲

---

① 谭献《化书堂初集》卷二，咸丰七年（1857）刻本。
② 周星诒《勉憙词》卷首，《清代诗文集汇编》第 725 册，第 529 页。
③ 钱曾《读书敏求记》，《续修四库全书》第 923 册，第 113 页。
④ 周星誉、周星诒撰《鸥堂日记·窳橫日记》，河北教育出版社，2001 年。今所存《窳橫日记钞》（1884—1898）并非原本，而是王欣夫删节所存，所收多读书心得与书籍考订之事，人物交游从略，其中与李慈铭交往、交恶的内容亦无所保留。

修。仲修于中渔利不少,又将善本悉为干没,此书亦其一也。丙寅岁来福,晤星村秀才,始悉其详。魏稼孙在杭州曾见之于仲修处。记此以示后人,俾知人之不可信有如此者。黄黎洲先生以吕留良干没澹生堂出售诸书,因与绝交,良有以也。①

　　此条述二人交恶之缘故甚悉。据此可知,周星诒与谭献"绝交"的缘由,在于周氏认为谭献在居间购书之时有从中渔利、干没善本的嫌疑,而叶奕苞旧藏钞本《隶释》即其中之一。关于此书的购藏经过,谭献稿本日记有详细的记录。同治三年十月初七日日记云:"借陈氏旧抄《隶释》归。盖叶九来故物,后归黄荛圃,袁又恺、顾千里两君手校者也。夜校得一卷,诚难得之善本也。"(第2册《城东日记》)可见起先仅是借校,因此在之后十九日、二十日均有校阅《隶释》的记载,其间还曾觅书估为之修补。至二十五日,始与陈树杓定议,当天日记云:"今日始与陈星村定议,袁、顾校本《隶释》归我,近日一乐事也。"也就是说,此书的购藏是谭献深思熟虑的结果,是一个长期磨合的过程,购买也是在与陈树杓正式商定之后。且没有任何信息表明,此书曾为周星诒所定购,在时间上亦早于为周氏代购的第一批次书籍。陈树杓所云,或有大言欺人之处。至于魏稼孙目见一条,则与干没事实完全构不成因果关系,不足以成为干没的证据。事实上,此后周星诒本人似乎也改变了原有的看法。今上海图书馆藏有清竹声共雨山房抄《隶释》一种,为周星诒故物,跋云:

　　　　同治乙丑,谭仲仪从福州陈兰邻大令后人见明人写本《隶释》,经顾涧薲、陈仲鱼、黄复翁诸先生手校,为士礼居旧藏,即刊误所据旧钞本也。仲仪买获原本,属魏稼孙转临一部寄诒邵武军中。稼孙竭半年力传校于汪氏刻本,字里行间,涂改过半,又

----

① 钱曾《读书敏求记》,《续修四库全书》第923册,第113页。

以五色笔分别录诸先生校语上下方,精审殆过原书。自为二跋手写帙之首尾。讨得而宝之,如获珍珠船。及获谴颂系,尽卖藏书以资上腹,独重是良友手迹,未忍属人。乙酉(甲申)自福州乞假赴七兄吴淞相见之约,时稼孙殁五岁矣。携在箧衍,或恐亡失,有负故人,因检赠女婿本存弄为世宝,而讨箧遂无是书。①

此则题跋作于周氏晚年,其时魏锡曾已不在人世。与《读书敏求记》中的批语相校,此跋应当是较为真实地还原了当时获得《隶释》的历程,所言亦与稿本《复堂日记》所记相合。语气已一改以往的激烈而归于平和,言词中所表露的也多是感激、珍重之情。是书今藏上海图书馆,上有魏锡曾跋语云:"右《隶释》钞本,经陈仲鱼(名鳣,海盐人)、顾涧薲(名广圻,元和人)、袁寿阶(名廷梼,吴县人)三先生手校。去冬谭子仲仪得之侯官带经堂陈氏,余既为周子季贶录副,附识如左。"②作跋时间为同治四年三月三日。足以证明周氏所谓干没的事实乃无中生有。

在《隶释》一书之外,陈奂校本《淮南子》亦周氏所谓干没之一种。"《淮南鸿烈解》二十一卷"条眉批云:"复翁藏宋本后归艺芸精舍,陈硕甫先生奂为陈兰邻先生传校一本。乙丑冬,陈氏出以归予,亦为谭仲修干没以去。"③乙丑,即同治四年。据稿本《复堂日记》,谭献始见此书,在同治三年十月初二日,日记云:"过诚庵,见硕甫先生手校《淮南子》,本议买之也。"廿五日又云:"过诚庵,借得硕父先生手校《淮南子》。"可见起初亦是借阅。此后日记中虽仅见誊校记录,并未言明何

---

① 上海图书馆编《上海图书馆善本题跋真迹》,上海辞书出版社,2013年,第9册,第239—240页。此书还收有周星诒跋明钞本《渑水燕谈录》一种,亦得自福州带经堂陈氏。

② 上海图书馆编《上海图书馆善本题跋真迹》第7册,第233页。

③ 钱曾《读书敏求记》,《续修四库全书》第923册,第269页。

时购藏。但据光绪十三年十二月十三日日记:"往在闽中,得陈硕父征君手校宋本《淮南王书》,珍为鸿宝。二十年中,周季贶、戴子高、赵㧑叔、陶子珍、孙仲容皆传写一本。"(第 51 册《休景记》)可知最终确为谭献所得。但这不足以说明此书为干没所得,且同治四年冬,谭献早已返归杭州,周氏所云在时间上已有所出入。另外,从日记的措辞及后来在友朋间广泛传抄的情形来看,绝没有干没的可能。至于是否从中渔利,虽已无从得知,但谭献以中间人的身份为周星诒购得众多精刻名钞,并以所得宋刻元修本《中说》相赠①,则是不争的事实。

　　光绪十四年(1888)九月十四日,周星诒来访,稿本日记云:"暮色中季贶来谈,晚饭后去。头没杯案,犹是三山旧风味也。"②此为周、谭在时隔二十三年之后的再次会面。此后二人交往如常,故谭献往湖北,周星诒有诗赠行。光绪二十三年九月,周氏又以《瘲横诗质》未刻稿,以及外孙冒广生词稿嘱谭献审定。谭献在得知周星诒以闽狱追偿债款时,亦为之震诧不已。也就是说,周星诒、谭献这对总角之交,在二十三年后终于破除嫌隙,重归于好。

第三节　志于学、游于艺:稿本日记所见
谭献的金石交往与碑拓购藏

　　在上海图书馆所藏诸多稿钞本中,有《仁和谭氏考藏碑刻墓志题

---

　　① 同治三年十二月初六日日记云:"晨出过各书肆,过诚庵。……又为季况买得元刻《通志》之半,百廿册合之前日所得百本,似尚缺二十册。此书为梁氏故物。兄弟析赏,并此书亦各执其半,以故散失,可叹惜也。珠联璧合,仍留缺陷。季况嗜古之笃为同好仅见,予感其专挚,并以新得之宋本《中说》饷之。"(第 2 册《城东日记》)周星诒跋语亦云:"宋椠元修本《中说》三册,为常熟冯知十、温陵张氏两家旧藏。吾友谭仲仪得之福州,寄诒邵武,弆之十九年矣。"(白云娇《国图藏周星诒子部善本题跋辑考》,《文献》2015 年第 3 期,第 77 页)

　　② 谭献《复堂日记》,第 52 册,稿本,南京图书馆藏。

名录》一种,书凡一卷,钞本(一册),卷末有邹寿祺①题识一则,云:
"复堂年伯所藏碑帖,大都均有题识,即未曾装裱,尚亦加朱墨,殁后,
将以上各件让于许氏,今不知尚存否?"②复堂年伯即谭献。此《录》
共收有谭氏所藏碑刻、墓志、摩崖、经幢及画像等各类拓本四百余种;
又云"汉唐宋元明国朝碑帖、墓志、造像、题字等品,计十大包合一箱
未裱",则总数又远不止此。又《半厂丛书》所收有谭献评《非见斋审
定六朝正书碑目》一种,而《复堂类集》所载诗词中,亦多有与金石相
关者,如《元延銷拓本》《司马温公澄泥研拓本》《嘉善秋日雨集金都转
安清诒我萧梁碑拓五言诗一章》《满江红·汉十二辰镜和谦斋》《水调
歌头·汉龙氏镜为遗园赋》等。凡此种种,均可证明谭献也曾参与到
晚清金石收藏的风潮中去。问题是,谭献是如何获得这批拓片的?
其主要交游对象为谁? 他又是以何种身份与态度参与其中的? 凡
此,均有予以系统考察的必要。

一、谭献金石活动的四个阶段

谭献一生跨越道、咸、同、光四朝,同时担任过书院监院、山长、书
局总校、地方官员及大府幕僚等不同职务,所居亦包括浙江杭州、福
建(厦门、福州)、安徽各县(歙县、全椒、怀宁、合肥、宿松)、湖北武昌
等不同区域,故所交游的对象,在不同阶段亦存在不同的群体。若以
稿本日记所载金石活动为准,大致可将其交游历程分为:流寓福建时
期(咸丰九年秋至同治四年三月十一日)、乱定居乡时期(同治四年五
月至同治十三年)、宦游皖地时期(光绪元年至光绪十二年)及主讲经

---

① 邹寿祺(1866—?),原名维祺,字介眉,号景叔,又号适庐,浙江海宁人。
光绪二十九年(1903)进士,历官浙江衢县、江苏丹阳等地知县。好收藏,因得汉
"邹安"银印,遂更名邹安,为晚清著名金石学者。著有《朋寿室经说》六卷、《古
文举例》不分卷等,又编有《梦坡室获古丛编》《古石抱守录》《周金文存》等。

② 谭献编《仁和谭氏考藏碑刻墓志题名录》,钞本,上海图书馆藏。

心书院时期(光绪十六年至光绪二十二年)等四个阶段。其实,在流寓福建之前,谭献有过一次短暂的游学京师的经历,正是此次经历,谭献得以结识何绍基,"讨寻唐以前碑拓绪论"①。晚清金石风气盛行,京师作为各路学人的集散地,自然也成为引领一时学术风尚的中心。震钧在其《天咫偶闻》中即云:"方光绪初元,京师士大夫以文史、书画、金石、古器相尚,竞扬榷翁大兴、阮仪征之余绪。……厂肆所售金石、书画、古铜、瓷玉、古钱、古陶器,下至零星砖甓,无不腾价蜚声。"②其实,此风自乾嘉以来即已兴起,道咸以还日渐风行,谭献以咸丰初年入京,交接前辈,耳濡目染,于书法、碑版之学亦有所习得、领悟,而这也正开启了谭氏一生碑拓鉴藏的历程。当然,谭献的金石活动的真正展开,还得到流寓闽地之后。

(一)流寓闽地时期

咸丰九年(1859)秋,谭献应徐树铭之招,赴福建学使幕。徐树铭(? —1900),字寿蘅,号澄园,湖南长沙人。道光二十七年(1847)进士,官至工部尚书。其人雅好收藏,"生平无私蓄,惟嗜钟鼎、书画,藏书数十万卷"③。谭献久处其幕,得"颇睹所藏善本"④,深受濡染。公事之暇,经史校雠、书画金石的访求,便也成为谭献日常间的主要活动。

福建相对于江浙,在地域上似乎偏处一隅,但自朱珪、纪昀以朴学相提倡以来,学术风气亦焕然一新。其间颇有讲求汉儒之学者,如陈寿祺、谢章铤,即是其中较为突出的两位。谭献同治三年正月廿五

---

① 谭献《翠云草堂金石存略叙》云:"献入京师,稍稍从长者游,于问学涂术,约略求益,讨寻唐以前碑拓绪论,往往得之道州何子贞先生云。"《复堂文续》卷一,《谭献集》,第144页。

② 震钧《天咫偶闻》,北京古籍出版社,1982年,第71页。

③ 赵尔巽等《清史稿》卷四四二《列传》二二九,中华书局,1997年,第44册,第12426页。

④ 谭献《翠云草堂金石存略叙》,《复堂文续》卷一,第144页。

日日记云："卧云来谈,言陈恭甫太史家藏书画、金石散失已尽。忆前年与寿衡辈借观时尚整齐,转瞬化为烟云,可叹也。"(第 2 册《城东日记》)知陈氏亦颇有金石之好①。又同治二年五月廿五日日记云："访长乐谢枚如,不遇。此君经籍、金石之学均有本末,吾于闽人,首屈一指。"(第 2 册《城东日记》)同时,以太平天国之乱,各地学人避地闽中者颇多,故家收藏流落此处者亦不少。如同治三年九月初五日日记云："稼孙来,同过梁蕙宾达夫……见张大钧双钩《夏承碑》,梁文定故物也。又见明人《秘戏图》旧研数方,有西洞青花,然皆有病。惟一新石颇可用,未试墨,不能定也。又见梁山舟正书文定《志铭》墨本,杂见唐碑数种,有《皇甫君》《颜家庙》,皆旧拓。可喜。梁氏之藏大略尽此矣。"(第 2 册《城东日记》)此所谓"梁氏""文定",当即梁国治。国治(1723—1786),字阶平,号瑶峰,浙江会稽人。其人工书法,"稍暇,即展临法帖"②,是以藏各类碑拓、砚石不少。十一月初五日,带经堂陈氏后人陈树杓又以"厚值得旧拓《石鼓文》一本、《鹤铭》廿五字本一本"(第 2 册《城东日记》),均为梁氏旧藏。除梁、陈外,当时故家收藏散亡于此者,尚有赵魏竹崦庵所有碑版、书籍。赵魏(1746—1825),字恪用,号晋斋,浙江仁和人。"深于碑版之学,篆、隶、真书俱精,老有古法。"③所藏亦富,许槤《古均阁宝刻录》云:"晋斋博学嗜古……所藏商周彝器款识、汉唐碑本为海内第一。"④著有《竹崦庵金石目录》五卷、《古今汇刻帖目》不分卷等。凡此种种,一同造就了同治初年福州金石、书画市场的繁荣局面。

---

① 谢章铤《莆阳金石初编序》云:"陈恭甫侍御修《福建通志》,其中金石一类,采撷极为明备,惜未刊行,其后遂多散佚。"《谢章铤集·赌棋山庄文又续集》,吉林文史出版社,2009 年,第 109 页。

② 沈初《西清笔记》卷一,《清代诗文集汇编》第 367 册,第 601—602 页。

③ 张廷济《清仪阁题跋》,光绪十九年(1893)刻本。

④ 许槤《宝均阁宝刻录》,咸丰八年(1858)刻本。

就交游而言，自同治元年闰八月初八日至同治四年三月十一日，与谭献有过直接金石交往的，主要有魏锡曾、丁文蔚、叶清渠、杨希闵、杨文莹、周星诒、陈诚庵、陈树杓、梁蕙宾（当是梁国治后人）、汪述庵、薛子振、刘幼田、刘子忱以及碑客陈拱垣、碑估李生等。而其中往还最密者，当属魏锡曾，其次则为杨希闵、丁文蔚。杨希闵（1808—1882），字铁佣，号卧云，江西新城（今黎川）人。咸丰六年，太平军攻克新城，举家流落于此。二人遂成赏奇析疑之友。每有所得，往往共赏，如同治二年十二月廿六日日记云："过卧云谈。卧云新购得宋拓《麻姑仙坛记》。"又同治三年二月初四日日记："卧老札来，告以新得'穆王坛山'刻、《鲁恭王碑侧》《尹宙碑》《齐姜墓造像记》，又大中四年《王守绮志》，为未见著录之石。颜清臣《奉使帖》，有画象。适魏稼孙来，遂约明日同往看之。"（第2册《城东日记》）除同观所得外，互借、互赠亦是二人交游的主要方式。如："卧老来借《关中金石记》及《金石屑》。""稼孙偕予过卧老，以重刻《华山碑》赠之。""饭后卧老来，以北魏《凝禅寺三级浮图碑》赠我。"[1]又丁文蔚（1827—1890），字豹卿，号韵琴，一号蓝叔，浙江萧山人。工书善绘，所著有《越中历代画人传》。稿本日记所见二人金石往来有："假蓝叔建武残碑拓本，道光时越州出土石也。"（同治元年闰八月初八日）"过蓝叔，谈久之。蓝叔赠予金涂塔一纸，竟宁雁足灯拓本一纸，仍留蓝叔装裱也。"（闰八月二十日）[2]"蓝叔来，同出。得《天发神谶碑》残本。……以《般若寺碑》全本赠蓝叔。"（同治三年三月廿五日）"夜作札与蓝叔，交《敬使君碑》付裱。"（五月廿八日）"卧老来谈，同出过蓝叔谈，交《建昭雁足灯》装裱。"（八月十七日）"早起，出诣蓝叔谈，借其《敬使君碑》。"（九月初五日）"蓝叔来谈，持述庵所藏《始平公造像》《文殊经》二碑

---

　　①　分别见同治三年三月十八日、七月十二日、九月廿九日日记。谭献《复堂日记》，第2册《甲子日记》《城东日记》，稿本，南京图书馆藏。

　　②　谭献《复堂日记》，第1册《□楼日记》，稿本，南京图书馆藏。

来示。"(十二月廿五日)①除日记所载诸人外,寓闽期间,谭献其实还曾与赵之谦有过往来。《复堂文续》卷四《亡友传·魏锡曾》下云:"时献久客,而赵之谦㧑叔亦避地至福州,故家所藏碑拓方出,君与㧑叔讨论。……献落魄亡聊,尝左右之。"②又上海图书馆所藏赵氏《蔬果花卉图册》中有题记一则云:"同治壬戌,辟地闽中,谭子仲仪、魏子稼孙晨夕过从,了口舌缘。"③是为明证。惜日记中未曾提及④。要之,寓居闽中的这三年多时间里,是谭献金石活动最为繁密的一段时期。

(二)乱定居乡时期

同治四年(1865)三月十一日,谭献"登舟旋杭州",五月初三日,"赁居淳佑桥夔巷陈氏园"。自此至同治十三年(1874)十一月,除有过两次短暂的入京应试经历外,十年间所至,并不出浙江范围。其间,谭献做过短时间的诂经精舍监院,同治六年四月,浙江书局开局,与高均儒、李慈铭、张景祁等同任总校;稍后,被委署秀水教谕,此后即主要往返于杭州、嘉兴之间。在这一段时期里,金石活动虽不如前一段频繁,但也并未就此沉寂。以交往对象而言,居乡之后明显已形成了新的圈子。以稿本日记所见来看,主要有蔡鼎、吴恒(仲英)、陈豪、袁昶、许增、吴唐林(晋壬)、张鸣珂、沈景修、金安清、沈晋蕃(恒农)、沈善登、刘履芬、韩佛生、周世熊(清泉)等,基本上以同乡、同年为主。《翠云草堂金石存略叙》云:"乱定言归,有城郭人民之感,乃与子鼎雪涕相见。畴昔交游文字之友吴子珍、周伯虎、袁雪安诸子,皆

---

① 谭献《复堂日记》,第2册《城东日记》,稿本,南京图书馆藏。

② 《谭献集》,第253页。

③ 赵之谦著,戴家妙整理《赵之谦集》,浙江古籍出版社,2015年,第4册,第193页。

④ 同治初年日记仅一处提及赵之谦,同治二年二月十九日日记云:"午间魏稼孙来,谈久之。寄石(凡廿七字)与钱式次行刻之,钱在杭州,吾乡钱卡盖之子,赵益甫之弟子也。"(第2册《甲子日记》)

为异物。献感旧之顷,仰吾子鼎别后之所造,则亦于琐尾之日,有石墨之造。……献遂与子鼎朝夕讲习如稼孙。"①是取代魏锡曾而成为谭献主要金石友者乃蔡鼎。蔡鼎,一名鼎昌,字公重,号春畴,浙江钱塘人。其人"研精碑板,唐以前翠墨,搜藏殆遍,挚挚考订"②。检稿本日记,此段时期二人金石往来之见于记载者,有"同春畴过仲英谈,看旧拓《天发神谶碑》,眼福也""饭后同春畴、春农出市上,购得《曹真残碑》裱本""至皋园,以《瘗鹤铭》近拓本贻春畴,易得《三老碑》拓""春畴来谈,同至蔡氏禖家"等五次③。其他如吴恒、吴唐林亦各有四次④。另外特别值得一提的是,其间谭氏还得与杨守敬相识,同治十三年三月初三日日记云:"过杨惺吾谈,以《论语事实录》《双钩醴泉铭》饷我。"第15册《三上记》当时二人俱在京师。总体而言,此为谭献金石交游较为平淡的一段。

---

① 谭献《翠云草堂金石存略叙》,《复堂文续》卷一,第144页。

② 张鸣珂《寒松阁谈艺琐录》卷三,《续修四库全书》第1088册,第363页。

③ 此后所记另有"得春畴书,寄《等慈寺碑》至"(光绪元年六月廿八日)、"得雨孙、蔡春畴书,即复之。春畴寄赠《姜行本纪功碑》拓本"(光绪二年十二月十二日)、"跋青州新出土《朱溥碑》残字,蔡春畴双钩本,将谋刻也"(光绪四年三月初五日)等三次。《复堂师友手札菁华》下册亦收有其书信4通,其中多有涉及金石碑拓的内容。

④ 与吴恒的金石往来有:"得《校官碑》,吴仲英赠。"(同治四年八月初一日)"晨诣仲英,见旧拓《少室石阙铭》,精绝。"(八月廿六日)"过仲英,看其旧藏《褒余道》《杨淮表纪》《李苞题名》合装册,盖遇乱既失而复得者,又见苏州翻刻之《吴纪功碑》一册。"(九月初九日)"仲英、玉珊为予购得《郑文公碑》,有额,拓手完备。心为一快。"(同治九年十二月二十日)与吴唐林则有:"赴吴晋壬招饮,谈久之。见旧拓《礼器碑》,又见佳拓《爨宝子碑》。"(同治七年四月初三日)"过晋壬谈。遇楚北杨孝廉,谈论金石久之。"(四月十四日)"过吴晋壬舟,剪烛校渠行箧中本,则额既失拓,纸墨亦远逊予所得矣。"(同治九年十二月二十日)"偕右轩访晋壬谈,出汉碑十余种鉴赏,有韩仁、悲岑、礼器三物拓本最精。"(十二月二十七日)

（三）宦游皖地时期

同治十三年，两次会试报罢的谭献决意放弃由科举入仕的路子，转而游幕大府，寻求候补机会。十一月二十一日，登舟赴安庆。光绪元年二月，入布政使绍诚幕。自此开始了长达十二年的游宦生涯，期间历任歙县、全椒、怀宁、合肥、宿松等地知县。政务之暇，除了与同官及本地士人的诗酒唱和之外，碑拓的访求与赏玩，亦是日常间"超越尘俗"的重要内容。其间所得金石之友主要有三位：

其一为赵熙文。熙文，字敬甫，江苏阳湖人。为赵烈文之兄。著有《方言原》一卷，又辑有《集古印略》一种。检稿本《复堂日记》，自光绪元年至光绪十一年，赵熙文之名共出现 165 次，其中直接与金石学相关者有 13 条。所涉碑拓有景龙《道德经》拓本、新镜拓本、明拓《石鼓文》、泰山刻石、《汉交趾令沈公神道碑》《隋滏阳石室残字》《唐长兴寺经幢》《契丹统和年经幢》《元朗公开茔敕》《张寿碑》《曹娥碑》《唐公防碑阴》《唐公房碑》《受禅表》及汉车尉陈、中车鲁君、广平侯、司农公诸拓。日常间或聚观赏玩，如光绪元年十月十六日日记云："敬夫、豫生夜谈至三鼓，绝好皖山话雨图也。稍出藏碑共观之。"（第 41 册《秋泛日录》）或互为借阅、寄赠，相与往还无虚日。

其二为路坯。坯（1839—1902），字山甫，号笑逢，陕西盩厔（今周至）人。为路德之孙。咸丰七年（1857）举人，历任宿州、建德、婺源等地州判、知县。去官后寓居淮安，与刘锷、刘梦熊兄弟交好，同时又与罗振玉"折节定忘年之交"①。其人性嗜金石碑版②，所藏多精品，谭献光绪元年十一月廿七日日记云："暮出，过笑逢，观宋拓《定武兰亭》

---

① 详见刘玉苓《路坯其人其事》，《杜牧文学成就与思想研讨会论文集》，2003 年。

② 何其杰跋宋拓唐李邕《婆罗树碑》有云："己巳五月盩厔路笑逢司马过淮，司马性嗜金石，亟请借观。"马成名《海外所见善本碑帖录》，上海书画出版社，2014 年，第 85 页。

叔未先生藏本、北宋拓杨义和《黄庭内景经》二林先生藏本,又邢子愿旧藏《澄清堂帖》一卷,皆精品。又旧拓《鹤铭》,亦佳,惜有描失处。"(第41册《秋泛日录》)稿本《复堂日记》中所载二人金石交游凡10见。彼此借观所藏如:"今日借路氏《鹤铭考》《张亟斋遗稿》,又汪砚山钩《鹤铭》(一册)、《常山贞石志》、《萧憺碑》剪本,笑逢携予藏明拓《石鼓文》去。"(第17册《乙亥冬季记》)"以《爨宝子碑》借山甫,借其《高湛志》来,山甫又借《访碑录》五册。"(第18册《丙子新书》)以藏品相赠如:"以旧拓《郙阁颂》、《寇谦之碑》二残本、《路僧妙造像》、《元康画象》钩本赠山甫。"(第18册《丙子新书》)其间还曾两次"痛谈碑刻""纵谈考古"①,热情洋溢之情为前所未有。

　　其三则为朱寄洲。寄洲,生平仕履不详,曾为(徽州知府)何家骢幕宾②。喜藏金石书画,其中见于稿本《复堂日记》者即有旧拓《乙瑛碑》《白石神君碑》《孔宙碑》、《唐夫人程氏塔铭》(残本),又仇英《九歌图》、戴文进《长江万里图卷》、秦仪《杨柳图》(十六幅)及徐渭墨画(十七页)等③。《程氏塔铭》本为府主何氏所藏,朱氏从其借出,双钩一本,遍示诸友,当时为之题跋者,除谭献外,即有赵熙文、赵烈文兄弟④。除

---

　　① 光绪二年正月二十三日日记云:"过山甫谈,文卿、少谷亦至,并晤党子谦,是日痛谈碑刻。"(第18册《丙子新书》)又四月初九日日记:"下稷出署,途遇熊东柯,意行里许,回。山甫、豫生在,纵谈考古,晚饭后出藏碑十许种,与二君共玩,客去已三鼓。赏析之乐,亦不多得也。"(第18册《丙子新书》)

　　② 赵烈文跋《唐夫人程氏塔铭》云:"原拓本为前徽州守何家骢藏,朱寄洲者,何之幕宾。"马成名《海外所见善本碑帖录》,第58页。

　　③ 朱氏旧藏尚有江注《黄山图册》一种,许承尧云:"江允凝《黄山图册》,吾邑朱寄洲旧藏,后归端匋斋,复转归石埭陈氏。"许承尧撰,李明回、彭超、张爱琴校点《歙事闲谭》,黄山书社,2001年,第1141页。

　　④ 谭献光绪三年九月廿七日日记云:"作札与寄洲,跋《砖塔铭》归之。"赵熙文跋云:"右唐《程夫人墓志》残本,粤东何氏所藏,歙朱君寄洲假（注转下页）

此三人外,欧阳文卿、缪豫生(钟焕)、周星詟(涑人)、郑襄(湛侯),以及碑客董引之、党子谦等亦多参与其中。从而构成了谭献金石活动的又一高潮。

(四)主讲经心书院时期

光绪十二年(1886)十二月十五日,谭献在宿松任上辞官,在安庆作短暂逗留后,于光绪十三年四月十五日返归杭州。自此始至光绪十六年,寓居乡里,所交亦主要为旧时友人如吴唐林、沈景修、陶濬宣、袁昶、许增等,新识则有翁长森①、金武祥②,总之不出江浙范围。光绪十六年(1890)正月十三日,"得散之函,传示鄂帅南皮师电音,以经心书院讲席见属"。二十七日"发舟",二月十六日"抵汉口",从此掌湖北经心讲席达五年之久。

在晚清,以张之洞为中心,两湖书院、经心书院为依托,集结了一大批学者、文人,如缪荃孙、杨守敬、梁鼎芬、陈三立、张裕钊、樊增祥、易顺鼎等。其中以金石学著称者,除杨守敬外,缪荃孙亦可称大家,所编《艺风堂金石文字目》十八卷,收录所藏碑版一万零八百种。群体间亦多以赏玩金石书画作为日常集会的消遣,如谭献光绪二十一年闰五月初五日日记云:"容叔、蓝洲来,同出汉阳门,渡江赴恽关使之招,晤谈久之。筱珊来,又久之。陈伯严来,聚观碑拓,为《醴泉铭》《皇甫府君碑》旧拓,画幅为陆包山二卷,杨子春山水册。包山花卉为《花甲重周》,群葩百二十种;一为《萱龄介寿》,则芝萱寿石,高江村、

(续上页注)得示余,余惊叹以为北宋物。寄洲旋以双钩本见惠,亦不失精采,并属余以考证。"马成名《海外所见善本碑帖录》,第57页。

① 光绪十四年十月十四日日记云:"铁梅赠《灵峰天柱郑碑》全分,以《诒砚图册》索题。"(第52册稿本日记)又光绪十五年五月二十五日日记:"昨得翁铁樑寄梁碑全分至。"(第52册稿本日记)

② 光绪十五年五月初八日日记:"得金湛生粤东书,寄新刻二册《南汉石刻七种》来。"(第53册《冬巢日记》)

程穆倩题跋。又杨子春山水册子,王石谷弟子也。又文衡山《赤壁赋》行书册子,为八十九岁作。主客忘形,谈谐酣适。"(第21册《驯复记》)于此可见当时风气。就谭献个人的金石交游而言,稿本日记所见与缪荃孙的往还仅有一次①,与梁鼎芬亦仅两次②。而其中交往最为频繁者,当属甘鹏云。鹏云(1861—1940),字药樵,一字月樵,号潜庐,湖北潜江人。其人雅好收藏,编有《崇雅堂书录》十五卷、《潜江贞石记》八卷等。甘氏于谭献为晚辈,故日记中所涉二人交往,多是甘氏以碑拓求教,如光绪十六年九月初十日日记云:"甘月樵昨以宜昌新出《黄牛庙碑》拓本见示。"(第54册《云鹤纪游续录》)光绪十九年四月朔日记:"月樵以碑拓数十事见示,间有予所未得,皆近拓也。"(第20册《云鹤四录》)又六月廿五日日记云:"审定月樵所藏金石砖拓百余份,钤小印,作札还之。"(第21册《燕支小录》)诸如此类。

　　光绪二十二年(1896)老病归乡之后,金石活动亦不曾间断,交游对象主要为褚守隅及杨建恂。褚守隅为谭献故友褚成亮(叔寅)之子,其人与谭氏虽早已相识,但与金石相关者却集中于光绪二十二年至光绪二十五年。杨建恂,其人不详。谭献光绪二十二年十一月廿二日日记云:"建恂嗜碑帖,收藏鉴赏,有先正风流,近游云泉山,流连山石,搜访摩崖,得唐宋人题名二十余种,多未经著录者,有《云泉山访碑记》。"③自光绪二十二年至光绪二十四年,二人交游凡6见。所涉包括新拓唐宋题名二十一种、建平二年《唐淑媛造像》、北魏《高庆

---

①　光绪二十一年七月初八日日记:"筱珊告我前得北碑盖《周文王碑》也。骎然发箧,乃强独乐。"(第24册《驯复记》)

②　一在光绪十九年七月二十日,日记云:"得星海书,寄《鹤铭》拓本。"(第21册《燕支小录》)一在光绪二十一年九月十七日,日记云:"得星海钟山函,寄……陈先生石刻临古屏拓,崔清献、阮文达两石刻象拓本,又'拙厂'二字拓,叶叟南雪篆联小字各体书扇面一。"(第25册《慎来记》)

③　谭献《复堂日记》,第25册《丙申余记》,稿本,南京图书馆藏。

碑》及北齐《文殊经》、《观音经》拓本等。至于日记所见谭氏最后一次金石活动,则是在光绪二十六年四月二十八日,当天日记云:"沈荣椿来,以铜器单求售,以不敢问鼎复之。得阮思霖霞青书……寄赠文达公家刻《华山碑》及补刻残字拓本全分至。"①而沈荣椿、阮思霖亦成为谭献金石交游对象中最后出场的两个人物。

二、谭献与魏锡曾

在《翠云草堂金石存略叙》中,谭献曾历数早年金石交游之师友,其中所述,除原书作者蔡鼎外,当以与魏锡曾有关者为最详。其略云:

> 故人魏锡曾稼孙,同时流寓福州,方锐意治古碑碣文字,戢香丛残,有《萃编补石》之作。献羁困无聊,朝夕讲习,而故家赵氏、梁氏、陈氏所藏方出,献承其散失之余,稍收力所能致者。稼孙兼综唐、宋,献则及隋而止。稼孙志在箸书,献意存稽古,而两人物力皆不逮。每遇名迹,质衣啬食所不能得,则咨嗟累日而已,事在咸丰之末。比同治初元,稼孙校录之书盈数寸,钞纂阙疑,而献心目所及,助之读定者数十事。盖于先正翁、王之书,颇能讲去其非矣。②

魏锡曾(?—1881),字稼孙,号鹤庐,浙江仁和人。咸丰间贡生,曾官福建浦南场盐大使。其人"少壮有文,好印人篆刻",自号"印奴"。又好金石拓本,"节啬衣食,聚墨本盈数箧,胼手校读"③,著有《绩语堂碑录》不分卷、《绩语堂论印汇录》一卷、《绩语堂题跋》一卷《诗存》一

---

① 谭献《复堂日记》,第 30 册《庚子春华》(春华记),稿本,南京图书馆藏。
② 谭献《翠云草堂金石存略叙》,《谭献集·复堂文续》卷一,第 144 页。
③ 谭献《亡友传》,《谭献集·复堂文续》卷四,第 253 页。

卷《文存》一卷等。谭献与魏氏生当同时，又同处一乡，二人相识的具体时间虽不可确考，但据《叙》中所云"故人魏锡曾稼孙，同时流寓福州"来看，相知应在咸丰初年。咸丰末年，二人又同在闽中，羁旅无聊，搜集古碑拓本、书籍字画，遂成为日常间最主要的消遣。谭、魏以故家收藏散出之时，从事于此，故所见日广，所得益富。在碑版知识的习得方面，亦有显著提升，以致对翁方纲、王昶等先辈所著书，亦能品评其是非。遗憾的是，对于二人咸丰末年的这段金石往还，以史料的不足征，今已无从获知。但同治初年的日记稿本俱在，于此或可见二人交游之一斑。

据谭献现存日记，谭、魏二人的金石交游主要集中于同治三年。概括言之，其交游方式主要有以下四个方面：一是碑拓互观。同治三年正月八日日记云："诣稼孙，尽见其都门及江北所得诸石刻，以《中岳先生题字》《般若碑》《张猛龙碑》《沈君石阙》为最佳。"（第2册《城东日记》）此时魏锡曾新自江北归闽，所得颇夥。又九月初六日："述庵来谈……同过卧老，同过稼孙，留饭。尽出其藏石本之精好者。"（第2册《城东日记》）这其中或有炫博的成分在，但群体间的这种公开展览，至少能形成一种"竞争"的态势，营造出一种"推波助澜"的良好氛围。

二是互通有无。这方面又可细分为以下三种情形，一为互相借观，所借不仅包括金石碑版，还有与金石学相关的书籍。就拓片一类而言，同治三年间，谭献所借观者即有北周《华岳颂》《张猛龙碑》《中岳少室太室石阙》《季度铭》《李仲璇修孔子庙碑》《唐昭仁寺碑》等数十种。金石习得，往往是一个渐进的过程，因而，除日常间对古物的亲身赏鉴外，书籍的阅读亦是填补知识空白的一大手段。故互借、传抄或代购相关著述，亦常见诸记载。如同治三年正月九日日记云："诣雪渔，代稼孙借《金石萃编》自周迄隋十三册来。"二月初九日日记："借稼孙包世臣《安吴四种》来。"又五月廿三日日记云："为稼孙购《金石录》《两汉金石记》来，阅之。"（第2册《城东日记》）其中王昶《金石萃编》、包世臣《艺舟双楫》、翁方纲《两汉金石记》诸种，可说是时人研习碑版的"掌中鸿宝"。除此数种外，宋人洪适所编《隶释》，亦是后来学者用以考究传世金石拓本的必备。同治三年十月，谭献自带经堂陈氏购得黄丕烈旧藏，袁又恺、顾千里手校《隶释》明钞本一种，即交与魏氏传录一部寄周星诒①。其二为直接赠予，如四月廿七日日记云："稼孙赠予《孔庙碑》。予报以《元朔镜铭》。"（第 2 册《城东日记》）据统计，同治三年间，谭献从魏氏处获赠藏品即有《张迁表》、《西狭颂》（阙本）、《孔庙碑》、《鲁公离堆记》（残字）、《衡方碑》《孔彪碑阴》《隋宋永贵志》、隋造像二种、晋王元题字钩本、《石鼓文》《孔宙碑阴》《莲花盆识字》《温泉颂》及残经拓本四纸等；魏氏所得则有《元朔镜铭》《景君碑》《孝堂山画像》《唐陈府君墓志》《咸通经幢》《城隍庙碑》《孟姜尊铭》等。其三则是互换，即以碑易碑。这种"交易"行为的产生，一方面在于藏品的重出；另一方面则在于，魏、谭二人虽均以搜藏碑版为事，但在理念或偏好上却各有侧重，即所谓"稼孙兼综唐、宋，献则及隋而止"，因而往往我之所弃，正是他之所取。如：

> 遇稼孙，同过其寓。是日议定以《文殊般若碑》《敬使君碑阴》易予魏《祭比干文》，以《少室太室石阙开母季度》（残本）、《石门颂》《白石神君碑》易予《吴纪功碑》。（同治三年五月二十日）
> 稼孙又以《敬使君碑》面易予《于孝显碑》，又《孔元让碑》。（五月廿一日）
> 购得朱拓《尹宙碑》"寿"字全本，即以此本易得稼孙朱拓"寿

---

① 今上海图书馆藏竹声共雨山房钞本《隶释》有周星诒一跋云："仲仪买获原本，属魏稼孙转临一部寄诒邵武军中。稼孙竭半年力传校于汪氏刻本，字里行间，涂改过半，又以五色笔分别录诸先生校语上下方，精审殆过原书。"（《上海图书馆善本题跋真迹》第 7 册，第 239—240 页）

不"二字全本。额铭字及碑中"四月""四"、"名光""名"均烂失矣。增之《缙云城隍庙碑》始成议也。（七月晦日）

过稼孙谈。更以唐碑四十种易朱拓《尹宙》，改前议矣。（八月初二日）

稼孙来谈，议定以近拓《高贞碑》加以《建昭雁足灯》拓本易予精拓《高贞碑》。

作札与稼孙，以手拓《孟姜尊铭》赠之，议定以《金石图》易其《孙秋生造象碑》。（九月）

过稼孙，欲以《仓颉庙碑》易予宋人重刻《冯车骑碑》，未之许也。欲易予《武梁祠画像》，议而未成。（十二月廿二日）

稼孙来谈，始定议以《李仲璇修孔子庙碑》《唐昭仁寺》及《苍颉庙》《郑季宣》《郑固》三汉碑，易予新得之《武梁氏祠画象》《隋赵芬碑》《元魏道兴造象》、宋人重刻汉《冯绲碑》、新拓《昭仁寺碑》《曹魏上尊号奏》。予以欲得二《郑》及《李仲璇》久，故漫许之。（十二月廿四日）

饭后过稼孙，又以汉残碑二纸易得《魏王君断碑》《郑固碑》残石，又《隋邑子刘造像记》。（十二月廿五日）（第2册《城东日记》）

于此可见，自五月到是年年底，二人互易所藏即达九次，所涉碑刻、墓志、造像等达七十余种。这种频繁的互借互换，自然是建立在二人丰富的藏品之上，而彼此之间良好的关系以及相互信任的交情，更是形成这种"双赢"局面的保障。当然，在某些私人话语里，也能听到一些"杂音"。如同治三年三月廿六日日记云："稼孙嗜金石，是其一生最长之处，而骨董气太甚。又自京师出，气象尘俗。予于金石本无系恋。而巧偷豪夺亦是雅事，所可嫌者市井气耳。又稼孙最贪他人之得，而己之所有辄珍秘以为奇货，同人中所由鄙之者也。"（第2册《城东日记》）在谭献看来，收集、赏玩金石碑刻，只是文人雅事在诗文之外的另一种装点，并非一定要沉溺其中，为物、为利所左右，甚至沾染上古董气、世俗气。当然，这一番话语很可能只是针对一时一事而发，并未达到影响二人交谊的程度。正所谓"所见或有不合，断断争辨，至面赤拂衣起，明日相见如初"[1]。

三是互为审定、题跋。金石学作为一门专门性学问，个人日常经验的积累与书面知识的获得，自然是不可或缺的。但友朋间的切磋琢磨，互为赏玩，也是习得过程中较为有效的手段。在谭献稿本日记中，互为审定碑拓的记载就屡见不鲜。如同治三年六月十九日日记云："稼孙以北齐天保年《赵郡王高叡某寺碑》文属为审定。灯下校正，于稼孙录本中是正十许字。"又七月廿四日日记："稼孙属予审定余姚周氏藏石。"又曰："饭罢，稼孙来，为稼孙审定符秦建元三年郑熊修《邓太尉祠碑》。"（第 2 册《城东日记》）在审定之余，更为之跋。如同治三年五月廿二日日记云："跋稼孙嵩山石阙文字六种卷子。"又同治四年三月初三日日记云："书《贾思伯碑》《萧宝族孙姚姜造像记》二跋，皆稼孙属。"（第 2 册《城东日记》）由于稿本所载只是谭献单方面的记录，从中见不到魏氏的所作所为，但基本可以推定的是，某一长久关系的维持，必然是长期"互惠互利"的结果。

四是合作著书。谭献光绪五年三月廿四日日记云："往在闽中，与魏稼孙欲撰《六朝别字》一书，未成。"（第 38 册《己卯日记》）知二人合著之书名为《六朝别字》。关于是书体例，当天日记中亦有所提及，其略云："杨星吾双钩刻本《楷法溯原》，从《说文》分部，集唐以前真书碑拓，体例仿翟氏《隶篇》……惺吾是编真与吾辈闇契者也。"（第 38 册《己卯日记》）杨星吾即杨守敬。《楷法溯源》十四卷，为潘存初辑，杨守敬编定，是书集魏晋以迄五代所存碑刻、法帖之楷字及楷略兼行之体，依翟云升《隶篇》体例，双钩汇录成编，以呈现"由八分而渐变为真书"的字法源流。《六朝别字》今虽不存，其体例与用意当与此书差

---

[1]　《谭献集》，第 253 页。

相仿佛①。关于六朝碑刻字多别体一事，谭献日记中曾有所记述，同治二年六月十九日日记云："稼孙以北齐天保年《赵郡王高叡某寺碑》文属以审定。灯下校正，于稼孙录本中是正十许字。此碑如以'橪'为'條'、以'泂'为'冏'，皆别体字。六朝碑刻多有此失。"（第2册《甲子日记》）除《六朝别字》外，今《半厂丛书》中还收有《非见斋审定六朝正书碑目》一种。是书共收录南北朝正书碑刻二十六种（含未见者二种）②，由魏氏审定，谭献附评。卷末题识云"同治元年壬戌十月魏锡曾、谭廷献同客侯官记"③，知亦成于寓居福州期间。光绪二年，谭献在原评的基础上又有所补充，三月初六日日记云："重定与魏稼孙在闽中审正《六朝正书碑目》二十四品。"（第18册《丙子新书》）当即书中所谓"又曰"部分。光绪十三年得以雕板行世。

同治四年三月，谭献返归杭州，七月，魏锡曾亦自闽中归。自是年七月二十一日至同治五年八月，二人往还的记录屡见于稿本日记。其中除日常的走访、集会外，亦不乏金石方面的交流。如八月十七日日记云："得《温泉颂》，稼孙赠。又代购得《凝禅寺三级浮图颂》。"（第

---

① 事实上，当时赵之谦亦著有《六朝别字记》一书，卷首同治三年胡澍序云："同岁生赵扬叔少为金石之学……因刺取六朝别字，依类排比，疏通证明。使学者知由篆而隶、而今体流变之故，更由今体而上溯隶篆，以得声音文字之原。"（马向欣编《六朝别字记新编》，书目文献出版社，1995年，第2页）赵、魏、谭三人同治间均曾寓居福州，且多有往还，著此同名之书，绝非偶然。

② 分别为宋《爨龙颜碑》、梁《瘗鹤铭》《井阑题字》《始兴忠武王碑》《吴平忠侯神道》、魏《始平公造像记》《寇天师碑》《石门铭》《司马景和妻墓志》《温泉颂》《刁遵志》《张太守清德颂》《敬使君刹下铭》《李仲璇修孔子庙碑》《高贞碑》《郑羲碑》《白驹谷题字》《岁在壬辰建》《凝禅寺三级浮屠颂》、齐《西门豹祠堂记》《文殊般若经》、隋《龙藏寺碑》《元公志》《邓州舍利塔下铭》、东魏《太公吕望表》、北齐《映佛岩摩崖》。

③ 魏锡曾编著，谭献评《非见斋审定六朝正书碑目》，光绪八年（1882）刻本。

4册《鹤归日记》)又同治五年七月十七日日记云："招稼孙来谈,购稼孙《李遵阁臣题名》一纸,又《跳山摩崖》《吹角壩摩崖》二物,未成议。"(第6册《精舍日记》)此后,二人主要通过书信来往。如同治十二年七月初七日,"魏生来,得稼孙书,寄《凝禅寺三级浮图碑》《三老碑》、易州石本《老子》(绩语堂碑铭之一)、石刻《临江乡人诗》至,又《平等寺碑》一册。"(第13册《南园日记》)十月十八日,谭献亦以《郑文公上碑》《杨叔恭碑阴》、郑述祖天柱山残刻诸拓本寄与。光绪七年,魏锡曾去世①,谭、魏交游至此亦告一段落。

三、稿本日记所见谭献的碑拓购藏

在上海图书馆所藏《仁和谭氏考藏碑客墓志题名录》中,已大致呈现了谭献碑拓藏品的规模。但至于其来源,则仍然隐藏在数据背后。在通行本《谭献日记》中,虽不乏碑帖购藏的记录,但目见所及,仅汉镜、《隋吴公第三女墓志》《九龙庙述碑》《吴天玺纪功碑》《太和廿三年造象》《三公山神碑》《曾侯钟铭》《魏邸珍碑》《唐狄梁公祠堂碑》《会稽刻石》等十种;至徐彦宽《补录》《续录》,所载相关信息虽有所增加,然所及亦仅云峰山刻石、《西岳华山碑》《泰山残石》《乙瑛置百石卒史碑》《竹叶碑》《天发神谶碑》《鲁峻碑》《爨宝子碑》《赵芬残碑》《曹真残碑》《郑羲上碑》《魏印珍碑》等二十余种而已。除藏品数量所载不全外,有关购藏时间、地点等信息亦多有缺略,甚至容易造成不必要的误解。如《补录》卷一所载"以厚值得旧拓《石鼓》文一本、《鹤铭》廿五字本一本,皆梁氏故物也"一条②,若仅据刻本,必然会认为是谭

---

① 关于魏氏卒年,《亡友传》云:"在官朴拙,日事笔砚,光绪七年卒官。"(《谭献集·复堂文续》卷四,第253页)据稿本日记,谭献接其讣告在光绪八年二月三十日,日记云:"性之寄稼孙讣文,哀同邻笛。"(第43册《知非日记》)则魏氏当逝于光绪七年年尾。

② 《谭献日记》,第202页。

氏藏品,但通过稿本日记,却能清晰地证明二物实乃陈树杓所购。因而,以稿本日记为中心,对谭献的碑拓来源作一番系统的梳理,就显得十分必要。

　　谭献的碑拓收藏,大致不出亲身购藏与友朋赠予两端。就赠予而言,在金石交游一节虽有所涉及,但并未作具体呈现。若以稿本日记所载为据,则自同治元年至光绪二十六年,谭献所得友朋见赠拓本有:金涂塔、竟宁雁足灯、晋王元题字钩本、五凤石刻、居摄二坟坛刻石、鼓山石刻、南汉地劵、云峰刻石(全分)、谢灵运诗刻、昭陵神道、张氏墓志十种、《龙门造像》(十九种)、《张迁表》《西狭颂》《孔庙碑》、《鲁公离堆记》(残字)、《凝禅寺三级浮图碑》《衡方碑》《孔彪碑阴》《宋永贵志》《石鼓文》《孔宙碑阴题名》《武荣碑》《美人董氏墓志铭》《校官碑》《温泉颂》《三老碑》《萧憺碑》《萧秀碑阴》《田伣及妻冀氏合葬志》《刘玉墓志》《刘韬墓表》《(景龙)道德经》《天监井阑》《唐景昭法师碑》《虢季子伯盘铭》《隋滏阳石室残字》《唐长兴寺经幢》《契丹统和年经幢》《元朗公开茔敕》《新渝宽侯神道》《建安敏侯神道》《史晨前后碑》《泰山铭》《鹿君石表》《王基断碑》、《纪功碑》(姜行本)、《敬使君碑》《李超墓志》《唐邕写经碑》《无量义经》《梁子彦墓志》《叶法师神道碑》《孟法师碑》《郭有道碑》《(东阳)兰亭序》《汉射阳石门画像》《张起墓志》《唐元从奉天定难功臣游击将军守冀王府右亲事典军邵才志墓志铭》《华山碑》等九十一种,其他无主名者尚有三四十种[①],总数当在百二十种以上[②]。

---

　　①　如所谓"北朝造像数种""唐造像二""新镜拓本一""砖拓""新出拓本四种""金华唐宋碑""新拓唐宋题名二十一种"等。

　　②　当然,日记中亦不乏谭献以碑拓赠人的记载,目见所及即有《礼器碑》《褚遂良雁塔圣教序》《礼器碑并阴侧》《离堆记》《郑文公上碑》《涅槃经》《瘗鹤铭》、泰山刻石、《同州圣教序》《感孝颂》《寇天师茅山井阑》《天统邑义卅人造像》《北海王造像》《邵道生造像》《魏灵藏造像》《孙秋生造像》《始平公造像》《孙保造像》《麃孝禹刻石》《郭有道碑》等二三十种。

　　至于购藏,若从行为发生的主客观立场来看,则可分为碑客求售、书肆走访及友朋代购等三种方式。碑客,又称"碑估""碑贾",其人以碑帖的传拓、售卖为生。叶昌炽撰《语石》,曾专门列有"碑估"一条,所举包括车永昭、方可中、褚千峰、聂剑光、李从云等①。在谭献的碑拓访求过程中,亦不乏碑客身影。其中有名姓可考者即有陈拱垣、党子谦、董引之、苏朗山等四人,存姓氏者又另有碑客李生②、碑客张某③、赵碑客④、蔡工⑤等四人,其他不知名碑客则为数更多。陈氏为流寓闽中时所识⑥,党、董、苏三人(均部阳人)则集中见于光绪初年,如光绪元年六月初九日日记云:"晤碑客董引之谈。得上谷、祝其二坟坛拓本。"(第17册《皖舟行记》)光绪二年正月十九日日记:"至碑客党子谦寓看碑。"(第18册《丙子新书》)又光绪五年三月二十二日日记云:"碑客党子谦以蜀拓数种及杨星吾近刻双钩本来求售。"(第38册《己卯日记》)所得似乎有限。但数十年间,日记所载购自碑

---

　　①　叶昌炽著,姚文昌点校《语石》,浙江大学出版社,2018年,第328页。

　　②　光绪元年六月初八日日记云:"碑客李生来。"(第17册《皖舟行记》)

　　③　同治十二年六月初五日日记云:"碑客张某来,以《郑文公上下碑》付装。"(第13册《南园日记》)

　　④　光绪二十三年八月十一日日记云:"下稷,赵碑客来,无多佳品。"(第33册《迎阳二记》)

　　⑤　张某、蔡工又同时为碑拓装池人,同治十二年九月廿八日日记云:"蔡、张二装池人来,以《渑池五瑞》《西狭颂》《三阙》《贾使君碑》交蔡,以《伊阙佛龛碑》《张猛龙颂》交张。"(第14册《南园日记二》)

　　⑥　同治三年三月廿一日日记云:"同过清禄斋书肆小坐,偶遇卖碑刻人陈姓者,同至其家。"四月初八日日记:"兰叔来谈,同出诣陈氏访碑。"至十一月初九日日记则云:"陈拱垣送石鼓、孔林等碑来。……欲与述庵分购之。"廿一日日记云:"拱垣暮来谈,诸碑刻成议,予与稼孙分购之。"(第2册《城东日记》)则所谓陈姓碑客,当即陈拱垣。

客者,亦有二十余种①。至于日常走访书肆、古董肆所得,则广泛分布于各年月之下:

表二 稿本《复堂日记》所见谭献碑拓购藏表

年　份	碑　拓	数　量
同治三年	《西岳华山碑》、《金刚经》(董其昌书)、《李仲璇修孔子庙碑》(残本)、《泰山残石》《乙瑛碑》《竹叶碑》、《峄山碑》(西安府学本)、《尹宙碑》《西门豹碑》《比干碑》《敬使君碑》《般若台题字》《大达法师碑》《孔彪碑》、《天发神谶碑》(残本)、《李仲璇修孔庙碑》《孔褒碑》《孔霶碑》《唐于孝显碑》《虞城令刘行忠幡竿铭》、《孔子庙堂碑》(城武本)、《景君碑》《忠惠碑》、《西狭颂》(残本)、《史晨奏铭》《张猛龙碑》《隋龙藏寺碑》《龙山公墓志》《孔龢碑》《礼器碑》《熹平残碑》《天井题名》《范式碑》	33＋
同治四年	《郎中郑固碑》《李孟初神祠碑》《西门祠颂》《平等寺碑》《爨龙颜碑》《凝禅寺三级浮图颂》及新出汉碑四种	10②
同治五年	《梁始兴忠武王碑》、《萧公神道碑》(数种)	2＋
同治六年	《张寿碑》《郙阁颂》《郑固碑》及祁彪佳旧藏手拓砖文一册、《石鼓文》(张拓)、《契苾明碑》	6

———————

① 所见有云峰、天柱、大基诸刻,《平等寺碑》《魏受禅表》《齐太公吕望表》《魏司马升墓志》《魏司马绍墓志》《嵩山三阙》《西狭颂》《渑池五瑞图》《魏曹真碑并阴》《苻秦邓太尉祠堂碑》《后魏皇甫麟墓志》《刘韬墓志》《吴高黎墓志》《周孝侯碑》《汉三公山神碑》《邸珍碑》《狄梁公祠堂碑》等。

② 据同治四年除日日记所云"所得碑版十九种",则本年所得碑版总数当为19种。

续表

年　份	碑　拓	数　量
同治七年	比丘尼法光遗象记、垂拱二年三原县造象一、惠量造象、无年月造象十纸、宋人诗刻、嘉祥孔老象、(普泰二年)《吴□德造象》、(永乐元年)《朱胤造象》、(隋大业五年)《宁越郡钦江县正议大夫碑》、(魏普泰二年)《路僧妙造象记》、《樊敏碑》《杨大眼造像记》《爨宝子碑》《赵芬残碑》《三公山碑》《太室少室题季度铭》《隋张参军妻陶墓志》《孔陵碑》(四种)	18
同治九年	《曹真残碑》《国山碑》《郑文公碑》(他人代购)	3
同治十年	云峰山刻石全拓(三十二种),汉、吴、晋、魏、齐、隋诸碑十四种,云峰、天柱、大基诸刻(四五种),《爨宝子碑》(原拓)、齐赵郡造像(五种)、唐写经拓本等	57+
同治十二年	《魏受禅表》《齐太公吕望表》《魏司马升墓志》《魏司马绍墓志》,《牛橛》《孙保》《天受》《广川太妃》四造像,《齐郑述祖夫子庙碑》《隋赵芬残碑》《唐兖公颂》《嵩山三阙》《西狭颂》《渑池五瑞图》《石阙铭》《洪宝造像》、泰山十字、《嵩阳寺碑》、《董洪达造像》(上列)、《魏曹真碑》《苻秦邓太尉祠堂碑》《后魏皇甫麟墓志》	22
同治十三年	《北周文王碑》《齐默曹残碑》	2
光绪元年	《上谷府卿坟坛刻石》《祝其卿坟坛刻石》《龙门造像》(十种)	12
光绪二年	《刘韬墓志》《吴高黎墓志》《周孝侯碑》《汉三公山碑》	4
光绪五年	《魏晖福寺碑》《隋首山舍利塔记》	2
光绪八年	梁碑(一纸)	1

年　份	碑　拓	数　量
光绪十年	《吴天玺纪功碑》	1
光绪十三年	《惟斯新政》《隋张景略铭》《宋买造像》《隋岐州舍利塔铭》《礼器碑》	5
光绪十四年	《吴禅国山碑》《北魏源摩耶圹记》《唐许洛仁妻墓志》《豆卢逊墓志》《西平郡李晟碑》《黄叶和尚塔铭》《左金卫某墓志》《化度寺塔铭》	8
光绪十五年	《魏邸珍碑》《唐狄梁公祠堂碑》	2

　　从上表可知，自同治三年至光绪十五年的二十六年间，谭献共购得各类碑刻、墓志、造像、题名等一百八十八种有余①。以具体年份来看，有同治三年、同治七年、同治十年、同治十二年等几个高峰。同治三年为谭献金石活动最为繁密的一年，这一点在论述其交游时已有明言。以上三十三种亦并非全部，因同治三年除夕日记有云："编书目，凡九百十三册耳。金石目百余种。"（第 2 册《城东日记》）至于同治七年、同治十年，则恰是两次进京应试的年份。北京琉璃厂作为全国金石、书画的集散中心，其间经营碑拓的书肆林立，仅叶昌炽《缘督庐日记》所载即有数十家之多②。谭献亦时常以文人士子身份出入其间，如同治七年二月至五月，游厂肆、购碑帖的记载即有十次之多，其中六次均有所得。同治十年亦相类。同治十二年则主要得自碑客张某及青云街，青云街为浙省贡院所在，其周边亦多书肆、骨

---

　　① 此仅就稿本日记所作的初步统计，其实所得远不止此，如光绪六年十月十九日日记即云："录藏碑目毕，仅能三百余通，然唐以前精华及新出土佳品亦略备。"（第 39 册《山桑宧记三》）

　　② 据程章灿《玩物：晚清士风与碑拓流通》，《学术研究》2015 年第 12 期，第 143 页。

董肆①。谭献乡居期间，游青云街亦成为常态，仅同治十二年七八两月（与乡试考期有关），所见已有十次。也是就说，谭献日常走访所购，其来源主要为北京琉璃厂及杭州青云街。

以藏品数量而言，谭献或许无法与魏锡曾、蔡鼎、缪荃孙等相比，但其中亦不乏旧拓、精拓，甚至名家旧藏稀见之品。旧拓如《李孟初神祠碑》《西门祠颂》《少室石阙铭》《张寿碑》《郙阁颂》《郑固碑》《契苾明碑》《礼器碑》《爨宝子碑》等；名家旧藏则有祁彪佳旧藏手拓砖文一册、孙星衍藏《张寿碑》②、钱松（叔盖）旧藏秦碑合册（有顾炎武、林佶、阮元、龚自珍跋）③、释六舟旧藏《泰山刻石》（廿九字本）④。而《天玺纪功碑》（一名《天发神谶碑》）更有两本，一为释六舟旧藏整拓⑤，一为马氏小玲珑山馆故物，复经张琦藏跋⑥。又有前代碑目未著录

---

①　丁丙《武林坊巷志》云："青云街，南接永宁街，西北出西桥。市肆有虚白斋笺纸、林云楼装池、沈□□笔铺、瀚海堂书铺。"又引《杭州杂咏》云："旧有陈云杓刻石，林云楼装池，沈茂才笔，许虚白笺诸市，每值科场赶趁者，皆聚于此。"（《武林坊巷志》，浙江人民出版社，1990年，第6页）

②　同治六年十一月廿一日日记云："捃得旧拓《张寿碑》，为孙伯渊故物。……又祁季虎旧藏手拓砖文数十种一册，甚愉快也。"（第7册《冬心游记》）

③　同治四年日记云："得钱氏旧藏秦碑合册，盖旧拓《泰山》廿九字一本、十字残本一本、宋摹《绎山刻石》拓本二，有顾亭林、林鹿原、阮文达、龚定庵诸公题跋。碑版中有数上品也。钱氏字叔盖，精书画篆刻、嗜金石名家。"（《谭献日记·补录》卷一，第204页）

④　光绪十年七月廿一日日记云："得泰山廿九字，亦旧拓，不及旧藏范氏本，亦出六舟者。"（第48册《甲申日籍》）

⑤　同治四年日记云："得《天发神谶文》四纸整拓，佳棪装裱。为六舟僧故物，由吴仲英访得之。为归里后第一得意事。虽校全文尚少一段，恐石毁后，字内似此已日少矣。"（《谭献日记·补录》卷一，第204页）

⑥　光绪十年七月廿一日日记云："今日购得《吴天玺纪功碑》装册。有张翰风跋，云毕秋帆小玲珑山馆旧藏本，神完口清，不逮予旧藏得六舟僧本，而纸墨前后一色，盖旧本整纸墨痕有浓淡也。"（第48册《甲申日籍》）

者,如《九龙庙述碑》①。此均为世间难得之品。

　　对于所得碑版,谭献除日常间的赏玩外,还往往予以品评、题跋。据《翠云草堂金石存略叙》,谭献所著有《金石文跋》一种,为《复堂类集》之一,当即其人考跋金石碑拓的合集。是书今藏北京大学图书馆,惜未得见。但据稿本日记可知,自同治三年以来,经其评跋的金石拓本至少有——《井黎敦》《青改彝》《嵩山石阙》《金石图》《晋代泥金双钩西岳华山碑》《郑文公碑》《开母庙铭》《乙瑛碑》《朱博碑》《重刻娄寿碑》《张元墓志》《龙藏寺碑》《焦山鼎铭》等十余种。除此专门性的跋文外,稿本日记中有关金石品评的文字亦所在多有,如评《鲁峻碑》云:“碑面雄伟,汉碑中最健者。阴尤绝妙,篆法居多,笔情恣纵,包尽六朝佳刻,诚鸿宝也。”(第2册《城东日记》)评《郙休碑》云:“分书超秀弈弈,绝似《太公表》。”(第11册《金门日录》)又如以“褚墨圆秀腴健”评旧拓《乙瑛碑》,以“文词绮缛,字画秀赢”评《九龙庙述碑》②。所评大体均从书体源流或书法审美的角度着眼。其中亦有将这两方面融合而论者,如“褚书《圣教序》神如鸑鷟,五德咸备,百琲明珠,不足方其光采。字字寻其骨脉,实亦融化篆分,而天赋滔滔,变化不可方物。与《龙藏寺碑》对勘,乃知古人源流之无不合,又曰智过其师,方能传法也。”(第48册《甲申日籍》)《雁塔圣教序》为褚遂良晚年所书,集中代表了其楷法中兼存隶意的风格,在书体上与前代《龙藏寺碑》一脉相承。故徐崇立在跋《隋龙藏寺碑》时亦云:“此碑承魏

---

　　①　光绪八年正月廿五日日记云:“冷摊买得后梁碑一纸,为诸家所未著录。前列题名十一行,为刘敬德、丁约、员建、郑环、柳瓒、吴渔、周万崇、张君祐、乙意、董迁、刘延祚、萧立、张遇、党枢、焦行满,此十行皆题官阶职事。第十一行题赵秦书并篆额(额未见)。十二行书“九龙庙述”,十三行书节度推官夏侯龟符撰,以下文凡十一行,首云“梁癸酉,命公于许,受钺于同”云云。……文词绮缛,字画秀赢。”(第43册《知非日记》)
　　②　分别见光绪三年十一月十二日、光绪八年正月二十五日日记,南京图书馆藏稿本第36册《天都宦记》、第43册《知非日记》。

开唐,犹存隶法,为古今隶楷递嬗一大关键,褚河南即从此出。"①注重书体之间的源流正变,是谭献评跋的不二法门,这一点在其所评《非见斋审定六朝正书碑目》中表现得尤为突出,如评《始兴忠武王碑》云:"转使处开季海一下疲庸流派。"评《敬使君刹下铭》云:"上不能兼六朝,下已尽有唐代之胜。"②凡此,均是谭献在长期的碑拓购藏、赏玩之后的心得之语。

小　结

徐雁平在探讨《管庭芬日记》与道咸两朝的书籍社会时曾总结道:"日记中所记录的书籍史料更具过程性和整体性,且能还原当时氛围和情状,故在书籍史的研究中,此类文献颇受重视。"③其实,通过日记中相关事件的历时性记载,除可用以考察某一群体或地域间书籍的购藏、借阅及传抄外,亦同样适用于金石、书画等相近似领域。通过稿本《复堂日记》的细致梳理,有关谭献的书籍、金石活动,大致可得出以下三点结论:

其一,谭献作为一个非典型藏书家,其藏书规模及其来源应该代表了清代大多数的中下层士人。自同治元年(1862)至光绪二十七年(1901),稿本日记所载有明确来源的书籍凡650余种,其中来源于日常购藏者266余种,出自友朋赠予者384种。购藏以早年较为集中,特别是寓居福州期间;赠予则主要出于晚年声名已就之后,受赠的书籍主要为新刻别集。但其最终规模当不超过一万五千册。

---

①　湖南图书馆编《湖南近现代藏书家题跋选》,岳麓书社,2011年,第591页。

②　魏锡曾编著,谭献评《非见斋审定六朝正书碑目》,光绪八年刻本。

③　徐雁平《〈管庭芬日记〉与道咸两朝江南书籍社会》,《文献》2014年第6期,第74页。

其二，带经堂陈氏的大部分藏籍得归周星诒所有，谭献作为中间人，在其中发挥了重要作用。根据稿本日记，自同治三年十月至十二月，谭献为周星诒共购得带经堂藏书 117 种，其中就包括有明钞本《北堂书钞》。其间因旧钞本《隶释》、校本《淮南子》等书籍的归属问题，二人由交好而走向交恶，断绝往来达二十三年之久。但根据日记及相关题跋文字的比勘、对读，周星诒所谓谭献从中渔利、干没善本的说法，当非事实。

其三，谭献自咸丰末年开始涉足金石碑拓，至光绪二十七年六月去世，金石活动可谓伴随了他的一生。其所交游的人物广泛而有层次，当中既有像魏锡曾、赵之谦、缪荃孙、赵熙文、蔡鼎、路坯、陈豪、沈景修等金石、书法名家，也有党子谦、陈拱垣、苏朗山等处于金石流通"第一线"的碑贾，且不同阶段呈现出形态不一的交游"圈子"。在金石购藏方面，通过友朋的赠予和个人的搜求，谭献所得碑版当有四五百种，从藏品数量而言，虽不算富足，但也不乏精拓、旧拓，且有其"及隋而止"的收藏理念贯穿。玩物而不恋物。缪荃孙在《王仙舟同年金石文钞序》一文中，曾将有清一代金石学者归为两派，一派为赏鉴家，主张"精购旧拓，讲求笔意"，其代表为翁方纲；另一派则为考据家，以"搜采幽僻，援引宏富"为宗，"专意于小学、舆地、职官、氏族、事实之类，高者可以订经史之讹误，次者亦可广学者之闻见"。而王昶是其典范①。谭献在晚清金石风气的鼓荡下，虽曾积极地参与其中，但从其"予于金石本无系恋""予论金石不甚贵难得及世所传孤本"②的言论及其"意存稽古"的旨趣来看，似乎倾向于考据一派，但从具体实践来看，却又是稽古之功少，品鉴之言多，呈现出一定的复杂性。而这

---

① 缪荃孙《王仙舟同年金石文钞序》，张廷银、朱玉麒主编《缪荃孙全集·艺风堂文续集》卷五，凤凰出版社，2014 年，第 361 页。

② 分别见同治三年三月廿六日、十月朔日日记，谭献《复堂日记》，第 2 册《城东日记》，稿本，南京图书馆藏。

种复杂性，或许正好体现了晚清普通文士参与金石流通的一大表征。

附录

仁和谭氏考藏碑刻墓志题名录①

梁萧憺东碑　　　　　　云峰之寺

峿台铭　　　　　　　　一生四坐对联摩崖

樊敏碑　　　　　　　　甘泉山石刻

三公山碑　　　　　　　溧阳（易）校官碑

朱拓裴岑纪功碑　　　　白云堂

静明劝垣等造像　　　　汉李夫人墓门画兽题字

黄龙白鹿纪瑞碑（即渑池碑）　中明之坛

又一幅　　　　　　　　薛先生墓志

山门　　　　　　　　　观海岛诗

其居所号　　　　　　　开通褒余道摩崖

泰石前铭并额　　　　　三公之碑

青烟之寺　　　　　　　石门魏晋题铭

王基碑　　　　　　　　晋郛君碑（二）

少室铭（又额一轴）　　又阴一

梁安康简王神道碑　　　君卿汉刻

梁新渝宽侯神道（阙）　太空王佛

隋舍利塔铭合装　　　　太室之山

浮丘子　　　　　　　　上游下息

李子墓题字（两轴）　　石门画像

---

① 据上海图书馆藏钞本整理。

梁安成王西碑额

栖息

大告贾山记旧拓

中岳之宫

唐金二钟拓合装

白云之堂

开母庙题名（季度铭后题名）

仙坛山门

耿伏奴郭静和合轴

此天柱之山

大基山铭告

河平初刻

石人题字

颜书逍遥楼

敬使君碑阴

曹真碑阴（又残碑一轴）

赤松子

如是

兖公之颂

三公山碑

滏阳石刻造像

云峰山

葛子良等造像（残题名）

温泉颂

吴季子庙碑（上下）

随宁子庙碑

中岳先生荥阳郑道昭游槃之山
　谷也

谷朗碑

吹角壩刻石

爨宝碑

周大林钟

开母庙铭（上下）

杨叔恭残碑

延光残碑

重登云峰记

醉钟馗石本

敬使君碑

鹤铭

梁九龙庙述（五代）

安期生

麃君刻石

武梁祠画像

汉双鱼洗

梁吴平侯神道

梁太祖神道

汉冯焕阙

沙南侯碑

佛心

琅琊台秦篆

朱阳之台

梁太祖神道（反刻）

嵩阳寺碑

故司隶校尉杨君追述

昆陵之山

九仙之铭

太室后铭

魏贾使君碑

岁在壬辰建

当门石坐

右阙

龙瑞宫记

常岳造像

仙人唐公房碑（又一幅）

魏晖福寺碑

醉翁亭记（四幅）

咏飞仙室

默曹残碑

石门铭（六幅）

高叡碑

白云堂解易老题字

魏阎氏造像记

魏高懿侯碑

郑文公上下碑（两轴）

东堪石室铭（上下）

梁建安敏侯神道二阙

兴福寺造像碑

徂来刻石般若经（六幅）

般若波罗蜜

齐梁子彦碑

武梁祠后出画像

齐唐邕写经记

梁临川王神道

周格伯簋

周寰盘

李禹表

阳嘉残石

西狭颂（六幅）

郑羲碑（八幅）

安定王

惟斯新政

中正胡寅

此白驹谷

云居馆题字

张勤果公神道碑（缩本）

杨府君宗墓表

天柱山铭（四幅）

魏刁惠公墓志初拓

梁安成王碑额

秦邓太尉祠堂碑

皇甫骈墓志

李宪墓志

张寿碑

马鸣寺根法师碑

晋王墓石人题字

丰乐亭（四幅）

十哲像赞

夏鸣之花鸟

端州石室记

般若台（四幅）

谷朗碑

小正（八幅）

阮氏藏砖

晋太公吕望表

齐刻经（十八幅）

水牛山般若经碑

十二部经名

张龙伯造像

隋青州舍利塔铭

颜书离堆记残字

仙集题字

齐太公表（上下）

东坡寿星拓本

福寿如意

隋写经

齐太公表（上下）

毗舍罗残刻

柏湾

木刻琴

如意

人寿兰香对一幅（摩崖）

富贵砖拓

周文王碑

唐王顺福碑

北魏孙秋造像

嵩阳寺造像

刘平国摩崖

浯溪铭

董洪达造像

皆公寺造像

石经残字

爨宝子碑

高叡三造像合装

秦廿九字徐刻

秦山廿九字阮刻

王橥虎墓志铭

魏司马升志

莱子侯刻石

路氏藏砖（七幅）

少室石阙

五凤刻

建宁砖拓

郑长猷

南齐石佛

汉武都等残题名

姜篆

北海王元祥造像记

饮郦延年

三老碑

汉沈君神道

牛橛

雁足灯款

朱子元残碑

天监茅山井栏题字

惠感张龙伯

吴香安造像

周巩君墓志

比丘等四造像合装

马天庆造像

景龙观钟铭

十种汉刻

刘懿墓志

齐孙旴造像

司马景和墓志

维摩诘经碑

裴岑纪功碑

司马元兴墓志

高植墓志

方氏曹拓

邑义六十人造像碑

吕惠卿兴安庙留题

刘玉墓砖

枕经藏专

元康凤凰画像

唐朱君墓志

董洪达

吴葛府君神道

郿州钟铭横幅

首山舍利塔铭(上下)

报德象碑(上下)

柳州残字

司马景和妻墓志

隋龙山公志

齐定国寺钟楼记(上下)

隋信州舍利塔铭

李洪演等造像

蜀侍中阙

始平公造像记

魏灵藏造像记

虢季子白盘铭(又拓本)

朱拓鞠彦云志

马巴奴等造像题名

隋张参军妻陶墓志

李超墓志

开母庙石阙

泰山廿九字真本

杨大眼造像

东塾石刻(四幅)

晋口宁唐

晋唐

仓城砖拓(四幅)

隋董美人墓志

汉刘平国摩崖

齐乾明元年造像

韩曳云造像

周宇文公碑

唐廊铭

隋龙池舍利塔

谒金天王祠记

仓潭砖拓

五凤刻石

魏鞠彦云墓志

建兴砖

元康砖

杨府君神道

孙宝憘造像

隽修罗碑

孟阿如

南汉地刻

又附柳州残字

高湛墓志

乞伏铭造像

赵廿二季石刻

晋刘韬墓志

升铭

元延铜拓

韩显祖等造像

洪宝

张道元造像记

十二辰镜

路臧重拓

凤凰甄拓

瘗琴铭多心经

傅洪达造像

太室石阙

齐永明桓幽州专拓

孙保

泰和张公祠祀记

莽年三物

隋当阳铜镂题字幢（八幅阙第一
幅）

李沇新田记

郑文公上下碑

魏李景升墓志

晋刘韬墓表

魏吴高黎墓志

凝禅寺三级浮图

水牛山文殊经

初拓曹景完

汉残碑及造像三十六种

兰庭黄庭经石二册

泰阙字

魏张府君墓志

太公吕望表二册

旧拓史晨碑

皇甫君碑

周子隐碑

重修孔庙碑

颜书离堆记残字

褚书圣教序

弔比干文又碑阴

潘氏缩本古碑

随宋永贵墓志

孔彪碑

近时拓本九成宫

二爨合册

隋造像

孔庙三碑

武氏祠碑

汉武荣碑

后齐造西门豹祠

汉郎牛郑君碑

近人蒐辑新出唐宋碑三十四张

昭仁寺

孔季将军

晋孙夫人

周华山庙碑

粤刻怀仁圣教

随龙藏寺

诸葛祠堂碑

郎中郑君碑

淳化阁五册（明肃府本）

历代名臣法帖二册

隋萧宝秩等造像

元靖先生残石

普照寺

仙坛记

石印华山庙碑

重刻怀仁碑

石幢记

王羲之圣教

孔陵碑全分

黄初三碑

齐陇东王临淮王碑

论经书五言诗碑

白驹谷题字

铁象颂

张迁碑

魏灵造像

杨大眼孙秋生造像

龙门造像十种

平等寺

汉刻四种

嵩高灵庙碑又碑阴

等慈寺

伊阙佛龛

魏李宪墓志

范巨卿

龙颜碑

玄秘塔

圣教序

吴禅国山碑

兖公颂

耿君表

张猛龙碑

爨宝子

同州圣教

孟法师

魏高贞

石门颂

魏王基

旧汉韩仁铭

衡方碑

景君碑

鲁峻碑

西狭颂

石门铭 吴天发神谶碑（海内孤本）

梁吴平忠候神道阙 秦碑合册

曹全碑 旧拓石鼓文

汉纪信碑 国初精本

爨使君碑 旧拓史晨碑

始皇东巡刻石 琅琊石刻

麓山寺 张猛龙碑

温泉颂 旧拓孔元上人礼二碑

周南碑 曹子建

永健石堂刻石 郑郎中碑

又旧拓精本十一种 敬使君

又汉、唐、宋、元、明、国朝碑帖、墓志、造像、题字等品（计十大包合一箱，未裱）。复堂年伯所藏碑帖大都均有题识，即未曾装裱，尚亦加朱墨。殁后，将以上各件让于许氏，今不知尚存否？寿祺志。

第四章 互证:多重文献交织中的《复堂日记》

在谭献的已刊或见存著述中,除耳熟能详的日记、诗词及词选等之外,尚有一些与日常交游密切相关,但具有强烈"时效性"的著述,如《池上题襟小集》《群芳小集》《群芳续集》《复堂填词图》,以及日常来往的书信等。这类著述的撰作,一般都与特定的时地、人物或事件相联系,一旦收入刻本或脱离原有语境而单行,则难免丧失产生时的现实场景。而稿本日记的存在,正可以与这些文献达成互为映照的两维,呈现出文献后面所潜藏的丰富细节。本章选取谭献与庄棫的交往历程、《群芳小集》《群芳续集》的成书、《复堂填词图》的绘制与题咏等三个事件作为考察对象,即有意于在多重文献的交相为用中,进一步凸显稿本《复堂日记》的特质及其价值。

第一节 谭献与庄棫交游详考
——兼及谭、庄并称的由来

庄棫(1830—1878),一名忠棫,字希祖,号中白,别号蒿庵,江苏丹徒人。其人与谭献在同光间有齐名之称,谭献同治十一年(1872)正月十八日日记即云:"己未以后,东南皆称谭、庄,庄则中白。"①徐珂在《复堂词话》跋语中亦复述云:"同光间,吾师仲修谭先生,以词名

---

① 谭献《复堂日记》,第12册《壬申琐志》,稿本,南京图书馆藏。

于世,与丹徒庄中白先生棫齐名,称谭、庄。"①后朱祖谋更以此入词,其《望江南》云:"皋文说,沆瀣得庄、谭。感遇霜飞怜镜子,会心衣润费炉烟,妙不着言诠。"②但有关二人的交谊及其词学关联,除方智范《谭献〈复堂日记〉的词学文献价值》一文有所勾勒外③,迄今并无专论。近年来,伴随《复堂师友手札菁华》及大量清代诗文别集的影印面世,特别是稿本《复堂日记》的发现,至少在史料层面,为厘清二人的日常交游及其并称缘由,开拓了空间。本节即拟从谭献与庄棫的三次相会、书信往还与日常交游及庄、谭并称的诗词渊源等三个方面,对二人的交往始末作一次系统的梳理,以期填补这一空白。

一、谭献与庄棫的三次相会

关于庄棫其人其事,目前所能依靠的直接史料,管见所及,仅谭献《亡友传·庄棫》《周易通易叙》《蒿庵遗集叙》及袁昶所撰《哀辞》等数篇。至于谭、庄二人的交往事实,则当数《亡友传·庄棫》所述为最详。其略云:

> 庄棫字中白,江南丹徒人。……咸丰五年,游京师,以资绌不得上官,待试京兆,居萧寺中,门多长者车辙。献揖君顾亭林祠下,遂称知己,一时结道义交者,李汝钧子衡、杨传第听胪、易佩绅叔子、吴怀珍子珍也。……江东既定,大府奏开书局,延访方闻士,君乃谋食淮南、江宁,校正群籍。惟曾文正公叹为异才,

---

① 谭献《复堂词话》,人民文学出版社,1984年,第55页。

② 朱孝臧著,白敦仁笺注《彊村语业笺注》卷三,浙江古籍出版社,2016年,第444页。

③ 方智范《谭献〈复堂日记〉的词学文献价值》,《南京师范大学文学院学报》2003年第3期。此文在"谭献与庄棫之关系"一节中,根据现存史料,主要论证了庄棫为谭献词学"导夫先路"的引路人这一点,对于某些交往细节,则因所见仅为刊本日记,故多有缺略。

始终敬礼之。时耆旧则丹徒柳兴宗,穷交则德清戴望、仪征刘寿曾、桐庐袁昶,皆喻君学术,他人不能也。治《易》久,渐通历数,益信纬候,第以心力衰于奔走,未能布策,心知其意而已。曾公薨,遂倦游。光绪三年七月,访献于安庆,语穷三昼夜。年未五十,谆谆言身后事,献默讶其不祥。明年竟病,没于家。①

据此,则庄、谭相会共有两次,一是咸丰初年在北京,一是光绪三年(1877)七月在安庆,前后悬隔二十余年。然则,此二十余年间,二人是否还曾有过相会? 至于已知的两次会面,二人间又有过哪些交往细节? 诸如此类的问题,都还有重新予以钩沉的必要。

有关二人的初次相会的具体年份,当以谭献初至京师的时间为基准。今刊本《复堂日记》卷七有云:"予以咸丰六年客京师。"②此句虽事后追述,非原本日记所有,但所言当是事实。因光绪七年七月初三日日记又有"记咸丰六年八月,彗光最长,殆如匹练。予夜夜于齐鲁道间,开车辄见"(第 42 册《山桑宦记》五)的记载,所述当即自杭州往京师时途中所见。而谭献得见庄棫于顾亭林祠下,或亦在是年秋冬。故自此至咸丰八年秋,二人有将近两年的共处时间。至于其间的交游细节,虽无现成的日记、书信来作具体的呈现,但从谭献往后的记述及相关的诗文别集中,也能了解一二。如同治七年四月初五日日记云:"过广慧寺,问子珍枢不得。顾瞻庭宇,回首十年前,与中白晨夕谈燕,真如雷鸣爪印矣。"③子珍,即吴怀珍。广慧寺即庄棫等待试京兆时栖身之所,地处宣南,道咸间为名流士子聚集之所,一时诗酒文会甚盛。咸丰初年,叶名澧、许宗衡、朱琦、易佩绅等俱在,谭献入京,蒙邵懿辰推许、举荐,得与诸老辈相接,时常参与到当时的燕饮中

① 《谭献集·复堂文续》卷四,第 251—252 页。
② 《谭献日记》,第 149 页。
③ 谭献《复堂日记》,第 7 册《计谐行录》,稿本,南京图书馆藏。

去。如叶名澧《敦夙好斋诗全集》中即有《朱伯韩招同李子衡、杨汀鹭、吴子珍、谭仲修集饮，醉成一绝》《寒露后四日杨汀鹭招同朱伯韩、韩介孙、许海秋、李子衡、钟辛伯、吴子珍、谭仲修小饮》《展重九日邀朱伯韩、许海秋、李子衡、方子颖鼎锐、王霞举、杨汀鹭、吴子珍、谭仲修集饮市楼，海秋即席得苍苍月东出句，同人分韵足成之，余得买字》等诗。日常的诗酒唱和，当也是庄、谭二人当日交游的主要内容。如易佩绅《函楼诗钞》卷二即有《同谭仲修、庄中白集都门城西酒楼》一诗，作年为咸丰七年(1857)；又叶名澧《谭仲修廷献、庄蒿庵忠棫以秋宵唱和诗见示因赠》，作于咸丰八年。至于庄、谭二人间，更不乏同题赓和之作，如《蒿庵遗集》卷四载有庚戌至戊午间初存诗五十七首，其中有《古意四首同谭献》《雪》《南征诗为朱黄门丈赋》《秋夜绝句四首》《赋得丹凤城南秋夜长》等，卷八补遗诗中又有《送吴二怀珍之杭州》《大风赠尹侍御耕云》《秋宵绝句同仲修作》(补八首)、《酬叶阁读见贶城西两年少之作》。相对应的，在《复堂诗》卷二中，亦载有《古意四首和庄棫》《雪和中白》《送朱黄门丈》《秋夜绝句四首》《赋得元菀城南秋夜长》《送吴子珍南归三首》《乐府诗赠尹侍御耕云》《答内阁侍读叶名澧》等诗。另外，谭献同时所作尚有《玩月和庄中白》《赠丹徒庄棫中白》等，这些诗在庄氏集中虽未见和作留存，但当时互有赠答，应是无疑的。在诗歌酬唱之余，二人当时还偶有词的同题共作。今《蒿庵遗集》卷十有《水龙吟·和秦淮海》一阕，作词时间为"丁巳"，即咸丰七年。从词题来看，似乎找不到痕迹。但《蘦芜词》中恰好保留了和作，题为《水龙吟·春思用少游韵》。这也是所见二人最早的一首次韵词[①]。

---

① 庄、谭唱和词所见极少，另外一首为《凤凰台上忆吹箫·和庄中白》。庄词见《蒿庵遗集》卷十二补遗词，词云："瓜渚烟消，芜城月冷，何年重与清游。对妆台明镜，欲说还羞。多少东风过了，云缥缈，何处勾留。都非旧，君还记否，吹梦西洲。　　悠悠。芳辰转眼，谁料到而今，尽日楼头。念渡江人远，依更添忧。天际音书久断，还望断天际归舟。春回也，乍能教人，忘了闲愁。"

除诗词唱和之外,二人间还偶有书籍的往还,谭献同治十一年四月初七日日记云:"往年在京师,中白贻我《卿云二集》,为汪孟慈读本。"①所谓《卿云二集》,当是司马相如《司马长卿集》、扬雄《扬子云集》的合刻或合钞本。汪孟慈即汪喜孙,为汪中之子,此本或是汪氏课读之本。谭献平生于汪中文章学术甚为推崇,其端此时或已有所体现,故庄氏以是书相赠。咸丰八年九月,谭献南归杭州,庄棫、易佩绅送之于广慧寺,"三人相向,哭失声"(第51册《休景记》)。此后,谭献因避洪杨之乱,辗转于汀州、厦门、福州,庄氏亦流离转徙于泰州、扬州、金陵等地,二人不相见者达十余年。

其实,依据谭献稿本日记可以获知,在咸丰八年北京话别至光绪三年安庆重逢之间,二人在同治十年正月还有一次短暂的相会。谭献以同治四年三月自福州登舟返里,供职于诂经精舍、采访忠义局,同治六年中举,与李慈铭等同被任命为浙江书局总校,因此踪迹总不出浙江范围。同治七年春入京应试②,不第,授秀水教谕。同治九年十二月,再次入京,与庄棫的相逢正在途经扬州之时。事实上,对于此次相聚,此前已有约定:

> 十年瞬别,思念良殷。明岁礼闱,可否由敝省迳往。湘乡为当代人望,虽与弟辈取径不同,然不可当吾世而不一识之,且见无所求,尤足矜重。迩时或便道至扬州,由淮壖进发。弟亦可握手作数日谈。或弟至金陵,亦无不可也。前途踪迹,甚属茫茫,

---

① 谭献《复堂日记》,第12册《壬申琐志》,稿本,南京图书馆藏。

② 此次入京,庄棫亦有一札致谭献,其略云:"二月晦接在上海手书,知已赴礼部试,亟欲达书京师。子高以无定居,且闻子高言,今年必至金陵,是以中止。相别十年,颇思聚首,惟恐君至金陵,仆尚栖迟海上,踪迹相左,故留数言。"(《复堂师友手札菁华》,第714页)是当时亦有聚首金陵之约。

能得握手，皆为幸事。①

自咸丰八年北京话别，至此已逾十年。庄氏知谭献同治十年又将赴京应试，故来信相邀，以为可便道至扬州，作数日之留。同治九年十二月初九日，谭献自杭州登舟，以同治十年正月初八日抵达扬州。初九日入城，当天日记云："庄中白归泰州度岁，为别十四年，一见为渡江第一事，踪迹忽左，诵少陵'人生不相见，动如参与商'之诗，能无霅涕。"②晚间又作《寄庄中白》二诗，中有"稍忍逢君泪，微闻尽室贫。南归堪计日，天许傥相亲"③之句。而相见实在次日，日记云："入城见廉夫，旗亭小集，中白已自泰州来，相见悲喜，谈良久。……复与中白集于旗亭，晤郭尧卿、张石朋，至中白寓居小坐，见其近年诗，益柔厚，匆匆不能悉诵也。中白、廉夫送于城隅，珍重而别。"④则此次相会不过是稍作晤谈而已。此后二人复各奔东西，日常交游又重新回归到邮筒往来的状态。

光绪三年七月朔日，庄棫自扬州来访，时谭献正寓居安庆府署，等待候补。当天日记云："知庄中白从扬州来访，回寓见之。不相见踰六年，固不殊共晨夕也，遂与纵谈。"⑤庄氏此次前来当有所求。庄氏自曾国藩殁后，已去金陵书局校书之职，同治十一年以后，受何绍基之聘，校书淮南，然何氏又于同年去世，书局日渐有名无实。今《复堂师友手札菁华》所收庄棫致谭献书一通有云：

---

①　此为《复堂师友手札菁华》所收庄氏书信之一，末署"九月七日书于扬州寓庐"，据信中所云："弟今年因菏泽相接甚殷，猝遭大变，是以七月杪北渡，握手骊驹者，开生、子高也。"（《复堂师友手札菁华》，第711页）可知是书作年为同治九年。菏泽即马新贻（山东菏泽人），所谓"猝遭大变"，当指同治九年七月遇刺一事。

②　谭献《复堂日记》，第9册《独漉小记》，稿本，南京图书馆藏。

③　《谭献集·复堂诗》卷五，第473页。

④　谭献《复堂日记》，第9册《独漉小记》，稿本，南京图书馆藏。

⑤　谭献《复堂日记》，第5册《丙寅记》，稿本，南京图书馆藏。

书局有名无实,现在空至十三个月,居者无以为计,在外朝夕,亦复为难。督部今日至扬,此后尚不知如何光景。弟自甲子以后,为筠仙所言,依曾文正于江宁,碌碌数年,一无所得。俗云再来不值半文钱,况今日文字久废。慰翁处久不通消息,弟亦怕同人说,而光景实在枯鱼之肆,奈何!如有信与慰翁,何妨代为一言,大江南北以及淮海之交,有可为谋,不过为度朝昏耳,岂有他望哉!年将五十,今年决计下场,能得金陵秋日畅言数日,则幸甚矣。①

此札虽未署作书年月,但据书中所云"次子十龄""系子午卯酉四字俱全之命(卯年午月酉日子时)"二语,可推知作年为光绪二年②。来书之意在于请谭献致意薛时雨,为其在江宁等地谋取一职。此次至安庆,当即为此事而来。故次日谭献分别致书薛时雨、刘履芬、沈善登等,以庄氏陆续将有南京、苏州、上海之行③。逗留三日后,庄氏别去。日记云:"饭后昼寝,与中白话别,治具为饯,拉次衡来集。送中白出门,惘惘,万难为怀。中白七年不见,颇有老境,可念也。"初四日又云:"晨起徘徊,中白行矣,有庭空情满之叹。"④别去不到一年,庄棫即于光绪四年五月去世,此次相会遂冥冥中成为二人的生离死别⑤。

---

①　《复堂师友手札菁华》,第 720 页。

②　据稿本日记,光绪二年三月至十月,谭献共接到庄氏书五通。分别为三月十六日、三月廿四日、七月初五日、九月初四日、十月初十日。又书中言"清明日得君惠书",然此年日记并无清明作书的记载。

③　日记云:"午后入署,作寄慰师江宁书,寄泖生吴门书,寄沈谷成同年书。盖中白将游白下、吴门、沪上也。"(第 5 册《丙寅记》附)

④　谭献《复堂日记》,第 5 册《丙寅记》附,稿本,南京图书馆藏。

⑤　谭献在光绪四年五月十四日接到庄氏讣书时,回想此次相会情形,有云:"去年七月,中白访我。怀宁月夜,促膝话旧。中白身世多伤,有不祥言语。岂意匆匆送别,从此终古。"(第 36 册《天都宦记》)便深有所感。

二、"千里恒如一室"：书信中的日常往来

梁启超在描述清代的"学者社会"时曾论述道："清儒既不喜效宋明人聚徒讲学，又非如今之欧美有种种学会学校为聚集讲习之所，则其交换知识之机会，自不免缺乏。其赖以补之者，则函札也。"①此处所言虽有专指，但其实无论学者、文人，在交通方式相对落后、联络手段比较匮乏的年代里，书信这种不限时地的交流形式，必然成为他们日常交游的首选。但书信与日记类似，均非为发表而创作，创作者所面对的也往往是自己或某一特定的人（也有在友朋中传观的现象），具有鲜明的"非公共写作"的特质②。正因为这种非公共性，致使书札文献往往难以完好保存，阅后即焚的现象亦时有发生。就谭、庄二人而言，谭献致庄棫书，至今一通未见；庄棫致谭献书，所得亦仅《复堂师友手札菁华》所收十二通及《蒿庵文集》所录一通而已。这少量的存世书札，当然不足以说明二人的交谊。问题是，二人间通信的数量与频率到底又是如何呢？

谭献、庄棫二人，自咸丰初年相识至光绪四年庄氏去世的二十余年间，相会虽仅有三次，但书信往来则是不曾间断。这一点可从谭献稿本日记中得到印证。日记排日记事的特点以及用备遗忘的功用，决定了它在日常事务上的巨细无遗。稿本《复堂日记》作为谭献一生行事的总括，其中有关书信写作、收发的内容十分丰富。今以稿本日记为基础，将庄、谭二人书信往来的信息，作系统梳理。大体可得出以下两点结论：一是自咸丰十年（1860）至光绪四年（是年五月，庄棫去世）的十八年间，庄棫共致书谭献 27 通，谭献致庄氏书亦大体相

①　梁启超著，朱维铮导读《清代学术概论》，上海古籍出版社，1998 年，第64 页。

②　关于书札文献的特质及价值，可详参邹振环《清代书札文献的分类与史料价值》，《史林》2006 年第 5 期。

当,共有 28 通,则二人书信往来凡 55 次[1],平均在一年三通左右[2];二是,从具体年份上来看,以光绪三年为最,书信往还达 9 次之多,其他如同治七年有 8 次,光绪元年有 7 次,光绪二年亦有 6 次。值得注意的是,二人的书信往来,几乎半数都集中在最后的数年间。当然,日记所载只是简单的事实记录,以上所归纳出的也仅仅是一堆干枯的数据,充其量只能作为二人有过较多交往的证据。至于二人书信往还的前后轨迹,以及通过书信交往所达到的广度与深度,还得通过书信本身的内容来反映。

但稍存遗憾的是,二人来往书札,今多不存。目见所及,仅庄棫致谭献书十通而已(诗札、词札除外)。最早为咸丰十年(1860),最晚为光绪二年,其他均为同治二年至同治十一年间所作。书信内容以个人遭际及身世之语为多,如:

> 京师之别以九月,是冬在家,贫不可问,而内难朋兴,至已未夏初,始有条理。遂于是秋决计移家于泰州东百里之曲塘,自此以后,大返乎昔所为,而穷益甚。去年几无生理,今年稍缓须臾,必须得一进步,始可苟延岁月。筠仙初至,不能遽然相求,中间生一女一子,子尚可人,昌黎所谓娟秀静好者也。[3]

此书作于同治二年七月十五,谭献八月廿一日日记云:"得中白书,知其近状,甚慰。"(第 2 册《城东日记》)所言当即此书。咸丰八年

---

[1]　实际数量当远不止此,今《复堂师友手札菁华》所收十二通中,作于同治八年至同治十年间者即有四通,而日记所记仅一通。但总量不会加倍,却也是可以肯定的。

[2]　日记中有关寄信、收信时间,还可以作为衡量当时邮递效率一种参考。谭献、庄棫所处基本不出江南范围,邮递的时间长短,或许可以作为探究"江南学术共同体"形成的一个依据。

[3]　《复堂师友手札菁华》,第 698—699 页。

京师之别后，除咸丰十年所寄论《毛诗》一书外，不通一字已三年有余。故庄氏在札中备述数年以来踪迹。其中不仅涉及移居之事，甚至连所育子女亦在所不遗，二人交情，于此可见一斑。又如：

> 至于处境，一年窘甚一年，初过湘乡，妄谓有所树立，及湘乡去后，颇欲为啖饭计，亦卒不可得。今则愈无论矣。同事诸人多冬烘，妄自以为宋元者，然与之处三年矣。湘乡所信任者，惟湘中人耳，余则备员而已。当合肥之将至沪滨也，湘乡本未专意于合肥，而舍合肥外，竟无人敢至沪滨，而合肥竟列五等矣。①

此札乃同治七年四月所作，庄氏时校书金陵书局。其中所言不仅为个人处境发，甚至还牵涉到当时曾、李间微妙的利害关系。庄棫校书金陵，始于同治四年，时曾国藩为两江总督。庄棫此次投奔曾氏，本欲有所作为，然终不得意，因而在书信中屡屡言之。如同治八年秋致书又云："白下四年，销声匿迹。初谓湘乡必可以稍为见用，乃湘乡之意别有所在，欲使尽归于庸茶，一道同风。在下者不致有所作为，在上者可以驱使如意，未尝非谋国之深心。合肥益卤莽矣。"②言语中多含不满。此种话语，若非私交甚好，绝不可能轻易显露。至于收信人谭献的回应，虽原件不存，但其读信时的情感波动与共鸣却能从日记中了解一二，如"得中白书，如闻渐离筑音也""得中白书，其言绝痛""得中白扬州书，触绪寡欢""得中白书，凄然身世之语，不忍卒读"，类似的话语也是屡屡形诸笔头。

---

① 《复堂师友手札菁华》，第 714—715 页。据札中所言"年近四十"，可初步推知作年在同治八年的前两三年间，又书中云："二月晦接在上海手书，知已赴礼部试。"谭献赴京会试在同治七年，则此书当系于此年。

② 《复堂师友手札菁华》，第 716 页。此书虽未标明年份，但据书中所云"白下四年"及"湘乡已移督畿辅，代者为鹤山"二语，可推知作年为同治八年。

当然,除了这种日常性的倾诉外,学问与著述的互通声气,更是书信往还中的常态。其中有著述的赠予、传观,如其中一札云:"《群芳小集》先睹为快。"①《群芳小集》为谭献同治十年所著梨园花谱中的一种。是书撰成在四月二十一日,刻成则更在其后。而庄氏获得此书的时间为是年九月②,则所读未必为刻本,或是谭献在第一时间誊抄的本子③。同时,庄氏也随时以所著书告知谭献,如:

> 弟年来成书有《易纬通义》(子高处有副本,尚求大序),自顾此书,虽未尽其蕴,可称绝学。惧言之太详,京房足为鉴戒。此外有《荀氏义》九卷《升降》一卷,不过经生家而已。近颇有志于《谷梁》,镇江有柳先生者,学人也,治《谷梁》,为《刘向年谱》,弟拟为定正之。④

《易纬通义》八卷,与《大圆通义》十六卷一道,为庄氏数十年治《易》的结晶。从书中所言,亦能看出其人对此书的自信。除交待已有著述外,对于即将从事的研究,亦及时告知。柳先生,即柳兴恩(1795—1880),字宾叔,江苏丹徒人,与庄氏为同乡,著有《谷梁大义述》《刘向年谱》等书。且作此札时(同治九年),柳氏尚存,则庄氏此

---

① 《复堂师友手札菁华》,第705页。

② 札云:"九月三日得来书,知有弄璋之喜,四十之年得此,良足慰也。"(《复堂师友手札菁华》,第705页)谭献四十岁在同治十年,是年五月十三日,其施姓妾生有一子,日记云:"施姬以午时举一子,啼声甚高,子妇无恙,甚慰。"(第11册《金门日录》)

③ 是书刻成当在同治十一年,王诒寿日记可为佐证,其同治十一年十一月廿一日日记云:"仲修《群芳小集》已刻成,重读一过,颇胜近人白门新柳万万也。"(王诒寿《缦雅堂日记》,《上海图书馆藏稿钞本日记丛刊》,第26册,第111页)

④ 《复堂师友手札菁华》,第713页。

举殆预为乡贤校定平生著述。至光绪二年,庄氏又以所著《大圆通义》八十一篇、《荀氏九家易》十一卷、诗文词删存稿等寄呈。庄氏逝后,谭献乃为其细心校定遗稿,光绪十二年七月十四日日记云:"坐清心堂竟日,校蒿庵赋六篇,与予藏稿合乐府前一卷同。予尚有乐府二编一卷、诗三卷,与定本大异,当以定本付刻而补之以他稿。其中有可删者,有必删者。词二卷,手稿写本去留不同,当详加审正。予所藏一册为中白在时寄示,有赋有词。一册为郎君信谷寄来手稿,有乐府二卷、词一卷、庚午以后诗二卷、杂文数篇。一册则自定《蒿庵诗》三卷,倪元卿写本最完,但当续入庚午以后作一卷。词即以子笠写本为主,稍集遗篇,为《乐府诗补遗》《蒿庵诗补遗》《片石词补遗》各一卷。可以传矣。"①又光绪十三年六月十九日日记云:"定中白《静观堂文》十七卷毕,删定为七卷。又检箧中中白手稿十二篇,补入三首。"②正因如此,庄氏的大部分著述,特别是其所珍重的《大圆通义》,得以及时刊刻行世。总之,自相识至庄氏去世的二十余年间,二人虽相会仅有三次,相处不过两年,但频繁的书信往还,弥补了这种时空隔绝,让二人始终有"千里恒如一室"之感。

三、庄、谭并称的两个层面及其诗词渊源

庄、谭并称一说,最早见于《复堂日记》。其同治十一年正月十八日日记云:"箧中适携廿年前所刻《化书堂初集》诗词一册,偶诵终卷,怅触旧怀,如幻如梦,五中不知何味。即以交游言:二十岁前称谭、高,盖昭伯。入京师称吴、谭,盖子珍。己未以后,东南皆称谭、庄,则中白。丙寅、丁卯间,忽有人举海内三异人,谓:长沙左梦星枢、常州刘申生及予。"③己未,即咸丰九年,也即二人京师之别的次年。那

---

①　《谭献日记·补录》卷二,第 263 页。
②　《谭献日记·补录》卷二,第 267 页。
③　谭献《复堂日记》,第 12 册《壬申琐志》,稿本,南京图书馆藏。

么,似乎可以做出以下推断:庄、谭并称的形成当与二人在京期间的诗词活动密切相关。问题是,无论是谭、高、吴、谭,还是左、刘,其并称之缘由,似均在诗文。那么,当时所推扬的庄、谭,其具体指向又是什么? 是诗还是词? 得以并称的契机或者说依托又是什么?

咸丰间庄、谭二人在京师的诗词唱和活动,已在文章的上一节作了较为详细的梳理,但其间还有一事值得在此单独申说,那就是二人诗词的第一次合刻。刘履芬《古红梅阁集》有《庄蒿庵谭仲修诗余合刻序》骈体一首云:"丹徒庄蒿庵、仁和谭仲修两君客游京师,友人刻其所为词二卷,而督序于余。"①对于此文所序的合刻本,历来没有详细的说明。朱德慈作《庄棫行年考》"咸丰八年"下亦仅云:"刻所为词四十首(《中白词·自序一》)。户部主事刘履芬为之序。"②所据乃庄氏《中白词自序》,实际可能并未见过原书③。其所以然之故在于,本就没有一部名叫《庄蒿庵谭仲修诗余合刻》的书,所谓诗余合刻只是原书的附录,确切的书名应该是《三子诗选》。

《三子诗选》不分卷,蔡寿祺辑④。全书共收录邓辅纶《白香亭诗》三十首(附王闿运诗二首)、庄棫《蒿庵诗》三十首(附郭燮诗一首)、《蒿庵词》一卷,以及谭献所著《复堂诗》三十首(附吴怀珍诗七首)、《复堂词》一卷,卷首有蔡寿祺咸丰七年九月序文一篇。序云:

> 今武冈邓弥之、仁和谭仲修、丹徒庄中白,三君者,以盛年负绝学,相其意度,揖让晁、贾,凌厉祖、刘,斯不难耳。顾弥之在戎

---

① 刘履芬《古红梅阁集·骈文一稿》,《清代诗文集汇编》第 703 册,第 761 页。

② 朱德慈《近代词人行年考》,第 149 页。

③ 且刘履芬序云:"余诺而不果为,两君亦先后旋里,贻书重申此言,因取所刻读之。"(《古红梅阁集·骈文一稿》,《清代诗文集汇编》第 703 册,第 761 页。)则序非作于咸丰八年可知。

④ 蔡寿祺《三子诗选》,咸丰七年(1857)刻本,上海图书馆藏。

马间,未竟其用,而二君者嗫不得施,故其矢诗之旨,皆睠君国之怀,揽衰盛之几,哀窈窕、思贤才,关雎之兴,其在斯乎?其在斯乎?仆浮湛侍从,职志咏歌,幸先后识三君,感邓诗之遒逸,谭诗之古秀,庄诗之绵丽,系于诗教,何必尽同。是以董而集之,都为一篇,又各以其乡齐名友善者三人附焉。①

蔡寿祺(1815—1868),原名殿济,号槑庵,江西德化人。道光二十年(1840)进士,咸丰间为翰林院编修,当时与谭献、庄棫均有往来②。至于邓辅纶、王闿运,其人当时亦在京师,故庄棫在赠易佩绅的诗里发出"任侠狗屠燕市少,秋风兰芷洞庭多"③的感慨,并于自注中云:"时佩绅与武冈邓辅纶、攸县龙汝霖、湘阴王开运、长沙李寿蓉俱有名。"④而所言及的这些知名人士,即多为晚清"汉魏六朝诗派"(也称湖湘诗派)的代表性人物,其中尤以邓辅纶为中坚。顾名思义,湖湘诗派的最大特点正是诗宗汉魏六朝,其意图在于与当时盛行的宗宋诗风划清界限。庄、谭得与其并列,在很大程度上自然也是源于诗学取向上的类似。关于这一点,庄棫在其诗《自序》中已有明确的说明:

余弱冠后始学为诗,久无所得。癸丑岁避兵海上,杜门谢人事,肆力于萧梁《文选》,始读选诗,继稍稍得其要领。知诗有六义比兴之旨,辞虽不同,义则一也。遂取汉魏六朝下至初盛唐诗

---

① 蔡寿祺辑《三子诗选》卷首,咸丰七年(1857)刻本。
② 庄棫《蒿庵遗集》卷八有《怀秦中故人三首》,其二即《蔡编修寿祺沉沦词馆,十岁不迁,而诱掖后进,颇有古风,近作雍梁之游》;谭献《复堂诗》卷五亦有《答德化蔡编修丈寿祺》一诗。
③④ 庄棫《赠易大佩绅》,《蒿庵遗集》卷八,《清代诗文集汇编》第 711 册,第 292 页。

遍读之,并旁及郭茂倩编次乐府,益自以为可信。后交杭州谭献
仲修,学与余同,更加研究,共相切劘。①

学诗由《文选》入,范围不出初盛唐以前范围,于此可见其诗学宗
尚。其实,这种"复古"诗风在其诗歌创作中亦有鲜明的体现。如《蒿
庵遗集》卷一、卷二所录即全为乐府诗,凡九十一首。在谭献看来,此
乐府二卷正是他最为得意的作品,日记云:"两日阅庄中白遗集。乐
府二卷是其最得意者,其中点窜古辞,竟有不易一字者,乃扬李于鳞
之波邪? 精能直到魏晋处,诚不可及。"②另外,在卷四至卷九中,类
似的拟古诗篇也是不绝于目,如《杂曲三首代徐陵》《悲回风》《雨雪
曲》《长安游侠儿行》《任城行》等。至于谭献,则略举一端即可说明,
今扬州图书馆藏有谭献早年所选《复堂古诗录》稿本,其中选录汉魏
六朝诗凡七百三十四篇,序云:"献撰录是集,亦欲推本情性,规矩雅
颂,匪徒标举美文,遗饷学子。裁断或失,时时有缘情绮靡者错乎其
间,此则献之罪也。然必有可以触类焉者,庶有知者理而董之。"③除
《古诗录》外,谭氏还编有《唐诗录》《明诗录》,并拟编选《国朝诗录》,
唯独缺少《宋元诗录》,这种选诗倾向已经充分展现了他的诗学取向。
总之,无论是"规矩雅颂",还是标举"六义比兴",二人崇古的诗学内
涵无疑是一致的。

也就是说,在当时看来,庄、谭并称,在很大程度上是取其诗而非
取其词的。对此,汪宗沂在《庄氏乐府诗叙》中也有所表述,其略云:

---

① 庄棫《蒿庵遗集》卷四,《清代诗文集汇编》第 711 册,第 262 页。
② 谭献《复堂日记》,第 42 册《山桑宧记五》,稿本,南京图书馆藏。
③ 谭献《复堂古诗录》,稿本,扬州市图书馆藏。《唐诗录》亦存于是馆,惜
《明诗录》未见,《国朝诗录》则未必编有成书。关于谭献的诗学宗尚及其谱系建
构,拟另撰一文加以讨论。

"庄君中白学诗十余年，海内谈艺者以与仲修谭君并称，诗名震遐迩。"①其实，在京期间二人的诗歌唱和，也是古韵盎然，如《古意四首》《赋得丹凤城南秋夜长》《大风赠尹侍御耕云》等。不仅如此，不管是书信，还是日记，二人所谈、所述，亦多是针对诗学而言，最著者如：

> 因蒋子相购《宛邻书屋古诗录》，甚喜，复还旧观。予治古诗以此书为始事。庄中白尝以常州学派目我，谐笑之言，予方愧不敢任也。盖庄氏祖孙、张氏昆季、申耆、晋卿、方立、稚存、渊如皆尝私淑，即仲则之词章，又岂可多得者乎？②

此则日记记于同治八年五月，然庄棫所发"谐笑之言"，当在此前，或即在京时期亦未可知。《宛邻书屋古诗录》为张琦所编，张琦即张惠言之弟。当时二人均肆力于古诗，谭献以此书为范本③，勿怪乎庄棫将其归入常州派。但所言指向的是其诗而未及词，也是显而易见的。在日常交往中，以诗学相推许、相品评的例子也是屡见不鲜，如同治三年二月廿八日日记云："予欲取吴子珍、庄中白、戴子高、周季贶四友诗合刻，以为他日箧中之先，子中或并列入亦宜。"④又同治十年正月初十日日记云："至中白寓居小坐，见其近年诗，益柔厚，匆匆不能悉诵也。"（第9册《独漉小记》）在来往书信中，亦存在类似情形，如光绪二年四月庄棫至谭氏一札，即为论颜、谢诗而发⑤。又如：

---

① 庄棫《蒿庵遗集》卷二，《清代诗文集汇编》第711册，第247页。
② 谭献《复堂日记》，第8册《稿簿》，稿本，南京图书馆藏。
③ 刻本日记云："《宛邻书屋古诗录》，十五岁以来所诵习。汀州陷时，书箧尽失。今年常州所刊本，蒋子相贻我，得还旧观。"（《谭献日记》卷二，第41页）与稿本相较，颇有异词。刻本所言当为事后所添。
④ 谭献《复堂日记》，第2册《城东日记》，稿本，南京图书馆藏。
⑤ 谭献光绪二年四月廿四日日记："雨中得中白去年书，论颜谢诗有深见。"（第18册《丙子新书》）惜此书不存。颜即颜延之，谢即谢灵运。

別十年来,心所器许,亦惟有足下。一时瑜亮,有所不辞。以笔墨而论,君则诗胜于文,诗胜于词,弟今日则反是。以处事而论,足下则李将军,仆则程不识。近乃静而思动矣。①

此为庄棫就诗、词、文三方面对谭献所作的品评,在他的心目中,谭献的诗是三者中最出色的,一如谭献认为庄氏所为乐府诗是其擅场一样。凡此种种均可说明,至少在咸同之际,二人并称的缘由在诗而不在词。

当然,不可否认的是,《三子诗选》所附还有二人填词,所刻包括庄棫四十首,谭献五十八首。卷末有泾县吴绍烈一跋,略云:"庄中白词源出清真,而比兴则碧山;谭仲修源出淮海,而声情则白石。其沿而达于晚唐五代则一也。"②此跋明确地指出了二人填词取向的差异,即庄导源于周邦彦、王沂孙,谭则出于秦观、姜夔。也就是说,庄棫是典型的所谓"常州派",谭献则是完全的"浙西派"。此时的庄、谭似乎还没有并称的理由,故列入正集是他们的诗而不是词,但二人词作第一次以刊本的形式固定在了一起,却也是不争的事实。

庄、谭以词学并称,无疑是在二人均以常州派面目示人以后。而在以往的论述里,又往往将京师的这次相会,作为谭献词学的转折点,并将庄棫认定为他由浙派转向常州派的引路人③。但谭献并非在京师暌别后就立即投入了常州词学的怀抱。据稿本日记,谭献系统批读周济《词辨》已是同治十二年,其九月初九日日记云:"得玉珊

① 《复堂师友手札菁华》,第 716 页。

② 此句之后的剩余文字为:"顾二君子佗兴而作,绳之以律,时不尽合,二君疑焉。属校于仆,仆以为凫胫虽短,续之则忧,又何必削趾适屦为也。"蔡寿祺辑《三子诗选》卷末,咸丰七年(1857)刻本。

③ 如方智范《谭献〈复堂日记〉的词学文献价值》(《南京师范大学文学院学报》2003 年第 3 期)、桂珊《论庄棫及其对常州词派的贡献》(《词学》第二十八辑)等。

书,寄《词辨》写本至。……风雨寂坐,持螯小饮,即以是卷佐觞,研朱点勘,终卷已灯上矣。"①而批阅《宋四家词选》更至同治十三年之后,其十二月二十六日日记云:"今日眉生以周保绪先生《宋四家词选》见赠,为潘伯寅侍郎新刻。"②至此,谭献有关常州词学的理论推阐方渐渐成熟。故光绪二年七月开始萌生纂辑《箧中词》的意愿,日记云:"予久欲撰《箧中词》,以继张茗柯、周介存之后,今始事。"③而《箧中词》今集部分的最末一位,正是庄棫,小注云:"予录《箧中词》,终以中白,非徒齐名之标榜,同声之喝于,亦以比兴柔厚之旨相赠处者二十年。"④俨然将庄氏视为有清一代词学的殿军。而齐名之称,至此亦得到奠定。此后,更有陈廷焯、徐珂等为之推扬⑤,二人词学并称之说遂而掩盖诗学并称之名,而成为此后文学史的统一论调。

第二节　士伶交游与谭献的三种花谱类著述

谭献于同光间曾多次来往京师,诗酒文会中与当时多位名伶来往密切,其间还颇有与戏曲相关的著述,如《群芳小集》《群芳续集》,光绪间又曾为"萝摩庵老人"所著《怀芳记》作注。然凡此种种,在通行本《复堂日记》中基本没留下痕迹。而在稿本日记中,不仅保存有为《怀芳记》一书作注的具体时间及《群芳小集》《群芳续集》的原始文

① 　谭献《复堂日记》,第14册《南园日记二》,稿本,南京图书馆藏。
② 　谭献《复堂日记》,第17册《皖舟行记》,稿本,南京图书馆藏。
③ 　谭献《复堂日记》,第18册《丙子新书》,稿本,南京图书馆藏。
④ 　《箧中词》卷五,第307页。《箧中词》今集在交付冯煦写样校刻时,又添入冯煦、冯焘等词人数家。
⑤ 　陈廷焯《白雨斋词话》卷五云:"仁和谭献,字仲修,著有《复堂词》,品骨甚高,源委悉达。窥其胸中、眼中,下笔时匪独不屑为陈、朱,尽有不甘为梦窗、玉田处。所传虽不多,自是高境。余尝谓近时词人,庄中白尚矣,蒄以加焉。次则谭仲修。"(《白雨斋词话全编》,第1244页)

本,而且还具体呈现了同光间士伶互动的生动场景,这对还原二书的成书历程及其具体情境,无疑提供了可靠的第一手凭据,同时也为考察同光间京师梨园生态,平添了一份珍贵的独家史料。

一、《怀芳记》著者"萝摩庵老人"考实

《怀芳记》是嘉道以来所兴起的梨园花谱中的一种,题为"萝摩庵老人撰""麋月楼主附注",成于光绪二年,刊于光绪五年。此书以品评道光至同治间京师名伶为主要内容,对了解当时的京师梨园故实,具有重要的参考价值。此书先后收入《香艳丛书》《古今说部丛书》《清代燕都梨园史料》,今又纳入由傅谨主编的《京剧历史文献汇编·清代卷》专书部分,可以想见其流传程度。但于其作者"萝摩庵老人",则多不得其详。如李真瑜《北京戏剧文化史》有《清末北京的戏剧学著作》一章,叙录此书云:"《怀芳记》,作者萝摩庵老人,真实姓名、籍里失考。"[①]《中国古籍总目》史部传记类著录此书,未标示著者姓名[②];《京剧历史文献汇编·清代卷》为此书所作提要亦云"其人不详"[③],然则其人确不可考吗?

固然,梨园花谱因多是文人笔墨游戏的产物,加上所咏对象多为戏子伶人,因而往往被认为难登大雅之堂,故而在创作或刊刻时多不标明真实姓名,而以别号代之。如所谓"麋月楼主"(一作眉月楼主)、"笙月词人""南湖渔隐""香溪渔隐"等均是。《日下看花记》著者所谓"所以称号者,以游戏笔墨,知者自知,不必人人皆知"[④],正是这种心

---

① 李真瑜《北京戏剧文化史》,北岳文艺出版社,2004 年,第 420 页。

② 中国古籍总目编纂委员会编《中国古籍总目·史部》,中华书局、上海古籍出版社,2009 年,第 628 页。

③ 傅谨、谷曙光主编《京剧历史文献汇编·清代卷》,凤凰出版社,2011 年,第 871 页。

④ 题小铁道人撰《日下看花记》,张次溪编《清代燕都梨园史料》,中国戏剧出版社,1988 年,第 109 页。

理的绝好体现。以谭献《群芳小集》为例,在刻成分送同人时,就受到李慈铭"不自爱"的指责,其同治十一年五月二十五日日记云:"群芳者,都门乐僮也。无论此等浪子生活不足冤酷纸墨,以自命知微言大义之人,而刻画贱工崽子之状,又何其不自爱耶?"[①]于此可见此类书籍在士人心中的地位。正因为如此,在作者正式刊行的著述中,有关此类活动的事实往往都被抹除。这样一来,也就给后世的研究者带来极大的障碍。一方面由于别号不同于室名、字号那么常用而固定,另一方面则在于别号的选取往往具有随意性,大部分甚至是一时起兴的产物。如果没有相关的原始史料相对应,不仅别号所指真实身份难以考索,著述背后所隐藏的现实场景,更是无从勾勒。作为同类性质的《怀芳记》亦不能例外,其所署"萝摩庵老人"即为别号,似乎不易考索。

其实,关于《怀芳记》一书的作者,在注者日记中已有明确提示,其光绪五年正月初七日日记云:"检《怀芳记》,此书乔河帅为鞠部作也。"[②]可知此人姓乔,曾为河道总督(别称河帅)。检《清代职官年表》,清代河道总督为乔姓者仅乔松年一人[③]。乔松年(1815—1875),字鹤侪,号健侯,山西徐沟(今属太原)人。据《清史稿》本传,乔氏为道光十五年(1835)进士,授工部主事,再迁郎中,咸丰癸丑(1853)以知府发江苏,此后历任苏州知府、两淮盐运史、江宁布政史、安徽及陕西巡抚等职。同治庚午(1870)授仓场侍郎(驻直隶通州),十年授东河道总督。其出都、入都时间亦与《怀芳记》中所谓"余自癸丑出都,庚午始返,凡十八年"者相合。又乔松年所著有《萝摩亭文钞》一卷、《萝摩亭遗诗》四卷、《萝摩亭札记》八卷等,均以"萝摩亭"为名,与此书所题"萝藦庵"也基本吻合。关于"萝藦亭"之取名来由,姚

---

① 李慈铭《越缦堂日记·桃花圣解庵日记》,广陵书社,2004 年,第 5760 页。
② 《谭献日记·补录》卷二,第 268 页。
③ 为东河河道总督,任职时间为同治十年(1871)至光绪元年(1875),钱实甫编《清代职官年表》,中华书局,1980 年,第 1481—1483 页。

继荣曾根据乔氏《萝藦亭札记》自序推测说："萝藦，为缠绕本草，生于山坡、田野、路旁，从河北至福建，广有分布。萝藦亭，很可能是乔氏园亭之名。萝藦不起眼，以之名亭和题书，也反映了乔氏的自谦。"①这完全属于一种字面的推理。其实，萝藦亭乃乔氏家乡太原一旧地名，俗称洛漠亭，在太谷县西北。以乡土地名为斋号、书名是古代比较常见的一种命名方式，如司马光《涑水纪闻》、阎若璩《潜邱札记》等均是。至此，《怀芳记》的作者为乔松年，基本可以无疑。以布政使、河道总督的身份作此"不登大雅"的小书，也一定程度上打破了以往对花谱类作者身份的界定，即生产此类书籍的群体中，除了进京应试的无名书生、落拓士子外，还可能是风流名士，甚至是身居显耀的一方大员。

关于《怀芳记》的成书时间，光绪五年武林云居山人序云"成于丙子仲秋"，此丙子当为光绪二年(1876)。然乔松年已逝于光绪元年，为何成书反在身后？据谭献稿本日记，光绪二年仲春初二日云："赴赞侯招饮，同集为阮霞青、乔雪千、刘叔孔，见乔河帅遗著《怀芳记》。"②十一日日记云"剪灯注《怀芳记》"，十二日又云"还《怀芳记》"，可见谭献补注成于此时。因此，所谓"成于丙子仲秋"者，当是指谭献附注完成时间，或全稿交付刊印时间。至于作序者"云居山人"，现在所能掌握的信息，仅能从落款处得知为武林(今杭州)人。而谭献日记记载与此书相关者，仅有郑襄(赞侯)、阮恩霖(霞青)、新安黄氏③、李耘珊④等四人。其中郑襄为江夏人，阮恩霖为仪征人，李

---

① 姚继荣《清代历史笔记论丛》，民族出版社，2014年，第393页。

② 谭献《复堂日记》，第18册《丙子新书》，稿本，南京图书馆藏。

③ 光绪五年正月初八日记云："《怀芳记》者，乔河帅为鞠部作也。前年阮霞青示予稿本，郑湛侯录副，予为补注。近日传抄者多，予谋付新安黄氏刻之。"(第38册《己卯日记》)

④ 光绪五年七月二十五日日记云："耘珊寄新刻《怀芳记》至，甚快。"(《山桑宧记一》，稿本，浙江图书馆藏)

耘珊为寿州人,均与"武林"无涉,只能暂付阙如了。

二、《群芳小集》《群芳续集》的成书及相关问题

　　《群芳小集》《群芳续集》与《怀芳记》类似,也是以优伶为品评对象的花谱类著述。其书仿照以往《诗品》《画品》等品鉴人物的方式,将优伶分为上品、逸品、丽品、能品、妙品等次序加以品题,对象包括徐小香(蝶仙)、朱莲芬(水芝)、梅巧玲(慧仙)、时小福等当时著名优伶,是戏曲史料中颇具特色的一种。关于其作者"糜月楼主"与谭献的对应关系,谷曙光《梨园花谱〈群芳小集〉〈群芳续集〉作者考略:兼谈〈谭献集〉外佚作补辑》一文已有详细的考证①。但对于此书的成书过程,则多不得其详,而稿本《复堂日记》的发现,正可以弥补此中不足。

　　《群芳小集》,一名《增补菊部群英》,书前有王诒寿(眉子)、河阳生等人的序跋及题辞。正文品题了同光间活跃于京师梨园行的优伶凡三十人,其中上品三人,逸品先声二人,丽品先声四人、继起六人,能品先声四人、继起四人,妙品先声四人、继起三人,其中不乏所谓"同光十三绝"中人物。据稿本日记,品题始于同治十年三月二十四日,是日同人集于聚俊堂,优伶到者有湘云、芷湘、瑞云、芷荃、采兰、佩仙等,日记云:"予辈将为群芳小集,今夕先各赋一绝句。"(第 11 册《金门日录》)所赋对象除以上六人外,另有桂枝、薇仙、荆仙三人。四月初四日,补作紫云、艳依二绝,初六日又作芷荪一绝,二十日又云"撰群芳小集绝句十八首,章别具"(第 11 册《金门日录》)。至此,品题三十绝句均已告成。与稿本相较,刻本无采兰"兰气依然三月中,

---

　　① 详参谷曙光《梨园花谱〈群芳小集〉〈群芳续集〉作者考略:兼谈〈谭献集〉外佚作补辑》,《文献》2015 年第 2 期。关于这一事实,在其日记中亦有明确提示,光绪十二年七月十九日日记云:"西楼以眉月颜之。眉月楼主,予旧号也。得小印二分许,甚精,十五年失去。予旧撰《群芳小集》《怀芳记注》皆署此号。"(《谭献日记·补录》卷二,第 268 页)

玉阶曾受露华浓。试看洏水清浏地，处处春游有国风"一绝。四月二
十日，全本录成。日记云："《群芳小集》凤洲录成，将封寄梅阁付刻
也。"（第11册《金门日录》）至于刊成时间，谭献光绪五年八月十一日
日记云："辛未年已有《群芳小集》之刻。"（《山桑宧记一》，浙图藏稿
本）辛未即同治十年。可见是随写随刻，誊录者为潘鸿，付刻者为何
梅阁。至同治十一年，李慈铭、王诒寿①等已有阅读此书的记载，如
李慈铭五月二十五日日记云："得许竹筼书，送阅谭仲修所刻《群芳小
集》。"②可知此书在同人间的流传情况。同治十二年（1873）三月，此
书又以《燕市群芳小集》为名登载于《瀛寰琐记》第五卷。值得注意的
是，与刻本相比，此本多出朱虎儿、寄瓢生、薛瑶卿等三人题词。朱虎
儿，即朱虎臣，名文炳，号慕庵，浙江仁和人。薛瑶卿，原姓边，苏州
人，以色艺名于杭，后为沪上名伶。考之稿本《复堂日记》及王诒寿
《缦雅堂日记》，谭献与薛瑶卿相识，在同治十二年（1873）正月，此后
一段时间，与朱文炳等人频繁交游。当时王诒寿以同人歌咏薛瑶卿
之作编成《瑶花梦影录》一书，其中就收录有谭献题词三首。薛瑶卿
跋及朱文炳等人题词当作于是时，但不知为何人抄录登载于《瀛寰琐
记》中。为此王诒寿还颇有不快，其同治十二年三月二十日日记云：
"予所作《群芳小集序》并题词、仲修诸诗及题品小赞，均为何人刻入
《瀛寰琐记》中，真可痛恨也。"③可见刊载时未经允许。故此后《小
集》与《续集》合刻时亦未将此数人题词纳入。

　　同治十三年（1874），谭献再次入京应考，为增补《群芳小集》而作
的《群芳续集》也成于此年。此种收入沧海遗珠四人、昆山片玉一人

---

　　①　王诒寿同治十一年十一月廿一日日记云："仲修《群芳小集》已刻成，重
读一过，颇胜近人白门新柳万万也。"（王诒寿《缦雅堂日记》，《上海图书馆藏稿
钞本日记丛刊》，第26册，第111页）
　　②　李慈铭《越缦堂日记·桃花圣解庵日记》，第5760页。
　　③　王诒寿《缦雅堂日记》，第170页。

及续选十一人,凡十六人。卷末附有谭献书后三绝句、《金缕曲》词四阕,河阳生题词三绝句及陶方琦后序。根据稿本日记,续选十一人品题作于四月十四日至十九日,依次为姚宝香(妙珊)、李玉福(芙秋)、王宝玉(碧珊)、王宝云(月珊)、茹喜瑞(来卿)、陈芷云(荔衫)、朱蔼云(霞芬)、秦凤宝(艳仙)、李亦云(艳秋)、江双喜(俪云)及王喜云(霩卿)①。与刻本相较,中有王喜云而无陈喜凤(桐仙)。品题桐仙一绝作于五月初三日,恰好是《群芳续集》写定之期。今天我们所见到的文本,当是写定时临时改换后的样貌。与《小集》相比,《续集》在"选人"方面已有不同。如果说《小集》是缺席的品题,即所品评的对象未必在场,而《续集》则是主动的应选。同治十三年四月初八日日记云:"赴丁香花室,是日群芳续集。会者二十六人,诸伶赴选者十六人,监察者六人,周郎不至。以觉轩与予为选人。色艺姿性,都非诸故人之耦,约略录遗珠二人,续选十人,晚间竹墅招饮旗亭,续得二人。"(第15册《三上记》)有选人,有赴选者,甚至还安排有规则的监督者,可见以往那种具有随意性的品题已发展为一种颇具仪式性的"竞选"。伶人借助品题可获得"顿增声价"的效果,文人也可以在消遣的同时提高在同人间的名望。么书仪在《晚清戏曲的变革》中曾提出一种看法,即花谱的创作背后存在一种文人与伶人间的相互依存关系。这种关系在《群芳小集》及《续集》的简单文本里,或许还无从深刻体会,而稿本《复堂日记》中关于诗酒文会及士伶交往的详细记载,恰为走进当时的历史场景,探究花谱类书籍背后所隐藏的社会情境,提供了鲜活的事实依据。

---

　　① 诗曰:"华冠拂拭袖垂垂,秋鞠春松各一时。不管人间重脂粉,珊侬生小学颦眉。"(第15册《三上记》)在稿本日记中,各诗之上有一、九、二、五等标记,所标次序与刻本顺序恰同,而王喜云一首有删除符号,当是写定时所加。

三、稿本《复堂日记》中的晚清梨园

招伶侑觞,是当时士人诗酒文会中必不可少的节目。每当应考之年,各地士人齐集京师,文诗酒会、跌宕歌场,成为他们日常余暇的常态。而年轻的名伶们也乐于在演出之余从事侑酒、侍宴的勾当,因而也就造就了晚清北京南城"打茶围"的兴旺局面。正所谓"于斯时也,花天月地,酒绿灯红。门巷认樱桃,楼台恋杨柳。有人皆玉,无处不春"①。而"香溪渔隐"的这段描述,也恰好发生于谭献第一次入京的同治十年。谭献以同治十年二月初四抵达北京,自三月朔日起,诗酒文会日见记载,各家名伶也开始竞相登场。如三月二十四日日记云:

> 过梅阁谈,干云先在,赴培之聚俊堂之招,同集为凤洲、子通、右轩及予辈三人。梅阁招湘云,凤洲招芷湘,右轩招芷荃,子通招瑞云,采兰侍培之为主,予招佩仙,干云招秋菊,后至。馔讫。干云有春复之集,秋菊为主人,予招湘云,凤洲、子通皆如前,徐季和招芷芳,汪翼新招度云。予辈将为群芳小集,今夕先各贻一绝句。(第11册《金门日录》)

此为群芳小集之始。同集有何梅阁、朱干云、许庆恩、潘鸿、楼汝达、余弼、徐致祥、汪翼新等。此集所涉诸伶,除采兰、秋菊外,余皆入选《群芳小集》。而《群芳小集》及《续集》正是在这样的日常集会中确定的。自同治十年三月朔日起到四月二十日离京的五十天里(其中三月初八至十六日为会试之期),谭献共参与大小文会18次,同治十三年则为数更多。聚集之所,部分为酒楼,如聚奎亭、聚俊堂、东兴楼、福兴酒家等,其他则多在名伶所在的私寓,或称堂子。同集之人

---

① 题香溪渔隐撰《凤城品花记》,傅谨、谷曙光主编《京剧历史文献汇编·清代卷》,第863页。

多为同乡或交好,如与谭献宴集的人物,往往是汪鸣皋(洛雅)、胡凤章(肖梅)、陶方琦(子珍)、潘鸿(凤洲)、何梅阁、羊复礼(辛楣)、张预(子虞)、孙德祖(彦清)等固定群体。联系到花谱类著作的作者之间亦往往存在交集,如为《群芳小集》题词的"笙月词人"王诒寿编有《瑶华梦影录》,《群芳续集后序》的撰者"兰当词人"即陶方琦,《评花新谱》《宣南杂俎》《侧帽余谭》的著者"艺兰生",《凤城品花记》的著者"香溪渔隐",也与谭献相识。尤其值得注意的是,这些花谱产生的年代也基本集中于同治末年与光绪初年。而稿本《复堂日记》所提供的这份人物图谱,对于考察晚清花谱类作者群体的真实身份及其渊源关系,无疑大有助益。

另外,日记中关于宴集私寓的记录甚众。私寓制是伴随晚清戏曲兴盛而产生的一种特有文化现象,至晚清达到鼎盛。所谓私寓,即当时名伶所居住的私宅,因门楣多悬挂堂号,又称为"堂子"。谭献日记所记载的众多文人集会,大多都是在此类"堂子"中进行。如三月二十八日日记:

> 午后偕秋坪、竹筼、辛楣、莘潜同觞张芝浦太史丈于景和堂,文宴极欢,与慧仙谈笏山、芋仙诸人旧事,前尘惘然。座有慧仙弟子佩云、湘云、瑞云,羊辛眉先后招薇仙、如云、艳绣三人,佩仙两至,皆久谈,至漏下罢饮,回寓。(第11册《金门日录》)

慧仙即梅巧玲,为景和堂主人。堂子除作为私人住所外,还兼有培养科班学徒及"应召侑酒"的功能。如《群芳小集》《续集》中出身于景和堂者,除材料所举梅巧玲、王湘云、张瑞云外,还有余紫云、朱蔼云(霞芬),凡五人,居各堂之首。其次则为岫云、春华,各有四人。其中岫云主人余紫云亦出身于景和。若以宴集或过访次数而言,据谭献同治十年、十三年日记,聚于景和者为六次,岫云为五次,而其中最为频繁者当属春华,凡二十七次。春华主人为朱双喜,咸同间与景

和、闻德、岫云、绮春等齐名,培养出"春华八芷"等当时红遍一时的名
伶。其中名列《群芳小集》《续集》的就有四人,包括"八芷"中的范芷
湘(蕊官)、顾芷荪(小侬)、张芷荃(福官)。除此之外,尚有馥森、咏
秀、瑞春、佩春、遇顺诸堂,虽不如景和、春华之繁盛,但也是当时士人
频繁聚集或造访之所。

在造访私寓频繁往来的过程中,士伶之间很容易产生一种微妙
的情感依存关系。就侑觞而言,潘鸿的招陪对象经常是范芷湘,姚士
璋(械卿)则多为姚宝香(妙珊),谭献所招前期为王湘云,后期则为周
素芳(绚秋)、顾芷荪(小侬)。其中谭献与顾芷荪的关系更是非同一
般,顾芷荪的抱病或者缺席,往往令谭献也为之不欢,如同治十三年
三月十九日记:"予以顾郎骤病,邑邑寡欢,殆不记谁为宾主,坐有
何人也。"(第15册《三上记》)又二十五日记:"顾郎来,言愁脉脉,
甚难为怀,豪气都尽。"(第15册《三上记》)士伶间的这种关系,不排
除有场面应酬以博取声名的利害关系在。但是,当多情文人沦为落
第士子,婉娈优伶终为明日黄花时,往往也会增添一种"同病相怜"的
情感抚慰。如士伶间在诗酒文会之余,多谈身世之感。同治十三年
三月二十一日记:"予招小侬,谈次有身世之感。"二十五日记:
"纫仙细诉平生,真不减江上琵琶,此心如絮,沾泥不飞。唱罢鹧鸪,
梦为蝴蝶,同是天涯沦落人耳。"(第15册《三上记》)这种依存关系的
存在,多少左右了花谱类著作的入选原则,也构成了花谱类著作繁盛
的现实基础。

第三节 《复堂填词图》究竟有几幅?
——绘图、题词与日常交游网络的营构

2014年6月,在苏州博物馆纪念吴昌硕诞辰一百七十周年的专
题展览中,有吴氏所绘《烟柳斜阳填词图》一幅,题款云"复堂先生命
写";2015年9月,西泠印社绍兴"中国书画古代作品专场"拍卖,又

有贾沂所作《复堂填词第三图》一种,亦云"仲仪先生属画"。而在徐彦宽所辑刻的《复堂日记补录》《续录》中,更有陈豪、顾承庆、蒲华等绘《复堂填词图》。粗粗考索,已有五幅之多。但这是否就是《复堂填词图》的全部呢?谭献自题《摸鱼儿》一词所指又是何人在何时所绘?已知各图之间的前后关系如何?图像及其题辞的后面又隐含了怎样的文学文化意味?对于这些问题,由于史料的不足征,在以往的研究中均未能得到很好的答复。今以南京图书馆藏稿本日记为基础,辅以所见原图及其他散见题辞、序跋,以期对《复堂填词图》相关问题做一番系统的考索。

一、谭献的九幅《复堂填词图》

今《复堂词》卷二有《摸鱼儿·用稼轩韵自题〈复堂填词图〉》一阕[①],由于词题中缺乏关于图像来源及作词时间的任何信息,也缺乏用以说明题词情境的小序和自注。在现存的两幅《复堂填词图》原图中,也未见有载录是词者。因而对于谭献此词的题咏对象,究竟属于系列图作中的哪一幅,历来知之不明。朱德慈《谭献词学活动征考》因《复堂日记补录》卷二有"重九,蓝洲为予画《填词图》寄至"[②]一语,遂将是词系于光绪十五年(1889)之下,也隐然将题图对象认定为是陈豪所绘。在已知《复堂填词图》存在多幅的情况下,这种率意的判断无疑大有问题。据稿本日记,《摸鱼儿》一词乃作于光绪十一年(1885)三月二十六日,可知所题绝非陈豪所绘。但由于此日日记内容太过简略,此前也未有嘱某人作画的相关记载,故对于图像的作者依然不得而知。

所幸的是,南京图书馆所藏稿本《复堂日记》第 50 册《恒春小记》卷末,录有李恩绶《复堂填词图序并词》一篇。李恩绶(1835—1911),字亚白,号丹叔,晚号讷盦,江苏丹徒人。光绪十二年二月,谭献官合

---

① 《谭献集》,第 648 页。
② 《谭献日记·补录》,第 278 页。

肥时，李氏自周圩过访，二十日日记云："李亚白自周圩过访，两年相思，未识面，力疾倾谈，留之下榻。"①廿二日即离去。嘱序《复堂填词图》或在此时。鉴于光绪十一年以前未见有绘图、题图的任何记载，谭氏自题及李氏撰序的时间又较为接近，当可推测二人所题乃是同一幅《复堂填词图》。对于绘图之人，《复堂填词图序》题注云："图摘稼轩《摸鱼儿》词中'斜阳烟柳'四字补景，陈种之笔也。"②可知此图出自陈义之手。陈义，字种之，安徽怀宁人，生平事迹不详。光绪间与王尚辰、方濬颐等多有往来。谭献稿本《复堂日记》中虽无嘱其绘图的明确信息，但二人交往主要集中在光绪十年十月至光绪十一年二月，期间二人还共同参与了多次文酒清集，如光绪十年十一月初六日日记云："午后登明教寺古教弩台，望逍遥津，泓峥萧瑟，古怀如晤。招又新、慎伯、华卿、种之、谦斋、骓仙、干夫为消寒之会，罢酒暮回。"（第 48 册《甲申日籍》）又十一年二月十一日日记云："午后过谦斋谈，同辅庭、种之、叔孔、谦斋登教弩台，置酒送方九子听北行。脱略衣冠，谈谐至暮回。"（第 49 册《逍遥日缀》）《复堂填词图》或即成于这段消寒集会中。是为"复堂填词第一图"。

　　光绪十三年（1887）四月，谭献乞假归里。居家期间，又请秦敏树绘《复堂填词图》一幅。十月初一日日记云："客来者秦散之，画《填词图》见赠。"（第 51 册《休景记》）秦敏树（1825—?），原名嘉树，字林屋，一字散之，又字雅梅，晚号冬木老人，江苏吴县人。工诗，兼擅山水。谭献与秦氏相见，在八月二十六日，日记云："见秦散之，谈久之。散之旧识于禾中，亦皤然老矣。"（第 51 册《休景记》）此后的一段时间，二人往来甚密，包括日常的过谈、诗集的审定，以及题图作画等。《复堂诗》卷九所载《题秦散之城楼望月卷子》即作于九月二十九日，而秦

---

①　谭献《复堂日记》，第 50 册《恒春小记》，稿本，南京图书馆藏。

②　李恩绶《复堂填词图序并词》，《讷盦类稿》卷一，民国十三年（1924）冬心草堂刻本。

敏树《小睡足寮诗录》卷四亦有《谭仲修属画〈复堂填词图〉因题,君宦皖江,近请假旋杭》一首,当即绘图时所题。是为"复堂填词第二图"。稍后,贾沂又为绘《复堂填词第三图》。光绪十五年(1889)重九,好友陈豪复以所作《复堂填词图》寄来,日记云:"蓝洲为予画《填词图》寄至。笔情隐秀,当压卷也。"①陈豪(1839—1910),字蓝洲,号迈庵,晚号止庵,浙江仁和人。为陈汉第、陈敬第之父。此是为"复堂填词第四图"。光绪十六年(1890)二月,谭献赶赴湖北,途经上海,吴昌硕为绘《烟柳斜阳填词图》一幅,是为"复堂填词第五图",此图今藏浙江省博物馆。光绪十七年(1891)五月,谭氏以《填词图》一幅向程颂万征题,程氏复请陈三立为之题咏,因侍者误置于其他画卷中,当时以为散失,故又请顾承庆补画一幅寄还②。是为"复堂填词第六图"。光绪二十三(1897)九月三十日,汪洛年③又以《填词图》寄赠,日记云:"汪社耆寄填词图横幅,颇秀发。"(第33册《迎阳二记》)是为"复堂填词第八图"。光绪二十五年(1899)二月二十一日,李滨④来访,谭献复"索其画《填词图》",至二十六日,"古渔画《填词图》来"(第27册《后履霜记》),是为"复堂填词第七图"。光绪二十六年(1900)八月初五日,蒲华过访,又以所绘《复堂填词图》见赠。日记云:"蒲作英、林

---

① 《谭献日记·补录》,第278页。

② 光绪十八年十一月十二日日记云:"去年在鄂以《填词图》索子大题,子大以属陈伯严礼部。其从者误置他画卷中,子大以为散失,故属顾承庆梅君别作一幅,补题寄示。其实子大别后,伯严觅得,题诗见归久矣。此亦友朋郑重之意,可佩也。"(第19册《周甲记》下)此事又见《复堂师友手札菁华》下册所收程颂万至谭献书。顾承庆,江苏如皋人,生平事迹不详。

③ 汪洛年(1870—1925),字社耆,号瓯客,浙江钱塘人。久寓淮上。为汪康年之弟,戴用柏入室弟子,擅绘山水,当时与沈塘齐名。后为两湖师范学校图画教员。民国间寓居上海,以卖画自给。

④ 李滨(1855—1916),字古余,又作古渔、古愚,号少堂,一号青士,江苏上元人。著有《玉姻堂帖本急就章草法考》九卷、《梦榴轩杂著三种》等。

鞠农来谈,作英画《复堂填词图》见诒,不以斜阳烟柳布色也。"(第29册《庚子秋闰》)蒲华(1832—1911),字作英,又字竹英,号胥山野史、种竹道人,浙江秀水人。长期寓居沪上,以卖画自娱,当时与吴昌硕、任伯年、虚谷等并称为"海上四家"。蒲氏所绘,已一改以往"烟柳斜阳"的主题设定,但具体布景为何,则因原图未见,不得而知。是为"复堂填词第九图"。光绪二十七年六月,谭献辞世。也就是说,自光绪十一年至光绪二十六年的十六年间,谭献共绘有《复堂填词图》九幅,其中光绪十二年至光绪十八年的数年中,更几乎是年各一图,绘图者亦不乏陈豪、吴昌硕、汪洛年、蒲华这样的名家。填词图这样一种独特的自我表现形式,到谭献这里亦可谓发展到了极致。

二、关于《复堂填词第三图》

《复堂填词第三图》,手卷,水墨纸本,贾沂绘,高邕山旧藏。引首有徐惟琨题"复堂填词第三图"七字,图卷纯以"烟柳斜阳"写意,呈现的是一幅烟波飘渺、衰柳拂风、蘼芜满地的凄清之景,虽名之以"填词图",其实亭台人物完全已成点缀。题署云:"《复堂填词图》写稼轩斜阳烟柳词意,仲仪先生属画。贾沂。"①后依次为王继香、沈宝森、马赓良、陈克劬、吴唐林诸家题辞。是图首见于2015年秋季西泠印社绍兴"中国书画古代作品专场"拍卖中。

关于是图的绘制缘起,稿本《复堂日记》及相关诗词别集均未曾提及,故于个中情实难知其详。但图卷所载题词中有"戊子花朝会稽学小弟马赓良倚声"一语,花朝,俗称"花神节""百花生日",一般于农历二月初二、二月十二或二月十五举行。据谭献稿本日记的记载,浙俗花朝均在二月十二日,如光绪五年二月十一日日记云:"愁思看春不当春,明日花朝,沍寒如此,天时人事,殆难为怀。"(第38册《己

---

① 西泠印社拍卖预展:http://www.xlysauc.com/auction5_det.php?id=104078&ccid=780&n=722。

卯日记》)又光绪十五年二月十二日日记:"花朝止雨,人意稍舒。"(第53册《冬巢日记》)可据以推知此图的绘成时间当不早于光绪十三年十月(第二图绘制时间),不晚于光绪十四年二月十二日。至于绘者贾沂,则仅知其人字次淮。日记中有关二人往来的记载,多集中于光绪十四年,如二月十九日日记:"晤贾次淮",三月廿一日日记:"晤次淮、锷青,谈至暮回。"(第51册《休景记》)又七月十六日日记云:"薄暮过迈孙略谈,客至,与锷青、鄂士、次淮就伯若谈,曛时回。"(第52册)与所推图成时间亦大致吻合。

图成之后,谭献开始在友朋间广泛征题,如光绪十五年二月初二日日记云:"过邓嘉纯,属题《复堂填词图》。"(第53册《冬巢日记》)而图卷所载,更有王继香、沈宝森、马赓良、陈克劭、吴唐林等五人。题辞时间主要集中在光绪十四年、十五年之间,根据所署时间及空间位置推断,马赓良所题当为最早。马赓良(1835—1889),字幼眉,号鸥堂,浙江会稽人。所题为《浣溪纱》三阕,末云:"《浣溪纱》三阕奉题复堂先生《斜阳烟柳填词图》,即请大方家政拍,戊子花朝会稽学马赓良倚声。"①三词又见《鸥堂遗稿》卷三。检光绪十四年日记,与马氏相关者仅有两条,一云"今日作答孙彦清、马幼眉二函"(二月十七日),一为"点定马幼眉《沤堂文》之篇目以冯权。作与幼眉、蒙叔二书"(九月初五日),未见与题图相关的记载。然所存《复堂师友手札菁华》中收有马赓良书二通,其一有云:"中夏曾属止轩达悃,未知曾达否也?《斜阳烟柳图》亦春间由止轩转递,谅早垂鉴。"②知题词乃由王继香转呈。王继香(1846—1905),字子献,号止轩,又号醉庵,浙江会稽人。《复堂填词第三图》亦载有其题词一首,末署"仲仪年伯大人词坛顾误,戊子新秋年家子王继香学填"③,知题图已至是年秋天。据稿

---

①③　西泠印社拍卖预展:http://www.xlysauc.com/auction5_det.php?id=104078&ccid=780&n=722。

②　《复堂师友手札菁华》,第617页。

本日记,光绪十四年,谭献共收得王继香所寄书信六通,所得日期分别为三月廿三日、六月初四日、七月初九日、十月朔日、十月廿九日、十一月十九日,其中六月初四、十月朔日、十一月十九日三通在日记中均明确记录有所寄为何物①。则王继香以马赓良及自撰题词寄呈,当分别在三月廿三日及七月初九日。王氏所题《金缕曲·题谭复堂斜阳烟柳填词图卷,图写稼轩词意》一阕,后收入所著《醉庵词》中。

在马赓良与王继香题词之间,另有沈宝森题《水调歌头》一首。沈宝森(1826—1891),字晓湖,浙江山阴人。咸丰二年(1852)举人,曾官浙江浦江教谕、龙泉教谕,有《因树书屋诗稿》十二卷。题词云:

> 不辨万杨柳,一路问山莺。斜阳红过颓岸,分付翠烟横。唱彻晚风残月,和以铜琶铁板,一样是多情。匹马短衣客,立倦风尘。　　前竹垞,后樊榭,共清音。金徽一曲谁误,知己托瑶琴。收拾两峰烟雨,约束六桥花树,并作复堂春。东去大江水,余响入西泠。②

词末署:"右调寄《水调歌头》即希复堂先生政拍。晓湖弟沈宝森。"未标明题词的具体时间,但据图中所处位置,当在王继香同时或稍前。考谭献日记及相关诗文别集,未见有谭、沈二人交往的直接记录。但二人之间却不乏共同的友朋,如李慈铭、王诒寿、王继香等。在《因树书屋诗稿》中,涉及王继香的诗篇即有《沪上别王子献》(甲戌)、《喜王子献、连撷香过因树书屋》(庚辰)、《寄怀王子献甬上》(庚

---

① 六月初四日日记云:"得王止轩书,寄蒋蔼卿《红心草》至。"十月朔日日记:"得王止轩书,寄白下徐德轩刻印章二方至,索题《越山撷秀图册》。"十一月十九日日记:"得止轩绍兴书,寄赠小印三方。"(第52册)

② 西泠印社拍卖预展:http://www.xlysauc.com/auction5_det.php?id=104078&ccid=780&n=722。

辰)、《题王子献〈绿天忏墨图〉》(丁亥)、《题〈稽山揽秀图〉》(己丑)等，则沈氏题词或是王继香所代为乞题亦未可知。

《复堂填词第三图》除以上三人题咏外(三人均为浙江绍兴人)，另有阳湖吴唐林、丹徒陈克劬二家。吴唐林(1835—1890)，字子高，号晋壬，江苏阳湖人。官浙江候补知府。有《横山草堂词》一卷。所题为《南浦》一词：

> 平林一抹，认条条、浓绿罩江城。镜里眉痕淡扫，对影照娉婷。过眼韶光如水，侭容他、陶令赋闲情。横塘路，羡春归有信，密叶好藏莺。惆怅当年张绪，渐霜华、偷换鬓星星。几度欲眠还起，未肯逐浮萍。踠地长条似旧，笑临风、低亚舞腰轻。只青青客舍，尚留妙句画旗亭。①

词末署："奉题《复堂填词图》寄调《南浦》，复堂词宗正之。己丑谷雨同学吴唐林倚声。"己丑谷雨即光绪十五年三月二十一日。是年三月至六月，谭、吴二人往来甚密。如三月初六日日记云："午后过晋壬太守长谈。所居有水石之胜，小米峰最奇秀。有元祐字，旁一石伛偻如拜，想见元章风采。暇当赋一诗咏之。"(第53册《冬巢日记》)而在题词的前一天，吴氏还以李邕书《叶法师神道碑》、赵孟頫书《万泉碑》相赠。同时，谭献也为吴氏审定《姓氏通》及诗稿稿本。于此可见二人交谊。吴氏题词之后为陈克劬所题《摸鱼儿》一词。词云：

> 甚年年、□春晴雨，愁心始与来去。春来曾未将愁约，人自断肠无数。留不住。又眼见红稀，绿暗江头路。和春怎语，怅千古凭栏，此时心事，一样乱如絮。斜阳外，未必杜鹃啼误。

---

① 西泠印社拍卖预展：http://www.xlysauc.com/auction5_det.php? id=104078&ccid=780&n=722。

怪君何事相妒。牵情杨柳和情赋,字字玉箫低诉。丝乱舞,更看着春归,自叹远乡土。怎般意苦。待说与谁知,只凭垂笔,聊记吮毫处。①

词末署:"用稼轩《摸鱼儿》韵奉题复堂同年老词宗《烟柳斜阳填词图》,即希指正。年小弟陈克劬待定稿。"陈克劬,字子勤,江苏丹徒人。稿本日记所记二人交往,始见于光绪十六年四月廿七日,日记云:"晤子勤谈,交《养志居遗书序》稿,再顿首以谢,可以风世之为人子者。"②《养志居遗书》即《养志居仅存稿》,为陈克劬之父陈宗起所著。由吴氏题词介于马赓良与吴唐林之间来看,其题写时间当不至于太晚。则光绪十六年以前,谭献与陈克劬之间已有来往,亦可推知。

三、"复堂填词第五图"与谭、吴交游详考

"复堂填词第五图",即吴昌硕所绘《烟柳斜阳填词图》,是现今所存《复堂填词图》中最为知名的一幅。此图后来又经黄宾虹为之题首,张宗祥、夏承焘等为之题辞,声价倍增。2014年公开展览后,即有申闻《世云文字有缘法》、梅松《关于〈复堂填词图〉》二文③为之考释。二文对于是图在民国间的流传端绪,已有清晰的阐述。但关于图像产生的"前史",即谭、吴二人的交游,却未见有详实的勾勒④,尚

---

① 西泠印社拍卖预展:http://www. xlysauc. com/auction5_det. php? id=104078&ccid=780&n=722。

② 《谭献日记》,第281页。

③ 申闻《世云文字有缘法》,见《东方早报》2015年4月20日;梅松《关于〈复堂填词图〉》,见《书与画》2015年第4期,后又改题《也谈〈复堂填词图〉》收入所著《竹轩琐话》(上海古籍出版社,2015年)中。

④ 梅松《关于〈复堂填词图〉》于二人交游虽有所涉及,但因未见稿本日记,故于其中细节,终不得其详。如所谓"当时谭献正从安徽来沪""吴昌硕去拜访他,以新诗一卷,嘱谭献审定"等事实,均存在疏误。

有待完善的空间和必要。

　　谭献与吴昌硕相识，在光绪十三年(1887)。十月初八日，谭献自里中登舟来游上海，十三日抵达，解装天保客栈。十九日，凌霞过访，以吴昌硕《元盖寓庐偶存》一卷嘱谭献审定，并代为索题《芜园图》。日记云："麈遗来谈，以安吉吴昌硕诗稿见示，又为索题《芜园图》。"①次日，吴昌硕即与凌霞同来，二人由此相识。对于三人当日所谈内容，日记虽无明文，但谭献对吴氏其人其诗的赞美却是不吝笔墨，当天日记云："昌硕诗篇峻削，剥落凡语，有傅青主、吴野人意境，足与秦散之分镳齐轨，亦可当屈宋衙官之目。"(第51册《休景记》)相与比附之人如傅山、吴嘉纪为清初著名诗人，秦敏树则是当时闻人，可见评价之高。当晚，谭献复阅其《元盖寓庐偶存》，并题诗二首：

　　　　老梅一花香一春，怪松化石何轮囷。便从月小山高处，想见嵚崎历落人。

　　　　沈水如丝分海南，此中消息陋轩寒。寄情喷薄出至性，一编更忆霜红龛。②

　　此诗盖仿吴氏集中《怀人诗》而作，二诗一颂其人，一评其诗，人"嵚崎历落"，诗"寄情喷薄"，有傅山《霜红龛集》况味。后来谭献为《缶庐诗》作序，又重申此意，并将此诗原原本本地纳入到叙文中。除此之外，谭献还将吴氏《芜园梦中作》一律抄入当天日记。可见这种推崇并非是一种礼节性的客套。二十一日，谭献登舟返里。二十二日，舟中题《芜园图》，作五言律诗三首：

---

　　①　凌霞，字子与，又字麈遗，号病鹤布衣，晚号疣琴居士、乐石野叟，别号二今梅室，浙江归安人。工诗善画，尤擅墨梅。

　　②　谭献《复堂日记》，第51册《休景记》，稿本，南京图书馆藏。

　　先生无半亩,容膝即名园。夜雨青芜国,秋风黄叶村。未回天地意,暂远马牛喧。四海诸公在,何曾酬对繁。

　　白日照四邻,青山吾故人。花间一鸟语,始识江南春。闭户对妻子,更谁嫌我真。次公无醒醉,欲酌复逡巡。

　　古来闻傲吏,终尔寄微官。芳草有歧路,酒杯无薄寒。文章分骨相,语笑出艰难。何日还山去,投君一钓竿。①

　　芜园为吴氏故宅,当时所绘《芜园图》亦有多幅,先后经杨岘、凌霞、江标等为之题词。其自作《芜园记》云:"就其中南植梅竹,北筑南轩,布置草草,又常不获在家,因名之曰芜园。"②大致以此寄托其怀乡归栖之志。其实,谭献此时刚辞去含山令的委署,决意优游江乡,因而对吴昌硕"以薄尉吏隐"的生活状态亦甚是认同。诗中"闭户对妻子""何日还山去,投君一钓竿"等句,也应是自道心迹之语。旅沪期间,吴昌硕也曾为谭献篆书"复堂"二字额。此幅作品见于2011年瀚海春季拍卖会,卷上有吴氏题识云:"仲修先生属篆,纸幅未竟,媵以近作二首,即求两正。"末署:"光绪十三年丁亥十月,仓硕吴俊,同客黄歇浦上。"③此事谭献日记未载。此后二人始多有书信来往。光绪十四年正月,谭献有致吴昌硕一书,廿六日日记云:"阴阴竟日,网网如梦境,枯坐不能作一字,仅致子与、仓硕、敬甫三函。"(第51册《休景记》)二月十三日,谭献又以所刊《复堂类集》寄赠。光绪十五年十月初九日,谭献为吴氏撰《元盖寓庐偶存叙》脱稿。通过这种相互

---

　　① 　《谭献集》,第558页。此三诗又见稿本日记,稍有异文。

　　② 　朱关田《吴昌硕年谱长编》,浙江古籍出版社,2014年,第29页。

　　③ 　所题二诗云:"掌大筑耶城,登临欲二更。尘昏灯照鬼,天黑浪翻鲸。蒙俗孤根竹,飘愁落木声。自歌还自叹,击缶慰平生。""栖鸟苍苍入,停云屑屑干。吾庐坐清旷,作尉且酸寒。迷辙车声沸,横秋剑影单。公孙浑脱舞,只可自家看。"朱关田《吴昌硕年谱长编》,浙江古籍出版社,2014年,第75页。

间的题诗、题额、撰叙,二人之间的友情也由此建立,同时也为光绪十六年"复堂填词第五图"的产生,作了相当的情感铺垫。

光绪十六年二月,谭献应张之洞经心书院讲席之聘,途经沪上。在短暂的勾留中,谭献与沪上故人如吴淦、万钊、倪鸿,以及吴昌硕,"说剑传杯,倾衿抵掌",作物外之游。期间谭氏还曾过访吴昌硕寓所,刊本日记中有"吴沧石斋头拊缶制古雷文致工,今日目治之一"(《谭献日记》卷八,第165页)的记载。同时又为吴氏重新删定《元盖寓庐偶存》诗稿①。遗憾的是,由于光绪十五年七月至光绪十六年八月稿本日记散失,故对于其中详情,已不可确知。关于"复堂填词第五图"的相关事实,日记中也未有明文。然据吴氏"庚寅二月,吴俊,同客沪上"的题款,图绘成于此时则是不争的事实。图成之后,吴氏又为题诗一首,诗云:"复堂词料太凄迷,满眼蘼芜日影低。茅屋设门空掩水,柳根穿壁势挐溪。倚声才大推红友,问字车繁碾白堤。最好西湖听按拍,橹声摇破碧玻璃。"②同时或稍后,吴氏又有《赠复堂先生》一诗③,重申种柳、填词之意。同年七月,谭献游楚,二人复相见逆旅,相与谈燕追欢。此后,二人往还渐密,所涉包括诗集的审定,印谱的题名、撰序,以及日常性的茶话等,如光绪十七年二月二十日日记云:"未起,沧石来谈。出新诗一卷,属审定。又以所刻印集模成谱,附友朋小传,予亦在焉。予名之曰《石交录》,杨见山改为《应求集》,予仍欲改名《嘤求》也。同沧石访廛遗谈,又访碉盟,遂同茗话四海升平楼。"(第54册《云鹤纪游续录》)又光绪十九年三月初二日日

---

① 日记云:"再览沧石《元盖寓庐诗》,稍薙一二支弱者。并世殊少此幽清筘筑之声也,同人勿浅视之。"(《谭献日记》,第165页)

② 此诗又见《缶庐诗》卷四,题作《谭复堂先生〈疏柳斜阳填词图〉》,词句稍有调整,如"太凄迷"改作"何萧瑟","蘼芜"改"寒芜","才大"改"律细"等。见《吴昌硕诗集》,第84页。

③ 诗云:"种柳红尘隔,填词白屋温。天宽容故我,地辟闭闲门。冷抱箧中集,凉开湖上尊。归来陶靖节,松菊想犹存。"见《吴昌硕诗集》,第85页。

记:"午不欲餐,下稷,蒲作英来谈,何熙伯来谈,索题《梦家山图》。熙伯名汝穆,太湖人,生于吴门,故以图寄意。沧石来,谈久之。"(第20册《云鹤四录》)谭献日记中所涉吴氏的最后一条记载则见于光绪二十三七月二十三日,日记云:"吴涵子茹持乃翁仓硕诗函来见,一谈。"(第33册《迎阳二记》)吴涵(1876—1927),字子茹,号臧盦,为吴昌硕次子。以近作诗寄与谭献,此非首见。光绪十八年(1892)四月四日,吴氏亦曾将所作《〈惠麓听泉图〉为友人题》《写醉钟馗》《立雪庵与冯梓臣学博同作》三首录稿寄呈。光绪二十四年以降,谭献主要僦居乡里,吴氏则游于沪上,自此未见有二人直接往来的任何记载。

四、作为交游媒介的《复堂填词图》

填词图这样一种纪实与写意兼具的绘画形式,自清初陈维崧《迦陵填词图》首创以来,一直受到文人学者的偏爱,至道光以降而臻于极盛[1]。仅就与谭献相关者而言,今《复堂词》中所涉即有许增《煮梦庵填词图》、李慈铭《桃花圣解庵填词图》、樊增祥《落花春雨填词图》[2]、刘炳照《留云借月庵填词图》、万钊《姜露庵填词图》等五种,而其自制《复堂填词图》更有九幅之多。问题是,谭献为何要以年各一幅的频率绘制《复堂填词图》呢?

其实,《复堂填词图》的年各一图,并不是一味地追求数量,而是有某种亲缘或地缘性因素的考虑,也就是说,根据自身及绘图者所在的地域,确定相对应或心理预期内的特定征题对象,以达到以特定图

---

① 关于填词图的产生及其在清代的发展概况,可参夏志颖《论"填词图"及其词学史意义》,《文学遗产》2009年第5期,第115—118页。

② 今《复堂词》卷二所载《浣溪沙·樊云门词卷》二首,所题即樊增祥《落花春雨填词图》。谭献同治十三年四月二十五日日记云:"辰起,题樊云门《落花春雨填词图》:……过云门、子珍诸子话别,云门深情笃意,君子之交,此别相见不知何时,五中酸恻,不觉挥涕。"(第15册《三上记》)

卷串联小范围交游群体的目的。吴昌硕所绘《斜阳烟柳填词图》，图卷所载时人题辞仅吴氏一家，后来虽添入了张宗祥、夏承焘等诸家题咏，但已非谭献生前。当时万钊有《题仲修〈烟柳斜阳填词图〉论词绝句》三首，王咏霓亦有《题复堂填词第五图》诗二首，二人所作或属事后征题，故均未入卷，但已有以图像延伸交游空间的意味。至于贾沂所绘《复堂填词第三图》，则原图与友朋题咏均在，其以图像作为交游媒介的意图也表现得更为强烈和直观。以《复堂填词第三图》所载题词为例，五人中有三人是浙江会稽（今绍兴）人，吴唐林又居官浙江，因而似乎可以作一下推测：此图主要吸纳的是以杭州为圆心的故交亲友，而吴昌硕第五图的潜在征题对象则是以上海为中心的新朋名流。在此二图之外，散见于个人词集或来往书札的题词、序跋尚有樊增祥《谭仲修填词图叙》、李恩绶《复堂填词图序》、邓濂《摸鱼儿·用稼轩韵题〈复堂填词图〉》、孙德祖《陂塘柳》（散诸天）、王尚辰《陂塘柳》（问丝丝）、许增《菩萨蛮·题〈复堂填词图〉》、沈景修《菩萨蛮·题谭仲修大令廷献〈复堂填词图〉，图写辛稼轩烟柳句意》、况周颐《南浦·题谭仲修丈斜阳烟柳填词图》、缪荃孙《水龙吟·题谭仲修〈复堂填词图〉》、程颂万《长亭怨慢·仲修山长出斜阳烟柳卷子，为〈复堂填词第六图〉，属题是阕，时予亦将别武昌矣》等十首。

这些题词，如果根据题词时间或词牌词调等细加考察，似乎又可将孙德祖、王尚辰等与陈义所绘、李恩绶所序"复堂填词第一图"相对应。《复堂师友手札菁华》中册载有孙德祖致书一通云："命题《填词图》，勉就二阕，别纸呈教。"别纸所书即《陂塘柳》一阕，小序云：

> 丁亥秋九，余以摄桐乡校，道出武林，同年复堂先生方自宣歙假还。十年之别，一尊暂同，历数旧游，忽忽如梦。先生尝摘稼轩斜阳烟柳语为《填词图》，用辛叶自题《摸鱼儿》二阕，索小词缀末，辄次原韵，得二解。沦落之感，百端交集，非止顶礼词仙，

致其歆慕而已。会稽孙德祖。①

　　丁亥秋九即光绪十三年九月，书信末尾所署时间则为"九月十九日"，则题词或在此前后。考虑到《复堂填词图》在此时已有成图者仅陈义所绘一幅，秦敏树所作虽也在本年，然图成寄赠已是十月。孙德祖（1840—1905），字彦清，一作岘卿，号寄龛，浙江会稽人。与谭献为同治六年（1867）乡举同年。据日记，十三年九月初四日，孙德祖渡江来访，谭献乃"招蒙叔、啸梅，共集小酌"（第51册《休景记》），谈谐甚欢。所记与小序所言相合。至于王尚辰一词，据信中所云："仲修使君用稼轩《陂塘柳》斜阳烟柳词句绘图征题，春光将去，伤心人别有怀抱，倒用原韵质诸位知音。"②知所作乃是对谭献原作的赓和。其中"倒用原韵质诸位知音"一语，一方面可以推知图卷题词已有多人，另一方面也隐约表现了这位后来者"崔灏题诗在上头"的焦虑。另外，考虑到李恩绶自光绪十年起寓居合肥，与谭、王等雅集唱和无虚日，则王氏所题亦当是"复堂填词第一图"。而此图所串联起来的，大体是谭献居官合肥期间所结交的文人群体。此种以图像为媒介的唱和，相当于一次"图卷上的雅集"，作为发起人，自然可以以主人自居，享受词作被广泛赓和的乐趣，增强自身在群体间的影响；题词者也得以在纸上尽显才艺，获得进入某一固定圈子的机会。在相互的刺激与回应中，也渐渐形成一个小的文学群落，在诗艺与词艺上相互肯定、相互推扬。

　　至于许增、沈景修所题两首《菩萨蛮》词，虽无法判定作于何时何地，自然也不好指定所题为《复堂填词图》中的某一幅，但从词调的选择上看，亦当是针对同一图绘而作。光绪间，以许增榆园为中心，集结了杭州的大批文人，期间多有真率、餐英、消寒等名目不一的诗酒

---

① 　《复堂师友手札菁华》，第662页。
② 　钱基博藏《复堂师友手札菁华》，第79页。

雅集,而谭献、沈景修等均参与其中。如光绪十七年十月十七日日记云:"是日迈孙招同翁铁梅、陈咢士、许稚林、杨春圃、杨雪渔、汪子用及公重、蒙叔、予与主人,为浍英之会。"(第 56 册《余冬序录》)以图卷索题、赓和或即成于此类雅集中。而缪荃孙、程颂万、陈三立①等,则多是谭献在武昌任经心书院山长时所识,所题或是陈豪所绘"复堂填词第四图"。除此类见存题辞外,尚有不少曾经谭献征题而词作未见者,如邓嘉纯②、杨葆光③、蔡子鼎④、张景祁⑤等。也就是说,自光绪十三年以来,为《复堂填词图》题词、序跋者前后有李恩绶、樊增祥、马赓良、王继香、沈宝森、吴唐林、陈克劬、邓濂、孙德祖、王尚辰、许增、沈景修、秦敏树、邓嘉纯、吴昌硕、万钊、王咏霓、况周颐、程颂万、陈三立、缪荃孙、杨葆光、蔡子鼎、张景祁、何兆瀛等二十五人,地域上涵括浙江、江苏(含上海)、安徽、湖北等地。从绘画本身所具有的基本功能来说,如此频繁的绘图与广泛的征题,其所要实现的,恐怕并非仅仅是为了现实的写照或词艺、词心的传达,而是有意识将其作为一种超越时空的媒介,通过在友朋中不断的征题与题咏,从而建立起或者维持住一个或多个以自我为中心的交游网络。

---

①　据光绪十年十一月十二日日记所云"其实子大别后,伯严觅得,题诗见归久矣"的说法,是陈三立当时亦有题诗。今未见。

②　光绪十五年二月初二日日记云:"过邓嘉纯,属题《复堂填词图》。"(第 53 册《冬巢日记》)

③　光绪二十四年四月十二日日记:"古韫来谈,题予《填词图》一词,颇工。"(第 26 册《戊戌三月以后记》)

④　《复堂师友手札菁华》下册收有蔡子鼎致谭献一书云:"弟到善后,连日为书院卷所困,至今尚未打发清楚,居停至二十始回。日来不免又有压线生活,是以书画债堆积满案,皆未能还。老兄《填词图》,少暇即动手也。"见《复堂师友手札菁华》,第 1254—1255 页。

⑤　光绪二十五年三月二十七日日记云:"得张景祁闽中书,寄题《复堂填词图》一词来。"(第 27 册《后履霜记》)

在清代,用以记录一次现实事件或文学活动的写照性图卷异常繁兴,所绘包括雅集图、读书图、访碑图、课读图、谈艺图、闲居图、送别图、仕隐图等,而填词图也是其中较为流行的一种。谭献作为晚清填词名家,"填词图"这一形式自然也为其所热衷,《复堂填词图》及其大量题咏的存在即是明证。有关《复堂填词图》的绘制、流传及其背后所潜藏的人物交游,经过相关史料的系统梳理,已如上述。但必须强调的是,谭献绘制《复堂填词图》的初衷,应当并不是,或不仅仅是为了延伸交游空间。其真正内蕴当从《摸鱼儿·用稼轩韵自题〈复堂填词图〉》这首自题词中去追寻:

> 唱潇潇、渭城朝雨,轻尘多少飞去。短衣匹马天涯客,遥见乱山无数。留不住。又只恐、飘零长剑悲歧路。旧时笑语。待寄与知心,被风吹断,晓梦托萍絮。　　瑶琴上,曲调金徽早误。深宫人复谁妒。一弦一柱华年赋,但有别情吟诉。鸲鹆舞。已草草青春、红袖归黄土。斜阳太苦。独自上高楼,迷离望眼,不见送君处。①

是词作于光绪十一年(1885)三月二十六日,当天日记云:"晴。病赤眼,几不能观书。作字填词。"(第49册《逍遥日缀》)此时谭献正居官合肥。合肥之前,谭献已历任歙县、全椒、怀宁等地知县。长期的县令生涯,及有感于晚清地方的衰弊,年过半百的谭献已身心俱疲,只能以填词来寄托年华不再的苦楚。前此,业师薛时雨(正月廿二日)、好友陶方琦(二月廿八日得知)的病逝,更加深了心中的这种感伤情绪。而这也正与辛弃疾《摸鱼儿》一词创作时的心境相符。因而,谭献有意选取了"斜阳正在,烟柳断肠处"一句作为图像写意的同时,又追和原作,从而达到一种画意、词境与词心的完美统一。光绪

---

① 《谭献集·复堂词》,第648—649页。

十二年十二月十五日，谭献在宿松任上交卸去官，回到了自己的家乡杭州，结束了十余年"短衣匹马天涯客"的游宦生活。也就是从这时开始，以《复堂填词图》的绘制、题辞来营构属于他的日常交游网络，方才慢慢拉开序幕。

小　结

张燕婴在《浅谈日记资料的有效性问题》一文中曾概括道："日记这类文献虽然在史实复原的精细化方向上具有独特的价值……但是日记并非每日生活的'全息化'记录，而是经过作者的主观选择与过滤，因此会有遗漏甚至刻意的屏蔽；而且由于作者闻见所限，也可能导致所记信息不够准确。"①这就要求我们在利用日记文献时，"通过不断扩充、尽量拼合、相互参验等手段"，以期还原事件发生、发展的全过程。日记文献的这种主观性、碎片化特质，在谭献《复堂日记》中亦表现得较为明显。通过对稿本日记的整理与阅读发现，其中不仅存在记录的不完整性，更有对某一事实的刻意回避。如果单纯依靠日记或日记的某一种版本，势必造成对相关史实的认识不清甚至误解。本章将《复堂日记》置于现存书信、别集、图像及其他相关文献的相互交织与映照中，对关涉谭献日常交游与著述的三个问题，作了一番系统的考索，大致可得出以下三点结论：

其一，谭献与庄棫虽为挚友，但在二十余年的交往历程中，相会不过三次，在大多数时间里，其日常交游主要通过书信来完成。另外，通过日记、书信以及现存诗词集系统梳理发现，庄、谭二人的初次相会当在同治六年的秋冬，此后直至同治八年(1869)九月，二人有过一段长达两年的相处，其间的诗词唱和与文学交游，特别是第一个诗

---

① 张燕婴《浅谈日记资料的有效性问题——以俞越函札整理为中心》，《华南师范大学学报》2019 年第 1 期，第 176 页。

词合刻本的产生,为二人才名的确立奠定了基础。但于时人而言,其并称之由在诗而不在词,以词学并称,当是庄棫身后谭献系统董理常州词学谱系,以及陈廷焯、徐珂等大力推扬的结果。

其二,日记与梨花花谱在性质上都具有其私密性的一面,往往不欲见诸世人,偶尔刊刻传世,也多是经过事后加工,其所呈现的并非是文本的本来面目。而稿本《复堂日记》对当时士伶活动的详细记载,却为澄清相关事实提供了一个机缘。一是可以基本考定《怀芳记》一书的作者为乔松年。另外,乔氏身为一方大员,却作此"不登大雅"的小书,在一定程度上打破了以往对花谱类作者身份的界定,即生产此类书籍的作者群体中并不仅限于落拓士子;二是通过日记中关于《群芳小集》《群芳续集》成书的详细记载,可以基本再现二书的成书历程及其版本差异;三则在于,日记中有关同光间士伶交往及诗酒文会的持续记载,使我们得以一窥当时京师梨园的真实场景。

其三,自光绪十一年至光绪二十六年,谭献共请人绘有《复堂填词图》九幅,其中贾沂所绘《复堂填词第三图》及吴昌硕所作《烟柳斜阳填词图》流传至今。绘图者多为谭献故交,如陈豪、秦敏树等,亦不乏书画名家如吴昌硕、蒲华、汪洛年等。至于贾沂《复堂填词第三图》,根据原图及所附题识,以及日记、书信、别集等相关史料的梳理,大体可判定绘图时间当在光绪十三年(1887)十月至光绪十四年二月之间,题图者有马赓良、王继香、沈宝森、吴唐林、陈克劬等五人。另外,根据稿本日记,还可大致梳理出谭献与吴昌硕的交游历程,丰富"复堂填词第五图"产生的历史图景。总之,《复堂填词图》作为一种超越时空的媒介,在频繁的绘制和广泛的征题中,大大稳固和延展了谭献的交游圈。

附录

《复堂填词图》序跋、题辞辑录

谭仲修填词图叙

樊增祥

若夫两版衡门，数椽水屋，艺荷十亩，种柳千行，纳山翠于檐间，摇朱栏于波底。楼前脂水，长照金钗；窗里书灯，远疑渔艇。其中有词人焉，前身白石，侍者朝云。钱王祠畔，锦树为邻；西子湖边，烟波绕宅。经行万里，上下前年，目无未见之书，诗是本朝之史。于是小敛姜芽，结成珠字；微吟红豆，记在金箱。黄九之文章忠孝，一千劫绮障难消；朱十之经义史材，二百韵风怀斯在。但有井泉之处，俱识词仙；不知春水之波，奚干卿事。足以传矣。

抑有感焉，君有渊云之丽，而未涉承明；有宣霸之循，而仅至令长。草草风尘之下，郁郁靴板之间。顾犹烟柳断肠，微云惹梦。案头书判，皆六朝之小文；堂下吏人，无三吴之伧气。青琴对鹤，纱帽随鸥。按歌红烛之筵，索句黄䌷之被。一篇传唱，绣黑蝶于弓衣；千里相思，镜玉人于秋浦。既而一竿烟水，两鬓吴霜，归吃鲈鱼，长辞神虎。竹林五咏，决绝于山王之两贤；莲社孤踪，成就于督邮之一拜。洞天招隐，福地观书，作莺脰之渔翁，署金风之亭长。礼堂写定之本，乐府为多；禅人绮语之词，儒家不信。亦可谓天情雅澹，学术深宁者也。

仆与先生，抗手花间，栖心尘外，选楼登其少做，箧衍录其赠诗。胶漆斯投，形骸靡间。孝标之比冯衍，则曰同之者三；东方之戏郭生，动欲搒之至百。夫其并负时名，俱娴吏事；致兼风雅，道合元和。邂逅旗亭，付品题于女伎；仓皇手板，忍性命于须臾。是则同矣。而先生宦海抽帆，家林息影。老鹤依然冲举，双凫去作飞仙。仆则弃甲复来，强颜再出，负湖山之佳约，背鸥鹭之新盟。一则草堂落成，一则印龟重铸。一则衣冠桎梏，等诸不食之马肝；一则歧路徘徊，惜此无味之鸡肋。序君此图，能无颜汗？

嗟乎！李重光春愁似水，姑托神仙隐遁之词；袁小仓薄命为花，最多放诞风流之作。见诃礼法之士，指为白璧之瑕。参讨微言，宁其本志。若仆者拟之于画，则金粉之云林；求之于诗，亦绮罗之元亮矣。南浦黯然，北山行矣；十日痛饮，三年曰归。江水有神，息壤在彼。青山一角，愿留为王翰之邻；白日多闲，当遍和清真之韵。(《樊山集》卷二十三，《续修四库全书》第 1574 册，第 475—476 页）

复堂填词图序
李恩绶

图摘稼轩《摸鱼儿》词中"斜阳烟柳"四字补景，陈种之笔也。

昭代词学，盛于浙西，如金风亭长、樊榭老人，延及六家，各敞一帜。然大抵旖旎温厚，缘情为靡，忧伤憔悴，写愁易工。故斜阳烟柳，寿皇曾指为怨曲。今复堂用慰羁魂也。系其影和春窈，情引丝长，西日曦晖，东风似梦。蘸齐縠水，为桃花以回肠；卸尽帘钩，怕杨花其点鬓。因此摇遍回栏，砌成愁谱。有无限好，换风僝雨僽之天；忆景中人，筑柳鬟花娇之国。根欲填而难就，魂何事而不销。先生霞举天幕，风流绝世，藉一官以写意，㩁孤篴以歃秋。少嗜倚声，近仍结习。其立论严于丽淫丽则之辨，力涤鄙词、游词之蔽。化今逯道，为古单父。青山流水，龚芝麓之词乡；黄柳烟雏，姜石帚之綦迹。时或凭栏极目，擘绢挥毫。凡白绽秋风，红褒宵雨，鬓丝禅榻之旁，凄迷画本；歌箧舞衫之地，怅触酒怀。往往春影镜中、泪痕笺上，所谓古之伤心人别有怀抱，非欤？恩绶席帽缚头，蒯缑寄足，落花为骚客后身，秋柳是徐娘小影。琼枝霾玉，触哀感之无端（谓周生行邃）；落日登楼，觉新来之更懒。乃彊事减偷，辱承唾诿，炉烟衣润，此中之消息须参。先生自序《复堂词》曰：周美成云"流潦妨车毂"，又曰"衣润费炉烟"；辛幼安云"不知筋力衰多少，祇觉新来懒上楼"。填词者试于此消息之。

池树莺啼，画里之春光似旧。疥斯麝灯，傲厥虫雕已非；红瘦绿肥，弥忆酒浓人澹。词疑浇恨，忍虚他金罍十千；图续销寒，将交到玉梅三九。（《讷庵类稿》卷一，民国十三年刻本）

采桑子·题《复堂填词图》用大令题予词稿原韵二阕
李恩绶

垂杨多系相思种，谁倚高楼，颦到眉头，说着封侯便是愁。非烟忆住清溪口。丝蘸漪流，残照迟收。笼好春阴直到秋。

豪苏腻柳真仙吏，一阕新词，度与莺儿。絮堕尊前白发知。晓风残月愁无那。酒醒今时，歌彻杨枝。画里垂青系我思。（《讷庵类稿》卷四）

摸鱼儿·用稼轩韵题《复堂填词图》
邓　濂

听声声、鹧鸪啼雨，斑骓江上休去。绿阴换尽天涯树，忍把华年重数。君且住。看门外关山，何处非歧路。红襟寄语。奈说尽飘零，春风不管，身世逐飞絮。　　蛾眉好，翻使婵娟耽误。东邻更莫相妒。金徽本是无情物，一点琴心谁诉。翘袖舞。怕琼佩珊珊，容易淹尘土。相思最苦。便结就同心，西陵松柏，也是可怜处。（《翠盦集》卷三，民国二十四年刻本）

摸鱼儿·用稼轩韵题《烟柳斜阳填词图》
陈克劬

甚年年、□春晴雨,愁心始与来去。春来曾未将愁约,人自断肠无数。留不住。又眼见红稀,绿暗江头路。和春怎语。怅千古凭栏,此时心事,一样乱如絮。　　斜阳外,未必杜鹃啼误。怪君何事相妒。牵情杨柳和情赋,字字玉箫低诉。丝乱舞。更看着春归,自叹远乡土。怎般意苦。待说与谁知,只凭垂笔,聊记吮毫处。

用稼轩《摸鱼儿》韵奉题复堂同年老词宗《烟柳斜阳填词图》,即布指正。年小弟陈克劬待定稿。①

题仲修《烟柳斜阳填词图》论词绝句
万　钊

落红飞絮遍池塘,难遣闲愁是夕阳。春去危阑休更倚,丝丝烟柳断人肠。

移家合住马塍边,自度新声白石仙。要识先生心事在,著书岁月罢官年。

抚景苍茫有所思,壮心老去付填词。飘残涕泪空传恨,绝忆小长芦钓师。(《鹤涧诗龛集》卷八)

烟柳斜阳填词图
吴昌硕

复堂词料太凄迷,满眼蘼芜日影低。茅屋设门空掩水,柳根穿壁势拏溪。

---

① 西泠印社拍卖预展:http://www.xlysauc.com/auction5_det.php?id=104078&ccid=780&n=722。

倚声才大推红友，问字车多碾白堤。最好西湖听按拍，橹声摇破碧玻璃。（《吴昌硕诗集》，第 84 页）

水龙吟·题谭仲修《复堂填词图》
缪荃孙

夕阳无限红鲜，柳丝难绾征轮驻。长亭短堠，杜鹃催去，流莺留住。划地东风，有谁能障，污人尘土。怅旧欢云蒂，前踪雨絮，都并入、蘋洲谱。　　休问刘郎才气，揽青铜、鬒毛非故。卅年踪迹，皖江花月，蓟门烟树。已近黄昏，未通碧落，郁伊谁诉。指危楼一角，远山万点，是侬归路。（缪荃孙著、张廷银、朱玉麒主编《缪荃孙全集·诗文》，凤凰出版社，2014 年，第 2 册，第 86 页）

南浦·题谭仲修丈斜阳烟柳填词图
况周颐

金粉旧湖山，甚春工，作出琼箫哀怨。烟水十年心，长堤路、不信无人断肠，斜红瘦碧，望中依约楼台远。有限韶华无限恨，休问等闲莺燕。　　东风凭遍危阑，奈长条似旧，芳期易晚。归去写鸾笺，尊中酒、分付小红须劝。登临极目，余情付与垂丝绾。曾在碧云深处立，好向画图重见。（况周颐著，秦玮鸿校注《况周颐词集校注》，上海古籍出版社，2013 年，第 76 页）

南浦·奉题《复堂填词图》
吴唐林

平林一抹，认条条、浓绿罩江城。镜里眉痕淡扫，对影照娉婷。过眼韶光如水，侭容他、陶令赋闲情。横塘路，羡春归有信，密叶好藏莺。　　惆怅当年张绪，渐霜华、偷换鬓星星。几度欲眠还起，未肯

逐浮萍。蜿地长条似旧,笑临风、低亚舞腰轻。只青青客舍,尚留妙
句画旗亭。

奉题《复堂填词图》寄调《南浦》,复堂词宗正之。己丑谷雨同学
吴唐林倚声。①

金缕曲·题谭复堂斜阳烟柳填词图卷,图写稼轩词意
王继香

万叠愁丝绾。绿蒙蒙,和烟和雨,斜阳催晚。终古苍茫离别恨,
何事烦伊拘管。镇摇曳,亭长亭短。珍重韶光如水逝,恁青青、送入
伤春眼。鸦背影,更零乱。　　絮飞萍化华年换。怅兰成,江关老
去,风尘游倦。几度倚楼闲眺望,离笛声声凄断。早乐府,旗亭传遍。
唤醒晓风残月梦,艳词坛、不许屯田占(倩丹青、写入鹅溪绢)。金缕
曲,为君按。②

菩萨蛮·题《复堂填词图》
许　增

迷蒙稚柳春将半,隔花春远天涯远。误了踏青期,红鹃尽日啼。
千金谁买赋,那有旁人妒。都道不如休,花飞楼上愁。(郑道乾
辑《煮梦词》,民国间郑氏师俭堂抄本)

菩萨蛮·题谭仲修大令廷献《复堂填词图》,
图写辛稼轩烟柳句意
沈景修

十年不到西泠路,归来重约,闲鸥鹭。堤上旧垂杨,丝丝绾夕阳。

浮云西北去,千里迷平楚。莫上最高楼,漫天飞絮柳。(《井华词》卷二)

长亭怨慢
程颂万

仲修山长出斜阳烟柳卷子,为复堂填词第六图,属题是阕。时予亦将别武昌矣。

是谁画,玉骢吟路。一座旗亭,两行烟树。鬓冷枫桥,小红低按钿箫谱。恨惊蛮语,都变了,天涯絮。坐暝向莺帘,又掠到,樽边花雨。　　谁悟。只偷声减字,幻作断肠词侣。斜阳未远,可留在、曲廊朱户。倚玉笛,共向江城,忍偷送,夜潮声去。更圣解桃花,同把梦魂新煮。(先生词友李爱伯有《桃花圣解庵填词图》,许迈孙有《煮梦庵填词图》,因并及之。)(《程颂万诗词集》,第 449 页)

谭仲修属画《复堂填词图》因题(君宦皖江),近请假旋杭
秦敏树

昔别秋风烟雨楼,今逢柳浦又深秋。相思廿度见黄菊,握手两人皆白头。宦迹细循诗卷读,琴歌更倩画图留。(《小睡足寮诗录》卷四,《晚清四部丛刊·三编》,第 93 册,第 121 页)

题复堂填词第五图二首
王咏霓

题衿重逢汉上,填词无恙复堂。不师秦七黄九,自成北宋南唐。

梦窗质实非实,白石清空不空。解识常无常有,明言惟见簋中。(《函雅堂集》卷九,《晚清四部丛刊》第 110 册,第 255 页)

陂塘柳
孙德祖

丁亥秋九,余以摄桐乡校,道出武林,同年复堂先生方自宣歙假还。十年之别,一尊暂同,历数旧游,忽忽如梦。先生尝摘稼轩斜阳烟柳语为《填词图》,用辛叶自题《摸鱼儿》二阕,索小词缀末,辄次原韵,得二解。沦落之感,百端交集,非止顶礼词仙,致其歆慕而已。

散诸天,缤纷花雨,一齐收拾将去。片云黄海轻赉有,泻出珠玑无数。成小住。仞缕缕、秋痕蘋绿西泠路。云泥漫语。只唱遍清词,好春无际,翠露滴烟絮。　　如君者,不信儒冠能误。才论文福还妒。三生慧业从天赋,待叩九阍而诉。空起舞。问冷月寒蛩,镇泣兰根土。休嫌调苦。剩水绕孤村,鸦啼落日,是我织愁处。

黯天涯,别风淮雨,和愁将恨徕去。条长条短离亭柳,唯有前尘难数。行且住。怅瞑起、东风魂断东花路。忏余绮语。叹似我飘零,沾泥也好,万古几春絮。(辛未后余自署词卷春絮。)　　怜身世,贫到一闲万误用竹山词意。浮生还被天妒。金门不梦凌云赋,花发又寻君诉。吾倦舞。算几辈文章,事业同抔土。(谓芸门、兰当诸同年。)蛩酸雁苦。何许有垂杨,淡烟落日,好觅倚阑处。(《复堂师友手札菁华》,第 662—664 页)

陂塘柳
王尚辰

仲修使君用稼轩《陂塘柳》"斜阳烟柳"词句绘图征题,春光将去,伤心人别有怀抱,倒用原韵质诸位知音。遗园一民王尚辰呈草。

问丝丝,绘残烟影,留春春在何处。隔帘遮莫斜阳捲,吟到落花心苦。香化土。愁见那、纤腰幻作杨枝舞。清尊漫诉。奈燕燕莺莺,风风雨雨,故故把人妒。　　重来也,不仅夭桃笑误。依耶漂泊如絮。封侯梦醒红颜老,玉笛一声无语。湖上路。可记得、黄金万缕难牵住。韶光有数。恁水水山山,朝朝暮暮,草草遣春去。(《复堂师友手札菁华》,第 79 页)

前　调

仲修使君用稼轩《陂塘柳》"斜阳烟柳"词句绘图征题,春光将去,伤心人别有怀抱,倒步原韵质诸位法家。谦斋王尚辰草。

问丝丝,绘残烟雨,将春吟送何处。钩帘放入斜阳影,谁识落红心苦。香化土。怕见那、纤腰犹学杨枝舞。瑶琴代诉。奈蝶梦惺忪,莺啼冷暖,无故把人妒。　　凭栏望,不仅夭桃笑误。依耶漂泊如絮。一尊跌宕天门远,欲奏绿章难语。湖上路。可记得、黄金万缕牵秋住。韶光有数。趁锦瑟年华,练裙俊侣,遮莫遣春去。(《复堂师友手札菁华》,第 80 页)

南歌子·题吴昌硕为谭复堂画《烟柳填词图》
张宗祥

远浦垂垂柳,横塘漠漠烟。夕阳无语下前川。极目苍茫,独倚曲栏边。　　古意凭谁写,牢愁仗画传。展图寒夜小灯前。二老风流,宛在想当年。(张宗祥《铁如意馆诗钞》,上海古籍出版社,2015 年,第 166 页)

题吴昌硕作谭复堂《烟柳斜阳填词图》
夏承焘

曾识雷锋未识翁,湖楼投老此情同。攀条词客鹃声里,谁画斜阳如此红?(吴无闻注《天风阁诗集》,浙江人民出版社,1982 年,第 124 页)

结　语

　　作为晚清的一位普通士人,谭献虽不如翁同龢的久处中枢,叶昌炽的学有专门,或许也比不上王闿运、李慈铭的交际与才情。然其一生经历了太平天国运动、鸦片战争、甲午中日战争,并在八国联军侵华的当口去世。其人前后做过幕僚、知县、书院山长、书局总纂等,且常常变动不居。个中所反映的,或是当时大部分中下层士人的生活常态,他们的所作所为、所思所想,也或许更能代表那个时代。王汎森曾在《中国近代思想文化史研究的若干思考》中说:"我们在研究近代思想文化史时,太过注意浮沉于全国性舞台的人物或事件,或是想尽办法爬梳庶民的心态,但比较忽略了'中层'的思想文化史。"①谭献及其大多数友朋无疑属于这样的"中层",他们在晚清这样一个特定时期里的阅读、创作、交游及其心态,或可作为洞观晚清士人面貌的一个窗口。

　　《复堂日记》作为谭献书写的一部"我史",其内涵本当涉及其人生平行事、交游、治学的方方面面,成为后人理解其人的一个重要入口。但遗憾的是,谭献生前有意识的编选、改造,使之蜕去了排日记事的外衣,超越了日记用备遗忘的单纯功用,成为一部以资流传久远的"著述"。其所展现的仅仅是谭献作为文人学者的一面。在稿本隐去、刻本通行的长时期里,由于世人所能见到的只能是这个被精心建构的"七宝楼台",也就造成了谭献相关研究的叠

---

　　①　王汎森《中国近代思想文化史研究的若干思考》,《新史学》2003 年第 4 期,第 185 页。

床架屋与停滞不前。陈寅恪在《敦煌劫余录序》一文中曾说:"一时代之学术,必有其新材料与新问题。取用此材料,以研究问题,则为时代之新潮流。"①一时代之学术,需要有新材料、新问题来引领,一家之学术与文学亦未尝不需要有新材料与新问题来激活、来更新。而稿本《复堂日记》的发现,或许就是用以重新发现谭献、理解谭献的一个机缘。

谭献稿本《复堂日记》的主体部分现存南京图书馆,共 57 册,另外,浙江图书馆、浙江博物馆、浙江大学图书馆等处亦各藏有一二册,所见凡 61 册,约 125 万字。与依据十一卷刻本整理的中华书局本相较,在篇幅上已有将近六倍的增加。本书即建立在稿本日记的重新整理之上。依据此稿,目前主要做了以下三方面的工作:一是基本厘清了《复堂日记》的版本系统,重现了谭献重塑文本、建构自我的方式及其历程;二是借助日记中有关填词、读词、评词、选词及词学交游的丰富记载,推进了谭献词学的研究。这种推进首先即体现在文献层面,如根据谭献以诗词入日记的日记书写形式,从中辑得佚词 46 首(包括未录者 4 首),并为已知复堂词中的 124 首赋予确切的创作时间与具体情境,这在一定程度上为编定《复堂词》的编年校注本,提供了可能。同时还依据稿本日记中读词、评词的相关条目,为收入《复堂词话》的 37 条词话做了考异,并重新辑得未收词话 50 条,这也为新辑《复堂词话》奠定了基础。三是基本考定了谭献的书籍、金石收藏,解决了有关书钞阁与带经堂二家书籍递藏的重要问题,填补了清代藏书史中的一段空白。同时也对谭献与庄棫的交游及并称渊源,谭献《群芳小集》《群芳续集》《复堂填词图》等多种著述的形成过程,进行了细致的考察与探究。当然,由于稿本《复堂日记》的篇幅过于庞大,加上行草书书写所带来的辨识障碍,因而在短时间所能完成的

_____

① 陈寅恪《金明馆丛稿二编》,生活·读书·新知三联书店,2001 年,第 176 页。

仅仅是其中的四个专题。但这并不意味，这四个专题所呈现的即是谭献稿本日记所涵价值的核心，同时更不能说明谭献稿本日记的价值亦仅限于此。其实，其中可挖掘或值得重新思考的问题还有很多，举例而言：

其一，稿本日记作为未经剪裁的原始文本，其中多原汁原味的日常性记载，大部分为逐日的交游与诗酒集会，其所交游的对象，不乏因现存史料不足，而导致生平、行事不彰者，如戴望、龚橙等；亦有可以与相关史料互为参证、补充，以丰富某一历史事件或事实者。如谭献与章太炎之关系及交往情形，在以往可资利用的史料中，仅刻本《复堂日记》、章太炎《太炎先生自定年谱》、章太炎与谭献的数通书信而已。近年来，虽陆续推出了《复堂师友手札菁华》《章太炎全集》等相关书籍，但有关二人往复的记录，仍然是少之又少。钱基博曾试图通过刻本日记勾勒，但所得有限，其中有辙迹可寻者，仅寥寥六条。由于史料的不足征，实在无法串联起二人的交往历程及其学术渊源。而稿本《复堂日记》的发现，在一定程度上弥补了这一方面的空白。

据稿本日记，光绪二十二年（1896）是章、谭来往最为密切的一年。仅七月至十二月，二人会面之见于记载者，即有 18 次之多，其中有一日两见者。往来以日常谈论为多，如八月二十七日日记："章生枚叔来，长谈至午。"九月朔日日记："章生来，长谈至暮。"仲冬（十一月）朔壬辰日记："章生枚叔来，谈至暮。"诸如此类①。有呈艺请质者，如七月十九日日记："章生枚叔来，呈近作《儒兵》《儒道》二文，又《说庄子天下篇》。"九月十三日日记："枚叔来长谈，以近稿杂文就

---

①　又如十月二日日记"踵玉来，枚叔亦来谈"，初八日日记"章生枚叔来谈"，十一月初七日日记"非郎昨、今来，枚叔来谈"，十九日日记"晴。阅卷。枚叔来谈"，廿五日日记"晴。枚叔来"，腊月五日日记"枚叔午来"，十四日日记"枚叔来"，廿八日日记"雨。阅卷。枚叔来谈"等。以上及本段引文均出自浙江图书馆藏稿本日记。

质。”据十月十一日日记，知为《葑汉室杂文》。有代作文事，九月十六日日记云：“章枚叔来，代作《孙子方家传》，谈半晌。”据六月十四日日记，此文乃受孙文卿之请。孙文卿，即孙廷翰（1861—1918），谱名起焕，字运章，一字文棨，号文卿，又号问青，浙江诸暨人。子方，乃其从弟孙廷献（蔼人）之父，故九月廿五日日记云：“作复孙生蔼人上海函，寄乃翁子方家传稿。”此《家传》今不见于谭、章二人文集。又有借书事，如十月十四日日记：“枚叔来谈。……枚叔薄暮再来，以《西学书目表》借观。”日记中的诸多条目，还涉及到谭献对章氏文章、学术的评判。凡此种种，不仅可以弥补《章太炎年谱长编》中章氏早年相关事迹的不足，还可以此为基准，借助其他相关文献，考见章太炎的学术轨辙及其与谭献的师徒渊源。

其二，日记中有关日常阅读的持续性记载，未尝不是考察晚清一般士人书籍阅读的绝佳材料。谭献一生跨越道、咸、同、光四朝，经历“千年来未有之巨变”。作为一般士人，谭献在思想与行为有无明显的变化？他又是如何应对的这种时代冲击的？书籍的阅读，或许是最为直接的反映。以甲午中日战争为例，自始至终以天朝上国自居的清王朝，却在与蕞尔小国的对抗中失利，以至于面临割地、赔款的羞辱，这种冲击，对于一个身处中下层的普通文人而言，意味着什么？在光绪二十一年（1895）日记中，“时事”二字出现得最为频繁，如“时事真不可说”“时事不可言”“蹙頞时事”“慷慨时事”“时事日亟”“时事全非”[①]等语即常行诸笔端。但这似乎只是一时的情感投射，在行为上却是很快地归于常态。以书籍的阅读而言，除上半年阅有《明末忠

---

① 谭献《复堂日记》，第24册《驯复记》，稿本，南京图书馆藏。在听闻割地赔款后，谭献三月廿六日日记云：“穰卿以台津电音钞示，愤诧，欲涕欲搏，将为石晋之续，尚不止靖康矣。”廿九日云：“得袁爽秋芜湖、曹舲笙安庆二书。闻款议，四方义愤，不受要挟，倭奴骄极矣。天或者未终为秦醉邪？”三十日又云：“念乱优生，家国萧条，不图今日只一苟字，何处有完美耶？”

烈纪实》《经世文编》《经世文续编》《东华续录》等数种与经世稍有关涉者外,大多还是传统书籍,如《盐铁论》《潜论》《新序》《说苑》《意林》《群书拾补》《困学纪闻》等,新书则仅见《万国公报》《泰西新史》二种而已。也就是说,对于当时的巨变,身处中下层文人的反应或许并没有预想的大,他们接受新知以应求时变的欲望也远没有预想的强烈。当然,除以书籍阅读来呈现"时事"外,更重要的还在于,通过稿本日记中书籍活动的系统梳理,考察谭献在同治元年到光绪二十七年的数十年间,所读主要为何种书? 书从何处来? 其总体阅读规模如何? 在不同的人生阶段,其阅读的宗尚有何变化? 对于不同种类的书籍其阅读方式又有何差异? 这些问题的解答,对于具体呈现谭献的学术历程及其与晚清学术风气变迁、知识转型的关联,无疑颇有助益。

不仅如此,稿本日记中有关谭献居官日常的丰富记载,还可作为考察清代地方吏治民情及晚清知县群体生存状态的一个个案。谭献自光绪二年至光绪十二年的十年间,先后在安徽歙县、全椒、怀宁、合肥、宿松等五地担任知县。所掌五县中,歙县、全椒、合肥均为各府首县,而怀宁更有"首府首县"之称。所领大多为烦、难,甚至冲、烦、疲、难四项俱全之地。以居官怀宁时为例(光绪八年十二月至光绪十年五月),仅光绪九年一年,日记所载"鞫狱""谳狱"次数即有 44 次,而"倦甚""颇倦"等词亦频繁见诸文字。此中或可见晚清地方社会治理与管控的具体情形,以及作为最下层行政人员的一般日常。另外,作为文人,谭献似乎对天气变化有一种特殊的敏感,同时也热衷于日常间雨雪寒温的细致描述,而这无疑为考察晚清数十年间的气候变迁,提供了一份难得的数据。谭献自同治四年(1865)三月自福建返归杭州以后,行迹基本集中在浙江、安徽、湖北等长江中下游省份,若分别以"雨""雪""寒""热"等关键字词检索同治四年以后各年份日记,似乎便可大致得到一份自同治四年到光绪二十七年(1901)的这一长时段的晴雨表、冷热图①。

　　当然,以上所述,大体都是基于同一种思路,即将日记拆分到文学、历史、哲学,甚至人类学、气象学等不同门类之下,作为一种新的辅助性史料来使用。也就是说,着眼在"用"。但对于日记之"体",特别是日记这种文体在清代的变迁,则似乎缺乏必要的关注。日记在清代,特别是晚清,其功用似乎已经突破了用备遗忘的单纯目的,在内容上亦非日常细事的琐屑记录,而是将文学、学术及日常所思、所想一齐纳入,形成一个个体量庞大的知识仓库。这种日记体式形成的原因若何? 是否与清代朴学兴起后的博雅实证风气相关? 清代大量出现的笔记体著述,如日录、日札等,是否与刊本《复堂日记》存在相类似的生成方式? 凡此种种,均是有待进一步探究的重要问题。

---

　　① 　以具体年份而言,如光绪三年(1877),在北方地区普遍遭遇大旱时,地处东南沿海的杭州又是怎样的一番情形呢? 据谭献稿本日记,自五月十一日起至六月廿五日的一个多月时间里,"甚热""酷热"字样凡 22 见。而此时本当是长江一带的梅雨季。可见气候异常是整体性的。

参考文献

（1. 参考文献因性质有别，暂分为基本典籍、近现代论著、学位论文、期刊论文等四类；2. 编排上则统一以著者或编者姓氏首字母音序排列）

基本典籍

蔡寿祺编《三子诗选》，咸丰七年（1857）刻本

陈豪《冬暄草堂遗诗》，宣统三年（1911）刻本

陈豪《冬暄草堂师友笺存》，民国二十六年（1937）上海中华书局石印本

陈烈编《小莽苍苍斋藏清代学者书札（修订版）》，人民文学出版社，2014 年

陈三立著，李开军校点《散原精舍诗文集》（增订本），上海古籍出版社，2014 年

陈树杓《带经堂书目》，煮雨山房辑《中国著名藏书家书目汇刊·明清卷》，第 28 册，商务印书馆，2005 年

陈廷焯撰，孙克强、赵瑾等辑校《白雨斋词话全编》，人民文学出版社，2013 年

陈钟英《知非斋诗钞》《续钞》，《清代诗文集汇编》影印同治十一年（1872）杭州衡山陈氏刻本，第 695 册，上海古籍出版社，2010 年

成本璞《通雅堂丛稿》，宣统元年（1909）刻本

程颂万著，徐哲兮校注《程颂万诗词集》，湖南人民出版社，2009 年

戴望《谪麐堂遗集》,《清代诗文集汇编》影印《风雨楼丛书》本,第732册

邓濂《罤盦集》,民国二十四年(1935)石印本

邓濂《瑶情词》,稿本,南京图书馆藏

邓廷桢《双砚斋词钞》,民国九年(1920)家刻本

邓瑜《清足居集》,《晚清四部丛刊·三编》影印光绪二十二年(1896)玉峰官舍刻本,第118册,文听阁图书,2010年

邓瑜《蕉窗词》,《晚清四部丛刊·三编》,第118册

丁丙《松梦寮诗稿》,《清代诗文集汇编》影印光绪二十五年(1899)刻本,第720册

丁丙《松梦寮文集》,《清代诗文集汇编》影印钞本,第720册

丁丙《武林坊巷志》,浙江古籍出版社,2018年

丁立中编《八千卷楼书目》,国家图书馆出版社,2009年

丁绍仪《听秋声馆词话》,《续修四库全书》影印同治八年(1869)刻本,第1734册,上海古籍出版社,2002年

丁绍仪《国朝词综补》,《续修四库全书》影印光绪刻前五十八卷本,第1732册

樊增祥《樊山集》《樊山续集》,《续修四库全书》影印光绪十九年(1893)渭南县署刻本,第1574册

方昌翰《虚白室文钞》,光绪十三年(1887)刻本

方浚颐《古香凹诗余》,光绪十年(1884)刻本

冯煦《蒿庵类稿》《续稿》,《清代诗文集汇编》影印民国二年(1913)金坛冯氏递刻本,第757册

冯乾编校《清词序跋汇编》,凤凰出版社,2013年

符璋著、陈光熙点校《符璋日记》,中华书局,2018年

符兆伦《卓峰草堂诗钞》,民国十八年(1929)铅印本

傅谨、谷曙光主编《京剧历史文献汇编》,凤凰出版社,2011年

高望曾《茶梦庵劫后诗稿》,同治九年福州刻光绪十六年(1890)

杭州补刻本

　　高炳麟《我盦遗稿》,清末(1889)刻本

　　高均儒《续东轩遗集》,光绪七年(1881)刻本

　　葛金烺《传朴堂诗稿》,《清代诗文集汇编》影印光绪二十一年 (1895)刻本,第733册

　　顾翰《拜石山房词钞》,光绪十五年(1889)许增榆园刻本

　　顾宏义、李文整理标校《宋代日记丛编》,上海书店出版社,2013年

　　顾宏义、李文整理标校《金元日记丛编》,上海书店出版社,2013年

　　顾廷龙校阅,钱伯城、郭群一整理《艺风堂友朋书札》,上海人民 出版社,2018年

　　郭嵩焘著,王建、陈瑞芳等点校《郭嵩焘集》,岳麓书社,2011年

　　何兆瀛《老学后庵自订词》,光绪十三年(1887)刻本

　　赫俊红编《中国文化遗产研究院藏清代名人书札》,中华书局, 2015年

　　胡念修《灵芝仙馆诗钞》,《清代诗文集汇编》影印光绪二十四年 至二十七年刻鹄斋刻《壶庵类稿》本,第793册

　　胡传海编《吴昌硕书札》,上海书画出版社,1999年

　　黄长森《自知斋诗集》附词,同治十二年(1873)刻本

　　黄以周《儆季文钞》,《清代诗文集汇编》影印光绪二十年(1894) 江苏南菁讲舍刻《儆季杂著》本,第708册

　　黄苏、周济、谭献选评,尹志腾校点《清人选评词集三种》,齐鲁书 社,1988年

　　黄燮清《国朝词综续编》,《续修四库全书》影印同治十二年 (1873)刻本,第1731册

　　江顺诒《愿为明镜室词稿》,同治九年(1870)刻本

　　金和《秋蟪吟馆诗钞》,民国三年(1914)铅印本

　　况周颐著,秦玮鸿校注《况周颐词集校注》,上海古籍出版社, 2013年

李慈铭撰，刘再华校点《越缦堂诗文集》，上海古籍出版社，2009年

李慈铭《越缦堂日记》，广陵书社，2004年

李慈铭《越缦堂读书记》，中华书局，2006年

李德龙、俞冰主编《历代日记丛钞》，学苑出版社，2006年

李恩绶《讷盦类稿》，民国十三年（1924）冬心草堂刻本

李恩绶《缝月轩词录》，光绪三十年（1904）上海蜚英书馆石印本

厉鹗撰，罗仲鼎点校《樊榭山房文集》，浙江古籍出版社，2016年

凌霞《天隐堂文录》，《清代诗文集汇编》影印民国四年吴兴嘉业堂刻《吴兴丛书》本，第729册

梁鼎芬《节庵先生遗诗》，民国十二年（1923）沔阳卢氏慎始基斋刻本

刘炳照《留云借月庵词》，《清代诗文集汇编》影印光绪十九年（1893）阳湖刘氏刻本，第766册

刘承幹著，陈谊整理《嘉业堂藏书日记抄》，凤凰出版社，2016年

刘观藻《紫藤花馆诗余》，光绪六年（1880）刻本

刘履芬《古红梅阁遗集》，《清代诗文集汇编》影印光绪六年（1880）苏州刻本，第703册

陆心源著，冯惠民整理《仪顾堂书目题跋汇编》，中华书局，2009年

伦明等著，杨琥点校《辛亥以来藏书纪事诗》，北京燕山出版社，2008年

马赓良《鸥堂诗》，《清代诗文集汇编》影印光绪五年（1879）刻本，第729册

马赓良《鸥堂遗稿》，《清代诗文集汇编》影印光绪十五年（1889）刻本，第729册

缪荃孙著，张廷银、朱玉麒主编《缪荃孙全集》，凤凰出版社，2014年

莫友芝著，张剑整理《莫友芝日记》，凤凰出版社，2014年

倪鸿《桐阴清话》，同治十一年（1872）刻本

倪鸿《桐阴写梦词》,同治十一年(1872)刻本

欧阳英修,陈衍纂《闽侯县志》,闽侯县地方志编纂委员会,1995年

潘衍桐编纂,夏勇、熊湘整理《两浙辑轩续录》,浙江古籍出版社,2014年

齐耀珊重修,吴庆坻等重纂(民国)《杭州府志》,《中国地方志集成·浙江府县志辑》,上海书店出版社,1993年,第1—3册

钱基博藏《复堂师友手札菁华》,人民文学出版社,2015年

钱曾《读书敏求记》,《续修四库全书》影印国家图书馆藏雍正六年(1728)刻本,第923册

秦敏树《小睡足寮诗录》,《晚清四部丛刊·三编》,第93册

秦缃业《西泠酬倡集》,光绪四年(1878)刻本

清代名人书札编辑组编《清代名人书札》,北京师范大学出版社,2009年

三多《粉云庵词》,民国三十一年(1942)铅印本

邵懿辰《半岩庐遗文》《半岩庐遗诗》,《清代诗文集汇编》影印民国十一年(1922)仁和邵氏刻本,第635册

上海书画出版社编《吴昌硕手札》,上海书画出版社,2007年

上海书画出版社编《清末民初名人手札》,上海书画出版社,2007年

上海图书馆编《上海图书馆善本题跋真迹》,上海辞书出版社,2013年

佘彦焱、柳向春整理《冒广生友朋书札》,上海书画出版社,2009年

沈昌宇《泥雪堂诗词钞》,民国六年(1917)刻本

沈初《西清笔记》,《清代诗文集汇编》第367册

沈景修《蒙庐诗存》,《清代诗文集汇编》影印光绪二十一年(1895)杭州刻本,第730册

沈景修《井华词》,光绪二十五年(1899)刻本

沈泽棠等著,刘梦芙编校《近现代词话丛编》,黄山书社,2009年

施补华《泽雅堂诗集》《泽雅堂诗二集》,《清代诗文集汇编》影印同治十二年至光绪十六年刻本,第 731 册

宋恕著,胡珠生编《宋恕集》,中华书局,1993 年

宋志沂《宋浣花诗词合刻》,同治十一年(1872)刻本

孙宝瑄著,中华书局编辑部整理,童杨校订《孙宝瑄日记》,中华书局,2015 年

孙葆田《校经室文集》,《清代诗文集汇编》影印民国五年(1916)吴兴刘承幹刻《求恕斋丛书》本,第 745 册

孙德祖《寄龛诗质》,《清代诗文集汇编》影印光绪二十五年(1899)刻本,第 744 册

孙德祖《寄龛词问》,光绪间刻本

孙衣言《逊学斋诗钞》《续钞》,《清代诗文集汇编》影印同治三年(1864)重刻本,第 662 册

孙诒让《籀庼遗文》,中华书局,2013 年

孙诒让《墨子间诂》,中华书局,2009 年

孙诒让撰,雪克辑校《籀庼遗著辑存》,中华书局,2010 年

陶方琦《湘麋阁遗诗》附《兰当词》,《清代诗文集汇编》影印光绪十六年(1890)湖北书局刻本,第 758 册

谭献辑《复堂经说辑》(存《诗经》《春秋》),稿本,上海图书馆藏

谭献辑《尔雅文钞》,钞本,上海图书馆藏

谭献辑《春秋释例》(残),稿本,上海图书馆馆藏

谭献校订《董子定本》附录,民国间铅印《念劬庐丛刻初编》本

谭献校订《春秋繁露》,稿本,南京图书馆藏

谭献辑《复堂类集·三礼说》,清抄本,湖北省图书馆藏

谭献《许珊林(楗)传赞事实》,光绪间刻本

谭献评《非见斋审定六朝正书碑目》,光绪间刻《半厂丛书》本

谭献《仁和谭氏考藏碑刻墓志题名录》,钞本,上海图书馆藏

谭献《淮南鸿烈解举正》,王氏学礼斋钞稿本,复旦大学图书馆藏

谭献《复堂日记》(清同治二年至光绪十六年),《半厂丛书》本

谭献《复堂日记补录》,民国间铅印《念劬庐丛刻初编》本

谭献《复堂日记续录》,民国间铅印《念劬庐丛刻初编》本

谭献《复堂日记》(同治元年至光绪二十七年),稿本,南京图书馆藏

谭献《山桑宧记》(光绪五年至六年),稿本。浙江大学图书馆藏

谭献《复堂日记》(光绪二十二年六月至十月),稿本,浙江图书馆藏

谭献《怀芳记》,光绪五年(1879)刻本

谭献《群芳小集》《群芳续集》,清刻本

谭献辑《丛拾考证》,稿本,上海图书馆藏

谭献、许增撰《意林校补》,稿本,杭州市图书馆藏

谭献辑《合肥三家诗录》,光绪间刻《半厂丛书初编》本

谭献辑《池上题襟小集》,光绪间刻《半厂丛书初编》本

谭献等辑《经心书院集》,光绪十四年(1888)刻本

谭献辑《诂经精舍三集》,同治间刻本;

谭献《复堂文续》,光绪十五年(1889)刻鹄斋刻本

谭献《复堂题跋》,稿本,北京大学图书馆藏;

谭献《复堂文余》,稿本,南京图书馆藏;

谭献《复堂诗续》,民国间铅印《念劬庐丛刊初编》本

谭献《复堂类稿》,清光绪十一年(1885)刻本

谭献《复堂手札》,手稿本,复旦大学图书馆藏

谭献《化书堂初集》附《蘼芜词》,咸丰七年(1857)刻本

谭献《复堂词》,光绪间刻《半厂丛书初编》本

谭献《复堂词》,咸丰七年(1857)刻《三子诗选》本

谭献《复堂诗余》,稿本,浙江图书馆藏

谭献《复堂词》,陈匪石钞本,上海图书馆藏

谭献《复堂词录》,稿本(存卷一至八),国家图书馆藏

谭献《复堂词录》,稿本,浙江图书馆藏

谭献《箧中词》,光绪间刻《半厂丛书初编》本

谭献《箧中词今集续》,稿本,上海图书馆藏

谭献《汉铙歌十八曲集解》,稿本,浙江图书馆藏

谭献《汉铙歌十八曲集解》,民国间刻《灵鹣阁丛书》本

谭献撰,徐珂辑《谭仲修先生复堂词话》,民国十四年(1925)杭州徐氏《心园丛刻》本

谭献著,范旭仑、牟晓朋整理《谭献日记》,中华书局,2013 年

谭献著,罗仲鼎、俞浣萍点校《谭献集》,浙江古籍出版社,2012 年

谭献《复堂词》,华东师范大学出版社,2010 年

谭献纂,罗仲鼎、俞浣萍点校《复堂词录》,浙江古籍出版社,2016 年

谭献纂,罗仲鼎点校《箧中词》,人民文学出版社,2015 年

万钊《鹤碉诗奄集》,光绪十九年(1893)刻本

万钊《黉波词》,光绪十九年(1893)刻本

翁同龢著,陈义杰整理《翁同龢日记》,中华书局,2006 年

王贵忱、王大文编《可居室藏清代民国名人信札》,国家图书馆出版社,2012 年

王麟书《慕陔堂乙稿》,光绪十二年(1886)刻本

王闿运《湘绮楼日记》,岳麓书社,1997 年

王尚辰《谦斋三集》《谦斋续集》,光绪二十三年(1897)木活字本

王尚辰《遗园诗余》,光绪二十一年(1895)刻本

王诒寿《缦雅堂诗》,《清代诗文集汇编》影印光绪间钞本,第711 册

王诒寿《缦雅堂骈体文》,《清代诗文集汇编》影印光绪六年(1880)刻本,第711 册

王诒寿《笙月词》《花影词》,《清代诗文集汇编》同治十一年(1872)刻《榆园丛书》本,第711 册

王诒寿《缦雅堂日记》,《上海图书馆藏稿钞本日记丛刊》,国家图书馆出版社,2017 年,第 26 册

王咏霓《函雅堂集》,《晚清四部丛刊·六编》影印光绪二十二年(1896)刻本,第 110 册

汪康年《汪康年师友书札》,上海书店出版社,2016 年

吴昌硕《吴昌硕诗集》,漓江出版社,2012 年

吴存义《榴实山庄诗钞》《词钞》《试律》《文稿》,《清代诗文集汇编》影印同治间刻本,第 611 册

吴庆坻《补松庐文稿》,《清代诗文集汇编》影印张宗祥钞本,第 770 册

萧穆撰,项纯文点校《敬孚类稿》,黄山书社,2014 年

谢章铤著,陈庆元、陈昌强、陈炜点校《谢章铤集》,吉林文史出版社,2009 年

徐世昌辑《晚晴簃诗汇》,《续修四库全书》影印民国十八年(1929)退耕堂刻本,第 1629－1633 册

徐世昌等编,沈芝盈、梁运华点校《清儒学案》,中华书局,2008 年

徐珂《纯飞馆初稿》,清末刻本

徐珂《纯飞馆词》,民国三年(1914)铅印本

徐珂《清稗类钞》,中华书局,2010 年

许承尧撰,李明回、彭超、张爱琴校点《歙事闲谭》,黄山书社,2001 年

许景澄著,朱家英整理《许景澄集》,浙江古籍出版社,2015 年

许梿《宝均阁宝刻录》,咸丰八年(1858)刻本

许增著,郑道乾辑《煮梦词》,民国间郑氏师俭堂抄本,浙江图书馆藏

薛时雨《藤香馆诗钞》,《清代家集丛刊》影印同治七年(1868)全椒薛氏藤香馆刊本,第 138 册,国家图书馆出版社,2015 年

薛时雨《藤香馆词》,《清代家集丛刊》影印同治五年(1866)刻本,第139册

杨文莹《幸草亭诗钞》,《清代诗文集汇编》影印民国八年(1919)钱塘杨氏勘采堂铅印本,第737册

杨葆彝《邂阿诗抄》,民国二十二年(1933)铅印本

叶昌炽著,姚文昌点校《语石》,浙江大学出版社,2018年

叶昌炽著,王立民注解《缘督庐日记》,吉林文史出版社,2011年

叶昌炽著《缘督庐日记》,江苏古籍出版社,2002年

叶昌炽著,王季烈抄录《缘督庐日记钞》,北京图书馆出版社,2007年

叶恭绰辑,傅宇斌点校《广箧中词》,人民文学出版社,2011年

叶景葵著,顾廷龙编《卷庵书跋》,上海古籍出版社,2006年

叶名澧《敦夙好斋诗全集》,《续修四库全书》影印光绪十六年(1880)叶兆纲刻本,第1536册

叶衍兰《秋梦盦词钞》,《清代诗文集汇编》影印光绪十六年(1890)羊城刻本,第694册

叶衍兰辑《粤东三家词钞》,光绪二十一年(1895)刻本

佚名撰,王钟翰注解《清史列传》,中华书局,1987年

易佩绅《函楼诗钞》《函楼文钞》,《清代诗文集汇编》影印光绪间递刻本,第702册

易顺鼎撰,王飚校点《琴志楼诗集》,上海古籍出版社,2012年

永瑢等《钦定四库全书总目》,中华书局,2003年

余怀《玉琴斋词》,稿本,南京图书馆藏

俞樾《春在堂全书》,凤凰出版社,2010年

俞樾著、张燕婴整理《俞樾函札辑证》,凤凰出版社,2014年

袁昶《浙西村人初集》,《清代诗文集汇编》影印光绪间刻本,第761册

袁昶《于湖小集》附《金陵杂事诗》,《清代诗文集汇编》影印光绪

间袁氏水明楼刻本,第 761 册

　　袁昶《安般簃集》,《清代诗文集汇编》影印光绪十六年(1880)桐庐袁氏刻本,第 761 册

　　袁昶著,孙之梅整理《袁昶日记》,凤凰出版社,2018 年

　　赵尔巽等《清史稿》,中华书局,1977 年

　　赵之谦著,戴家妙整理《赵之谦集》,浙江古籍出版社,2015 年

　　赵之谦辑,马向欣编著《六朝别字记新编》,书目文献出版社,1995 年

　　赵之谦《赵之谦花卉册页》,《中国古代绘画精品集》,中国书店,2013 年

　　张次溪编《清代燕都梨园史料》,中国戏剧出版社,1988 年

　　张景祁《新蘅词》,《续修四库全书》影印光绪九年(1883)百忆梅花仙馆刻本,第 1727 册

　　张鸣珂《寒松阁谈艺琐录》,《续修四库全书》影印宣统二年(1913)铅印本,第 1088 册

　　张廷济《清仪阁题跋》,光绪十九年(1893)刻本

　　张僖《眠琴阁词》,民国四年(1915)石印本

　　张寅彭主编,吴忱、杨焄点校《清诗话三编》,上海古籍出版社,2014 年

　　张预《崇雅堂诗存》,光绪二十年(1894)刻本

　　章太炎《太炎文录初编》,上海人民出版社,2014 年

　　章太炎《太炎文录续编》,上海人民出版社,2014 年

　　章学诚《章学诚遗书》,文物出版社,1985 年

　　章学诚著,叶瑛校注《文史通义校注》,中华书局,2004 年

　　震钧撰,顾平旦点校《天咫偶闻》,北京古籍出版社,1982 年

　　郑襄《久芬室诗集》,《清代诗文集汇编》影印光绪二十一年(1895)石门官廨刻本,第 731 册

　　郑由熙《莲漪词》,光绪十六年(1890)江右书局刻本

周邦彦著,罗忼烈笺注《清真集笺注》,上海古籍出版社,2008 年

周济著,段晓华辑校《周济词集辑校》,华东师范大学出版社,2016 年

周济《介存斋论词杂著》,人民文学出版社,1998 年

周星詧《传忠堂学古文》,《清代诗文集汇编》影印光绪十二年(1886)江阴金氏刻本,第 701 册

周星誉《东鸥草堂词》,光绪十二年(1886)刻本

周星诒藏并编《周氏传忠堂书目》,煮雨山房辑《中国著名藏书家书目汇刊·近代卷》第九册,商务印书馆,2005 年

周星诒藏并编《书钞阁行箧书目》,煮雨山房辑《中国著名藏书家书目汇刊·近代卷》第九册

周星诒《窳横诗质》,《清代诗文集汇编》影印光绪至民国间刻《如皋冒氏丛书》附《五周先生集》本,第 725 册

周星诒《勉憙词》,《清代诗文集汇编》影印《晨风阁丛书第一集》本,第 725 册

周星诒等著,刘蔷整理《鸥堂日记·窳橫日记》,河北教育出版社,2001 年

诸可宝《璞斋集》,《晚清四部丛刊·三编》影印光绪二十二年(1896)刻本,第 118 册

朱琦《怡志堂文初编》,《清代诗文集汇编》影印同治四年(1865)运甓轩刻本,第 613 册

朱琦《怡志堂诗初编》,《清代诗文集汇编》影印咸丰七年(1857)刻本,第 613 册

庄棫《蒿庵文集》,《清代诗文集汇编》影印光绪元年(1875)刻本,第 711 册

庄棫《蒿庵遗集》,《清代诗文集汇编》影印光绪十二年(1886)钱塘许氏刻本,第 711 册

近现代论著

陈乃乾著,虞坤林整理《陈乃乾日记》,中华书局,2018 年

陈左高《历代日记丛谈》,上海书画出版社,2004 年

陈左高《中国日记史略》,上海书籍出版社,2016 年

程千帆《闲堂文薮》,齐鲁书社,1984 年

蒋寅《王渔洋与康熙诗坛》,凤凰出版社,2013 年

蒋寅《清代文学论稿》,凤凰出版社,2009 年

蒋寅《视角与方法:中国文学史探索》,北京大学出版社,2018 年

柯愈春《清人诗文集总目提要》,北京古籍出版社,2001 年

孔祥吉《清人日记研究》,广东人民出版社,2008 年

来新夏《近三百年人物年谱知见录》,中华书局,2010 年

李灵年、杨忠主编《清人别集总目》,安徽教育出版社,2008 年

李睿《清代词选研究》,安徽大学出版社,2011 年

李真瑜《北京戏剧文化史》,北岳文艺出版社,2004 年

梁建国《朝堂之外:北宋东京士人交游》,中国社会科学出版社,2016 年

刘毓盘《词史》,商务印书馆,2015 年

龙榆生《词曲概论》,上海古籍出版社,1980 年

龙榆生《中国韵文史》,上海古籍出版社,2010 年

龙榆生《龙榆生词学论文集》,上海古籍出版社,2009 年

龙榆生《近三百年名家词选》,上海古籍出版社,1979 年

陆蓓容《宋荦和他的朋友们:康熙年间上层文人的收藏、交游与形象》,中国美术学院出版社,2016 年

马成名《海外所见善本碑帖录》,上海书画出版社,2014 年

马勇编《章太炎书信集》,河北人民出版社,2003 年

毛文芳《图成行乐:明清文人画像题咏析论》,学生书局,2008 年

冒广生《冒鹤亭词曲论文集》,上海古籍出版社,1992 年

冒广生《小三吾亭词话》,《词话丛编》本,中华书局,1986 年

梅松《竹轩琐话》,上海古籍出版社,2015 年

闵丰《清初清词选本考论》,上海古籍出版社,2008 年

潘景郑《著砚楼书跋》,上海古籍出版社,2006 年

钱基博《现代中国文学史》,上海书店出版社,2004 年

钱基博《序跋合编》,华中师范大学出版社,2014 年

钱基博《后东塾读书杂志》,华中师范大学出版社,2014 年

钱基博《子部论稿》,华中师范大学出版社,2014 年

钱实甫编《清代职官年表》,中华书局,1980 年

钱锺书《容安馆札记》,商务印书馆,2003 年

钱仲联《梦苕庵清代文学论集》,齐鲁书社,1983 年

钱仲联《梦苕庵诗话》,齐鲁书社,1986 年

钱仲联《清诗纪事》,江苏古籍出版社,1987 年

钱仲联《梦苕庵论集》,中华书局,1993 年

钱仲联《近代诗钞》,江苏古籍出版社,2001 年

沈文泉《朱彊村年谱》,浙江古籍出版社,2013 年

孙克强等《清人词话》,南开大学出版社,2012 年

孙延钊撰,徐和雍等整理《孙衣言孙诒让父子年谱》,上海社会科学院出版社,2003 年

沙先一、张晖《清词的传承与开拓》,上海古籍出版社,2008 年

汤志钧《章太炎年谱长编》,中华书局,2013 年

翁连溪《中国古籍善本总目》,线装书局,2005 年

王长英、黄兆郸《福建藏书家传略》,福建教育出版社,2007 年

王湘华《晚清民国词籍校勘研究》,岳麓书社,2012 年

王欣夫《蛾术轩箧存善本书录》,上海古籍出版社,2002 年

汪辟疆撰,王培军笺证《光宣诗坛点将录笺证》,中华书局,2008 年

吴熊和、严昌迪、林玫仪合编《清词别集知见目录汇编》,台湾"中

央"研究院文哲研究所筹备处,1997 年

肖鹏《群体的选择:唐宋人词选与词人群通论》,凤凰出版社,2009 年

徐珂《清代词学概论》,山西人民出版社,2015 年

严迪昌《清词史》,人民文学出版社,2011 年

姚继荣《清代历史笔记论丛》,民族出版社,2014 年

杨柏岭《词学范畴研究论集》,安徽师范大学出版社,2014 年

叶景葵《卷盦书跋》,上海古籍出版社,2006 年

张桂丽《李慈铭年谱》,上海古籍出版社,2016 年

张宏生《清代词学的建构》,江苏古籍出版社,1999 年

张宏生《清词探微》,上海古籍出版社,2008 年

张晖《张晖晚清民国词学研究》,南京大学出版社,2014 年

张剑《莫友芝年谱长编》,中华书局,2008 年

张舜徽《清人文集别录》,华中师范大学出版社,2004 年

张舜徽《清代笔记条辨》,华中师范大学出版社,2004 年

张舜徽《爱晚庐随笔》,华中师范大学出版社,2005 年

章太炎讲演,诸祖耿、王謇、王乘六等记录《章太炎国学讲演录》,中华书局,2013 年

郑炜明、陈玉莹著《况周颐年谱》,齐鲁书社,2015 年

郑伟章《文献家通考》,中华书局,1996 年

中国古籍总目编纂委员会《中国古籍总目》,中华书局、上海古籍出版社,2009 年

中国古籍善本书目编辑委员会《中国古籍善本书目》,上海古籍出版社,1989 年

周绍明《书籍的社会史:中华帝国晚期的书籍与士人文化》,北京大学出版社,2009 年

周裕锴《中国古代阐释学研究》,上海人民出版社,2019 年

朱德慈《常州词派通论》,中华书局,2006 年

朱德慈《近代词人行年考》,当代中国出版社,2004 年

朱关田《吴昌硕年谱长编》,浙江古籍出版社,2014 年

[德]阿莱达·阿斯曼著,潘璐译《回忆空间:文化记忆的形式和变迁》,北京大学出版社 2016 年

[美]罗伯特·达恩顿著,萧知纬译《拉莫莱特之吻:有关文化史的思考》,华东师范大学出版社,2011 年

[法]皮埃尔-马克·德比亚齐著,汪秀华译《文本发生学》,天津人民出版社,2005 年

学位论文

顾淑娟《谭献词学文献研究》,福建师范大学硕士学位论文,2012 年

郭燕《谭献与〈箧中词〉研究》,中山大学硕士学位论文,2006 年

胡健《谭献诗学研究》,云南师范大学硕士学位论文,2016 年

林玫仪《晚清词论研究》,台湾大学博士学位论文,1978 年

刘育《谭献研究:以〈复堂日记〉为中心》,北京大学硕士学位论文,2010 年

任相梅《谭献年谱》,南京大学硕士学位论文,2007 年

田靖《〈箧中词〉研究》,上海交通大学硕士学位论文,2008 年

王风丽《冯煦年谱长编》,华东师范大学博士学位论文,2014 年

王玉兰《谭献及其复堂词研究》,暨南大学硕士学位论文,2010 年

萧新玉《谭献词学研究》,高雄师范大学硕士学位论文,1992 年

徐秀菁《清代常州派四部词选评点唐宋词研究》,“国立中央”大学博士学位论文,2014 年

杨棠秋《谭复堂及其文学》,东海大学硕士学位论文,1993 年

杨园园《晚清民国填词图题咏研究》,暨南大学硕士学位论文,2018 年

黄彦《谭献〈复堂词话〉词学思想研究》,广西民族大学硕士学位

论文,2019 年

马洪侠《谭献及其诗词研究》,扬州大学硕士学位论文,2020 年

期刊论文

白云娇《国图藏周星诒子部善本题跋辑考》,《文献》2015 年第 3 期

陈志明《谭献〈复堂词话〉选注说明》,《兰州大学学报》1984 年第 1 期

程章灿《尺牍书疏历史面目——新世纪以来书札文献整理出版的状况与检讨》,《兰州学刊》2016 年第 11 期

程章灿《玩物:晚清士风与碑拓流通》,《学术研究》2015 年第 12 期

程章灿《结古欢:晚清集古笺与石刻文献》,《中华文史论丛》2016 年第 1 期

曹保合《谈谭献的尊体论》,《甘肃广播电视大学学报》1998 年第 1 期

曹保合《谈谭献的论词倾向》,《衡水师专学报》2004 年第 3 期

曹虹《清嘉道以来不拘骈散论的文学史意义》,《文学评论》1997 年第 3 期

曹虹《清代文坛上的六朝风》,《安徽大学学报》2017 年第 1 期

蔡长林《文章关乎经术——谭献笔下的骈散之争》,《东华汉学》2012 年第 16 期

蔡长林《文人的学术参与——〈复堂日记〉所见谭献的学术评论》,《中国文哲研究集刊》2012 年第 40 期

常建华《日常生活与社会文化史:"新文化史"观照下的中国社会文化史研究》,《史学理论研究》2012 年第 1 期

迟宝东《谭献的词学思想》,《南开学报》2005 年第 6 期

杜庆英《谭献〈箧中词〉点评与碑学书风》,《浙江学刊》2018 年第 4 期

范旭仑《书各有命——谭献、卢弼、钱基博三人手稿之遭际》,《掌故》(第四集),中华书局,2018 年

方智范《谭献〈复堂日记〉的词学文献价值》,《南京师范大学文学院学报》2003 年第 3 期

傅宇斌《谭献词论与现代词学之发端》,《中国诗歌研究》第十一辑

傅宇斌《论谭献词学"正变"观及其对常州词派的推进》,《中南大学学报》(社会科学版)2014 年第 3 期

高明祥《诗学视域:谭献推尊词体的方法论建构》,《江海学刊》2019 年第 4 期

高明祥《论谭献对常州词派"学究"之弊的拨正》,《词学》第四十二辑

谷曙光《梨园花谱〈群芳小集〉〈群英续集〉作者考略:兼谈〈谭献集〉外佚作补辑》,《文献》2015 年第 2 期

桂珊《论庄棫及其对常州词派的贡献》,《词学》2012 年第 2 期

胡健、傅宇斌《百年来谭献词学研究述评》,《词学》第三十九辑

姜波《〈广箧中词〉的编选特色与词学意义》,《学术研究》2010 年第 9 期

巨传友《从张惠言、周济对梦窗词的不同态度看常州词派词统的演变》,《词学》第十六辑

李军《周星诒藏书事迹征略——以〈书钞阁题跋〉及周批〈读书敏求记〉为主》,《书目季刊》2009 年第 4 期

李俊《钱基博、钱锺书父子与复堂因缘》,《文学教育》2015 年第 20 期

李剑亮《论丁绍仪对谭献词学阐释论的影响》,《浙江大学学报》2005 年第 5 期

刘达仁《章太炎给谭献的一封信》,《历史研究》1977 年第 3 期

刘深《谭献与浙西词派》,《古籍研究》2008 年第 2 期

刘勇刚《谭献关于蒋春霖"倚声家杜老"说辨析》,《河南师范大学学报》2003 年第 6 期

刘玉苓《路岐其人其事》,《杜牧文学成就与思想研究会论文集》,2003 年

罗检秋《从"新史学"到社会文化史》,《史学史研究》2011 年第 4 期

梅松《关于〈复堂填词图〉》,《书与画》2015 年第 4 期

彭玉平《论民国时期的清词编纂与研究:以叶恭绰为中心》,《南京大学学报》2009 年第 2 期

邱世友《张惠言论词的比兴寄托——常州词派的寄托说之一》,《文学评论》1980 年第 3 期

沙先一《作者之心与读者之意——关于常州派词学解释学的研究札记》,《徐州师范大学学报》2006 年第 1 期

沙先一《选本批评与清代词史之建构:论谭献〈箧中词〉的选词学意义》,《文学遗产》2009 年第 2 期

沙先一《谭献〈复堂词录〉选词学价值论略》,《词学》第二十五辑

沙先一《选本批评与清代词坛的统序建构》,《文学评论》2017 年第 5 期

沙先一《〈复堂师友手札菁华〉的词学文献价值》,《东吴学术》2017 年第 2 期

申闻《世云文字有缘法》,《东方早报》2015 年 4 月 20 日

孙维城《论陈廷焯的"本原"与"沉郁温厚":兼与况周颐重大说、谭献柔厚说比较》,《安庆师范学院学报》2008 年第 11 期

王标《谭献与章学诚》,《杭州师范学院学报》2009 年第 1 期

王风丽《冯煦致谭献手札十一通》,《词学》第三十一辑

夏志颖《论"填词图"及其词学史意义》,《文学遗产》2009 年第 5 期

谢永芳《〈粤东词钞〉的文献价值》,《古籍整理研究学刊》2008 年

第 2 期

徐雁平《管庭芬日记与道咸两朝书籍社会》,《文献》2014 年第 6 期

徐雁平《日记细读与晚期桐城文派研究——以〈贺葆真日记〉为例》,《清代文学研究集刊》第 6 辑,人民文学出版社,2013 年

徐雁平《"莪圃藏书题识"与嘉道时期吴中文士活动图景》,《周勋初八十寿辰纪念文集》,中华书局,2008 年

徐雁平《从翁心存、翁同龢日记的对读探究日记文献的特质》,《南京大学学报》2013 年第 3 期

徐雁平《用书籍编织世界——黄金台日记研究》,《学术研究》2015 年第 12 期

徐雁平《论江瀚日记的价值及其解读方法》,《古典文献研究》第十九辑下卷

杨柏岭《忧生念乱的虚浑——谭献"折中柔厚"词说评价》,《中国文学研究》2004 年第 4 期

於贤德《日记文本类型的文学特性与审美意蕴》,《华南师范大学学报》2012 年第 2 期

岳爱华《从〈越缦堂日记〉看李慈铭与晚清士人的书籍往来》,《历史档案》2014 年第 3 期

赵晓辉《从选本看谭献对常州派词统之接受推衍》,《湖北社会科学》2007 年第 4 期

赵益《从文献史、书籍史到文献文化史》,《南京大学学报》2013 年第 3 期

张伯存《复堂和知堂》,《鲁迅研究月刊》2015 年第 7 期

张剑《日记中的历史:绍英眼中的清末民初》,《中华文史论丛》2018 年第 3 期

张剑《中国近代日记文献的现状与未来》,《国学学刊》2018 年第 4 期

张剑《高心夔自画像及其与湖湘诗派之关系——以〈佩韦室日记〉为中心》,《苏州大学学报》2019 年第 1 期

张宏生《晚清词坛的自我经典化》,《文艺研究》2012 年第 1 期

张荣华《章太炎与章学诚》,《复旦学报》2005 年第 3 期

张燕婴《浅谈日记资料的有效性问题——以俞越函札整理为中心》,《华南师范大学学报》2019 年第 1 期

张作栋《论李兆洛的"骈散合一"思想》,《广西师范大学学报》2007 年第 5 期

张仲民《从书籍史到阅读史——关于晚清书籍史/阅读史研究的若干思考》,《史林》2007 年第 5 期

张仲民《新文化史与中国研究》,《复旦学报》2008 年第 1 期

章楚藩《评谭献的词论》,《杭州师范学院学报》(社会科学版)1986 年第 3 期

浙江省立图书馆编《浙江文献展览会专号》,《文澜学报》1936 年第 2 卷第 34 期

朱德慈、钟振振《季世悲吟,词坛结响——常州词派的现实关怀与裂变史程》,《南京师范大学文学院学报》2003 年第 2 期

朱泽宝《论谭献的诗学思想——以〈谭献日记〉为中心》,《江苏第二师范学院学报》2015 年第 3 期

祝丽、姜桐华《〈复堂词话〉校点本订正》,《古籍研究》1999 年第 4 期

邹振环《清代书札文献的分类与史料价值》,《史林》2006 年第 5 期

后　记

　　同治元年（1862）八月初三日的那天，谭献开始有意识地用日记来记录他的后半生，那年他三十一岁。现如今坐在电脑面前的我，也即将在今年的八月初四日，迎来自己的三十一岁生日。在时隔一百五十八年之后，我与谭献似乎有了共同的起点，成了异代的"同龄人"。当然，这纯粹只是一种巧合，并非是上天的有意安排。但在一巧合的背后，却颇有一段曲折的经历。

　　记得是 2015 年 4 月 19 日晚九点的前一分钟，正忙于硕士论文收尾的我，突然收到了徐老师关于博士论文选题的邮件。邮件是这么写的："我忽然想起，如你能克服难关，将南图稿本《复堂日记》（已经扫描）设法辨识阅读整理，将来岂止做博士论文？这是绝好的材料。但他的字难认。不过不是没有办法，先熟读他的诗文集，再将现有日记对读，现在的日记是删节重编本。"因为写硕论中有关"说文四大家"一节时，曾参考过这一日记，因而并不算陌生，但以此为博论论题，却是之前未曾想、也不敢想的事。印象中，此稿篇幅巨大（57 册，3000 余页），且字迹潦草。故当时只是简单作答，并未放在心上。但这一搁置就是好几个月。其间，老师在闲谈中又多次暗示，日常往来邮件中更是一次次地提及，如在同年 6 月 27 日晚十点的邮件中说："关于博士论文选题，我强烈建议要在文献与文学交叉处找题目，以后你会知道如此做的好处。谭献日记稿本，这块硬骨头，不知你是否能啃下来，不知是否能设计一个方案？"至 7 月 1 日，又建议道："南图谭献日记扫描本，望近日查看，最好复印若干已经刊刻日记，先对读若干页，看是否能找到眉目。此稿已经有很多人注意了。"而我依旧没有下定决心,更没有拿出行之有效的方案。事实上,直至博士一年级结束,我所做的,也仅仅是系统排查了谭献的现存著述,整理了南图所藏谭献三卷文集稿本罢了。在 2016 年的 5 月底,我甚至一度提出了换题,并为之坚持了几近半年。这一僵持不要紧,但转眼已是 2017 年的春天。即将到来的博士论文开题,不得不让我做出选择。

自 2017 年 3 月 15 日起,我开始往返于南大与南图之间,用庄子的话说就是"而后乃今将图南"。每天九点到馆,五点半返校,除去吃中饭的半个小时,也算是严格遵循八小时工作制了。在起初的一个月里,进度并不理想。虽然之前在行草书识别上下了不少功夫,但一旦付诸实践,还是感觉力不从心。一天能录个三五千字,已属难得。有时由于自己的强迫症,为一两个字耗去大半个上午,也是常有的事。故而两个月后,才艰难地完成了第二册七万余字的整理。在每天的往返中,不知从何时起,庄子《逍遥游》中"适莽苍者,三餐而反,腹犹果然;适百里者,宿舂粮;适千里者,三月聚粮"这几句话,开始在脑际盘旋。虽然,从仙林 18 幢到南图之间,不过二十多公里。但整理他人日记有一个好处,那就是身体虽静坐一处,但心思却能随作者云游,一天下来,没有一千,也有八百。这给了我无限动力,在身心安宁而舒适的同时,胃口也总是格外好。其间"时则不至"的情形虽往往而有,但六个月下来,总算了结了全稿的一半(60 余万字),于此同时,体重也随之增长了十来公斤。"手熟"之后,一切就显得顺风顺水。到 2018 年的 5 月 17 日,也就基本完成了对南图、浙图及浙大古籍馆所藏 60 册稿本的录入(约 120 万字)。也就是说,前后仅花了一年左右的时间,但前期的迟疑与延宕,却有足足两年。现在想想,真为自己当时的冥顽不灵而羞愧,也由衷地为徐老师不厌其烦地推动而感激。

由于前期的准备时间实在太长,到 2018 年的 7 月,在同年们正忙着毕业或论文收尾的时候,我才真正投入到论文的写作中去。但文献的庞杂，又一次让我手足无措。在写作过程中，徐老师也总是想得比我自己还多。在起初的设想里，老师本希望我从"谭献年谱新编"的角度着手，但这只是当时为避免整理全稿而想出的权宜之计。现在全稿已出，自然得充分挖掘。记得前年中秋，在我发送祝福短信之后，收到的却是老师关于我论文设想的回复。短信中说："我这两天在想你博士论文，能否找到一个新构思？而不仅是年谱？"读毕不禁既感动又紧张，心想一定不能辜负老师的期望。但如今摆在自己面前的这份稿子，最终还是未能挣脱文献的漩涡，当然也就更加未能超出老师的预想。

　　1862 年，无论是对于垂垂老矣的清王朝，还是对于"征尘暂息，荆棘稍除"的谭复堂，那都将是一个新的开始。而 2019 对于我，能否成为一个全新的开始虽还不可预知，但无论如何，至少可以算是一段漫长旅程的结束吧。在这一段旅程中，除一直以来为我保驾护航的徐老师外，需要感谢的人还有很多很多。其中有生我养我、任劳任怨的父亲、母亲；有可敬可爱、诲人不倦的文院诸位师长；有一直以来关心我论文进度并多次提供宝贵建议的张剑、张燕婴老师；有四年来相互砥砺、切磋琢磨的同门师弟妹，经常一起吃饭、散步、闲谈、互助的王、赵、杨、刘等几位好友；有为我提供安宁而舒适阅读环境的南图；有南大的一花一鸟、一草一木，以及与我相识、相知的每一位同学和朋友。

2019 年 8 月 6 日

识于仙林杜厦图书馆

　　在此，我还要感谢《文学遗产》《文献》《励耘学刊》《中国诗学》《古典文献研究》《文化艺术研究》等为我提供发表园地的几大刊物。感谢张剑老师的认可和接纳，让拙稿得以跻身"日记研究丛书"系列。感谢凤凰出版社许勇学长的辛勤校阅与细致编辑，让小书得以成形且避免了许多文字性失误。感谢湖南大学中国语言文学学院,为我提供了一个自由而宽松的学术环境,让我得以从容地读书、写作。谭献相关研究还远未结束,谨以此书作一个充满期待的开始。

2022 年端午
补记于岳麓山下